科技文献检索与利用

周美杨　著

哈尔滨工程大学出版社

Harbin Engineering University Press

内 容 简 介

在科学技术飞速发展的今天,科技文献的数量、种类急剧增加,要从浩如烟海而又极其分散的文献中迅速、准确地查获自己所需要的文献资料是极其困难的。为了节省时间、少走弯路,就必须掌握打开知识宝库的钥匙——科技文献检索。《科技文献检索与利用》从终身学习的理念入手,以网络信息资源、中文信息资源为主,全面介绍了信息检索原理、检索方法、检索工具、技术信息获取渠道和技术信息的利用。本书内容深入浅出,紧密结合文献检索的实际操作,具有较强的实用性,希望本书可以为相关学者带来一定的帮助。

图书在版编目(CIP)数据

科技文献检索与利用 / 周美杨著. — 哈尔滨：哈尔滨工程大学出版社,2023.8
　ISBN 978-7-5661-4114-9

　Ⅰ. ①科… Ⅱ. ①周… Ⅲ. ①科技情报-情报检索
Ⅳ. ①G252.7

中国国家版本馆 CIP 数据核字(2023)第 158375 号

科技文献检索与利用
KEJI WENXIAN JIANSUO YU LIYONG

选题策划　包国印
责任编辑　李　暖
封面设计　李海波

出版发行	哈尔滨工程大学出版社
社　　址	哈尔滨市南岗区南通大街 145 号
邮政编码	150001
发行电话	0451-82519328
传　　真	0451-82519699
经　　销	新华书店
印　　刷	哈尔滨午阳印刷有限公司
开　　本	787 mm×1 092 mm　1/16
印　　张	15.5
字　　数	360 千字
版　　次	2023 年 8 月第 1 版
印　　次	2023 年 8 月第 1 次印刷
定　　价	59.80 元

http://www.hrbeupress.com
E-mail:heupress@hrbeu.edu.cn

前　言

在信息快速更新的当今社会,各类资源层出不穷,同时也出现了有效信息和无效信息混杂的问题。能在较短时间内获取准确的内容,熟练掌握知识、情报、文献等有效信息早已是从事科研、生产等相关人士必备的重要素养之一,这一素养也逐渐成为人类站在信息链前端,准确把握专业、行业发展动向的重要保障。

自1984年以来,教育部陆续发布了相关文件,要求高等学校创造条件开设文献信息检索课程。30多年来,"文献信息检索"已被正式列入我国高等学校教学计划,上千万的大学生接受了这门课程的教育并从中受益,学习了科技文献信息的知识和检索方法。

科技文献检索是一门集图书馆学、信息学、计算机技术及网络技术于一体的工具性课程,是提高学生信息素质和文献获取能力的有效途径之一。该门课程旨在树立学生的信息意识,提高学生文献检索和论文写作的基本技能,在当前"互联网+"的背景下,其对于培养高素质的应用型人才具有极其重要的作用。

本书是著者在总结多年信息素养教育实践经验的基础上,结合当前信息素养教育现状和趋势编写而成的,《科技文献检索与利用》从终身学习的理念入手,以网络信息资源、中文信息资源为主,首先论述了信息素养与文献检索的基本内容,在此基础上对科技文献的检索原理、方式、步骤等内容进行深入研究;其次,将现代图书和电子图书检索作为主要探究对象,同时对专利文献和特种文献的检索方式进一步探索,结合网络信息资源的检索方式,力求可以探索出科学简单的检索教程;最后,全面研究了科技文献的利用与科技论文的写作技巧。本书内容深入浅出,紧密结合文献检索的实际操作性,具有较强的实用性。

在编写本书的过程中,著者参考了大量国内外文献资料,许多作者的研究成果为著者提供了丰富的素材,未能在注释或参考文献中一一列出,在此一并表示衷心感谢。

由于著者水平有限,加之网络检索技术不断发展,书中难免有不足之处,敬请各位专家和读者批评指正。

著　者
2023年6月

目　　录

第1章 信息素养与信息素养教育

当今时代是以信息技术和知识经济为主导的时代。在信息化浪潮中,高速发展的计算机网络技术、现代通信技术为人们带来了信息数量的激增和信息形式的多样。然而信息质量的差异以及信息近乎无限供给与信息个性化需求之间的矛盾使得人们在享受信息福利的同时不得不面对信息爆炸、信息过载等所带来的诸多困惑和烦恼,具备一定的信息素养已经成为个人适应信息社会的必要条件。作为一种综合能力的具体体现,信息素养不仅关乎个人在信息社会的生存与发展,也关系到整个人类社会的进步与发展。因此,信息素养以及信息素养教育在国内外正逐渐受到重视。

1.1 信 息 素 养

1.1.1 信息素养定义

在信息社会中,人们需要具备的基本能力之一是信息素养,信息素养也称信息素质,是从英文 information literacy 翻译而来。这个名词最早是 1974 年由美国信息产业协会主席保·泽考斯基(Paul Zurkowski)提出的,他将信息素养定义为"利用众多信息工具以及主要信息资源解决具体问题的技能",主要包括文化素养(知识层面)、信息意识(意识层面)和信息技能(技术层面)三个方面。

这一概念的提出,受到了社会各界的广泛关注,此后,不断有学者、组织对信息素养进行定义。1989 年美国图书馆主席委员会在一份关于信息素养的报告中提出:"具备信息素养的人能够识别何时需要信息,能够查找、评价和有效地利用需要的信息。从最根本上讲,具备信息素养的人是那些学会了如何学习的人。他们懂得知识是如何组织的,在哪里可以找到信息,以及如何以一种其他人能够向他们学习的方式利用信息。他们为终身学习做好了准备,因为他们总是能够为手中的任何任务和决策找到需要的信息。"

1998 年,美国学校图书馆协会(American Association of School Librarians,AASL)和美国教育传播与技术协会(Association for Educational Communications and Technology,AECT)制定了《学生学习的信息素养标准》,从信息素养、独立学习和社会责任三方面提出了九大信息素养标准和 29 个指标。2000 年,美国大学与研究图书馆协会(Association of College and Research Libraries,ACRL)制定了曾引起世界范围广泛关注的《高等教育信息素养能力标准》,该标准分为标准、执行指标和效果三个板块,有 5 项标准、22 项执行指标和若干个子项。2015 年 2 月,美国大学与研究图书馆协会发布的《高等教育信息素养框架》,包括引言、框架、附录三大部分,客观地反映了当前人们对知识创造与传播新模式、全球高等教育和学习环境变革的深刻认识,倡导挖掘信息素养的巨大潜能,使其成为更有深度、更加完整的学习项目。

1.1.2 信息素养运动

信息素养(information literacy),也称信息素质,在我国港澳台地区又称资讯素养。尽管信息素养这一概念是在 1974 年由保·泽考斯基明确提出的,但信息素养运动的起源可以追溯到 17 世纪。

20 世纪 70 年代以来,国内外图书馆开展的读者教育活动、大学开设的"文献检索""信息检索"等通识课程可以被认为是信息素养运动的一部分,不过信息素养是一个更宽泛、更综合的概念。

互联网的发展与普及为信息素养运动的发展带来了新的契机。21 世纪以来,各国开始重视信息素养,并将其纳入系统的教育计划。1998 年,美国学校图书馆协会和美国教育传播与技术协会发布了《学生学习的信息素养标准》。2000 年 1 月,美国大学与研究图书馆协会发布了《高等教育信息素养能力标准》,在此基础上,美国大学与研究图书馆协会在之后的几年相继发布了各专业领域的信息素养标准,如《科学、工程与技术领域信息素养标准》《人类学与社会学学生信息素养标准》等。联合国教育、科学及文化组织(United Nations Educational,Scientific and Cultural Organization,UNESCO,以下简称"联合国教科文组织")分别于 2003 年和 2005 年召开了以信息素养为主题的世界性大会,并发布了两个重要宣言,即《布拉格宣言》和《亚历山大宣言》。2015 年 2 月,美国大学与研究图书馆协会发布了《高等教育信息素养框架》,以替代之前的《高等教育信息素养能力标准》,并引入了"阈概念""元素养""元认知"等革新性概念。

除了美国外,澳大利亚、欧洲等国家和地区也积极推动信息素养运动的发展,不仅相继提出了本国和本地区的信息素养标准,而且定期举办信息素养会议。

与此同时,我国也积极参与、推动信息素养的普及与发展,每年定期举办信息素养教育大会。我国一方面努力推进《关于进一步加强高等学校信息素养教育的指导意见》的制定,另一方面积极推动全民信息素养教育的开展。

1.1.3 信息素养的内容

虽然人们对于信息素养的定义有不同的表述,但大体而言,信息素养主要包括信息意识、信息知识、信息能力、信息道德几个方面。

(1)信息意识是人们在信息活动中产生的认识、观念和需求的总和,主要包括对信息重要性的认识、对信息的内在需求以及对信息所具有的特殊的、敏锐的感受力和持久的注意力。

信息意识首先是对信息重要性的认识,我们正处在一个信息时代,信息对我们每个人的学习、工作和生活都产生了深远的影响,每个人对信息的需求都是巨大的。目前世界上影响力最大、市值最高的公司中就有许多与信息行业相关,如美国的谷歌公司。谷歌公司成立于 1998 年,其业务包括互联网搜索、云计算、广告技术等。由于人们需要获取各种各样的信息,并在互联网上使用搜索引擎进行查找,搜索引擎在现代社会中占据了重要地位。其中谷歌搜索引擎是全球使用人数和使用次数最多的搜索引擎之一,谷歌公司也是全球最大的搜索引擎公司之一。同样地,乘着信息时代的东风,中国的百度公司成为全球最大的中文搜索引擎公司。百度公司的创始人李彦宏说,1999 年是百度诞生的最好时机,现在无论是谁都无法再做一个百度出来。

信息意识还要求人们对信息具有敏锐的察觉力和持久的注意力,从平常或者细微之处唤醒信息意识,开动脑筋思考,并持之以恒地进行跟踪,从而挖掘出更多信息。

(2)信息知识是指一切与信息有关的理论、知识和方法,主要包括传统文化素养、信息常识和现代信息技术知识三个方面。其中,传统文化素养是指一个人读、写、算的能力,阅读是获取信息的基本能力,尤其是掌握了快速阅读的技巧,在信息时代的海量信息中就能迅速获得有价值的信息,而精确阅读却能将隐含在信息中的重点抓住,从而获取更多有用的信息。写作能力和计算能力能帮助一个人对信息进行加工和表达,在信息知识中也是必不可少的。信息常识也称信息的基本知识,包括信息的基本理论知识,对信息、信息化、信息化社会对人类的影响的认识和理解,以及信息的方法与原则等。现代信息技术知识包括现代信息技术的原理、作用、发展及其未来,其中计算机软硬件、多媒体、网络的应用是现代信息技术知识必备的方面。

(3)信息能力是指通过各种渠道获取、处理信息的能力,包括信息的收集、传输、筛选、分析、评价、加工、处理和应用的整个过程。身处信息时代,如果只具有强烈的信息意识和丰富的信息常识,而不具备较高的信息能力,是无法有效地利用各种信息工具去收集、获取、加工、处理有价值的信息的,也不能更好地提高学习的效率和质量,更无法适应信息时代对未来人才的要求。信息能力是信息时代重要的生存能力,是信息素养的核心,大学生必须具备较强的信息能力,才能在信息社会中更好地生存和发展下去。

信息能力可以再细分为信息捕捉获取能力、信息分析鉴别能力、信息处理加工能力和信息交流表达能力。信息捕捉获取能力即充分了解信息源的分布和途径,知道信息存放的位置,学会获取信息的方法和技术,具备利用检索技术获得所需信息资源的能力。信息分析鉴别能力是指对获取到的信息进行分析筛选,分析其真实性、准确性、有用性和可行性,筛选出其中真实、准确、可用、有价值的信息。信息处理加工能力包括信息分类、信息统计、信息重组、信息编辑和信息存储,这种能力涉及依靠信息使用者的处理加工水平,是对信息进行再造利用的过程。信息交流表达能力是指将利用信息所形成的成果或答案通过一定的形式反映出来,如论文、综述、报告、讲演、讲座等。这种成果表达可以是口头的,也可以是书面的,但必须观点明确、条理清晰。只有交流及表达出来的信息成果被他人理解,才能成为他人进一步探究问题的知识资源。

(4)信息道德也称信息伦理,美国圣克劳德州立大学图书馆工作人员罗伯特·豪普特曼(Robert Hauptman)在 20 世纪 80 年代提出:"所有对与信息生产、信息储存、信息访问和信息发布伦理问题相关的研究统称为信息伦理。"信息道德是指涉及信息开发、传播、管理和利用等方面的道德要求、道德准则,以及在此基础上形成的新型道德关系。

在当今社会,网络带来了前所未有的海量信息。这些信息良莠不齐,给人们的观念和行为带来了巨大的影响,对原有的习俗、规范、法律、道德等发出了无声的挑战,对人们的信息伦理道德修养提出了更高的要求。正如在不同的社会时期,人们需要不同的社会行为规范来维持社会的秩序稳定一样,信息化社会需要靠信息道德来约束和规范人们的行为。

总而言之,信息素养的四个方面相互联系、相互作用,共同构成一个不可分割的统一整体。其中信息意识是先导,信息知识是基础,信息能力是核心,信息道德是保证。

信息素养是一个动态变化的概念,站在不同的立场,基于不同的视角,不同的人和组织对信息素养有不同的定义。率先提出信息素养这一概念的保·泽考斯基将信息素养定义为"利用众多信息工具以及主要信息资源解决具体问题的技能"。1985 年,布雷维克将信息素养定义为"检索技巧、检索工具和信息资源知识的集合,是解决问题的一种形式"。

1989 年,美国图书馆协会(American Library Association,ALA)在《美国图书馆协会信息素养委员会主席总报告》中将"能够充分认识到何时需要信息,并具有高效发现、检索、评价和利用所需信息的能力"的人视为具有信息素养的人。2003 年在《布拉格宣言》中,信息素养被定义为"确定、查找、评估、组织和有效地生产、使用和交流信息来解决问题的能力"。英国图书馆与情报专家学会(Chartered Institute of Library and Information Professionals,CILIP)认为信息素养是"知道什么时候,为什么需要信息,去哪里找到信息,而且知道如何用一种道德的方式评估、使用和交流信息"。在 2015 年美国大学与研究图书馆协会发布的《高等教育信息素养框架》中,信息素养被定义为"包括对信息的反思性发现,对信息如何产生和评价的理解,以及利用信息创造新知识并合理参与学习团体的一组综合能力"。

在系统梳理信息素养起源和发展的基础上,参考国内外相关研究,本书将信息素养定义为基于信息意识、信息知识、信息伦理,通过确定、检索、获取、评价、管理、应用信息解决所遇到的问题并以此重构自身知识体系的综合能力和基本素质。信息素养以信息意识、信息知识、信息伦理为基础,包括确定信息、检索信息、获取信息、评价信息、管理信息、应用信息六种信息能力,强调在基于信息解决问题的过程中自身知识体系的重构。

1.1.4　信息素养与元素养

随着互联网尤其是移动互联网的发展,人们利用与创造信息的理念、环境、方法、工具发生了前所未有的变化,由此催生了数据素养、媒体素养、数字素养、视觉素养等新的概念和理念。这些新的概念和理念与信息素养既有联系又有区别,很难完全纳入信息素养的概念范畴,传统的信息素养能力标准面临诸多挑战。

元素养的提出为信息素养的发展带来了新的契机。元素养的概念是由雅各布森提出的,可以理解为"催生其他素养的素养"。其他诸多新素养虽然与信息素养存在区别,但是这些新概念都关注信息以及信息的理解、评估与利用,强调基于信息的批判性思维,其差异在于关注的信息形式和技术有所不同。信息素养是它们的核心基础,因此完全可以基于信息素养构建数字化时代的元素养。

1.1.5　信息素养与终身学习

终身学习是贯穿人的一生的学习过程。在这个过程中,个体持续获得生存与发展所需要的知识与技能,并逐渐形成自己的价值观和思维方式。尽管终身学习不排斥被动的教育培训和潜移默化,但更强调学习的主动性和自主性。

终身学习是现代社会的生存方式,无论是对社会的进步还是对个体的发展都具有重要意义。人类社会处于一个持续发展的过程中,新的事物不断涌现,个体为了适应社会的发展就需要不断更新自己的知识技能,这就要求全社会进行终身学习。个体自身需要不断提升,积累新知识,学习新技能,以更好地获得个人的发展,而学校教育只是终身学习的一个阶段,所以,学校之外的终身学习显得更为重要。

终身学习与信息素养密切相关。以"走向具有信息素养的社会"为主题的《布拉格宣言》认为,作为一种适应社会的基本能力和参与社会的先决条件,信息素养能够确定、检索、评估、组织和有效地生产、使用与交流信息,并解决所遇到的问题,是终身学习的一种基本人权。以"信息社会在行动:信息素养与终身学习"为主题的《亚历山大宣言》指出,信息素养和终身学习是信息社会的灯塔,照亮了通向发展、繁荣和自由的道路。信息素养是终身学习的核心。终身学习可以帮助所有人走向共同发展。

1.1.6　信息素养标准与框架

作为一种适应现代信息社会的综合能力和基本素质,信息素养不应该只是一个概念,更需要一定的、细化的评估标准。因此,国内外相关机构提出了各自的信息素养标准。

1.1.6.1　高等教育信息素养能力标准

美国大学与研究图书馆协会是美国图书馆协会的分支机构。2000 年 1 月 18 日,美国大学与研究图书馆协会审议通过了《高等教育信息素养能力标准》。其中包含 5 项标准、22 项执行指标和若干子项。

标准1:具有信息素养能力的学生能确定所需要的信息种类和程度。

执行指标:

(1)能选定并连通所需要的信息。

(2)能确认各种不同类型和格式的潜在信息源。

(3)能考虑获取所需要信息的成本和利益。

(4)能重新评价信息需要的特点和信息需要的扩充。

标准2:具有信息素养能力的学生能有效而又高效地获取所需要的信息。

执行指标:

(1)能选用最适当的调研方法或检索系统获取所需要的信息。

(2)能建构和完善有效的搜索策略。

(3)能运用各种方法检索在线信息或个人信息。

(4)必要时能优化搜索策略。

(5)能写出摘要、记录和管理信息及其来源。

标准3:具有信息素养能力的学生能评判性地评价信息及其来源,并能把所筛选出的信息与原有的知识背景和评价系统结合起来。

执行指标:

(1)能从所收集的信息中概括出中心思想。

(2)能连通并运用原始的标准来评价信息及其来源。

(3)能综合中心思想以形成新的理念。

(4)能对新旧知识进行对比,确认所增加的价值、矛盾性或其他别具一格的信息特点。

(5)能判断新的知识是否对个人价值观体系产生影响,并采取措施使二者融合。

(6)能够通过与他人或者某一领域的专家、实践者对话,验证对信息的理解和解读。

(7)能确定原始的咨询如何修改。

标准4:具有信息素养能力的学生无论是个体还是团体的一员,都能有效地利用信息达到某一特定的目的。

执行指标:

(1)能用新旧知识创造新的计划、新的作品和表现形式。

(2)能修改发展程序以满足作品或表现形式的需要。

(3)能用作品或其表现形式与他人有效地交流。

标准5:具有信息素养能力的学生懂得有关信息技术的使用所产生的经济、法律和社会问题,并能在获取和使用信息中遵守公德和法律。

执行指标:

(1)懂得与信息和信息技术有关的道德、法律和社会经济问题。

(2)遵守法律、规章、团体制度和有关获取及使用信息资源的礼貌规范和网络行为规范。

(3)能在交流作品或表现形式中使用信息来源。

1.1.6.2 高等教育信息素养框架

2015年2月5日,美国大学与研究图书馆协会正式批准通过了《高等教育信息素养框架》,作为2000年制定的《高等教育信息素养能力标准》的更新文件,其中文版由美国大学与研究图书馆协会授权清华大学图书馆翻译,并在《大学图书馆学报》全文发表。《高等教育信息素养框架》用"框架"(framework)替代了原来的"标准"(standard)。

整个框架按照6个框架要素编排,每一个框架要素包括一个信息素养的核心概念、一组知识技能和一组行为方式。具体包括以下几方面。

1. 权威性的构建与情境性

信息资源反映了创建者的专业水平和可信度,人们基于信息需求和使用情境对其进行评估。权威性的构建取决于不同团体对不同类型权威的认可。权威性适用于一定的情境,因为信息需求有助于决定所需的权威水平。

知识技能:

(1)明确权威的类型,如学科专业知识(学术成就)、社会地位(公职或头衔)或特殊经历(参与某个历史事件)。

(2)使用研究工具和权威指标来判定信息源的可信度,了解可能影响这种可信度的因素。

(3)明白在很多学科领域,知名学者和著名出版物被视作权威,并普遍被作为标准。即便在这些情况下,一些学者仍将挑战这些信息源的权威性。

(4)认识到权威的内容可以被正式或非正式地包装,并且其来源可能包括所有媒介类型。

(5)确认自己正在一个特定的领域形成自己的权威观点,并清楚为此所需承担的责任,包括追求精确度和可靠性,尊重知识产权,以及参与团体实践。

(6)理解由于权威人士积极互联,以及信息源随时间而不断发展,信息生态系统也在日益社会化。

行为方式:

(1)在遇到不同的甚至相互冲突的观点时,形成并保持开放的思维。

(2)激励自己找到权威信息源,明白权威可以被授予或通过意想不到的方式表现出来。

(3)逐步明白对内容做客观评估的重要性,评估时需持有批判精神,并对自己的偏见和世界观保持清醒认识。

(4)质疑推崇权威的传统观念,并认可多元观点和世界观的价值。

(5)意识到维持这些态度和行为需要经常进行自我评价。

2. 信息创建的过程性

任何形式的信息都是为了传递某个消息而生成的,并通过特定的传送方式实现共享。由于研究、创造、修改和传播信息的迭代过程不同,最终的信息产品也会有差异。

知识技能:

(1)可以阐明不同创造过程所产生的信息的功能和局限性。

(2)评估信息产品的创造过程与特定信息需求之间的匹配程度。

(3)可以清楚说明,在一个特定学科中,信息创造与传播的传统和新兴的过程。

(4)认识到可能因为包装形式不同,信息给人的感觉也会有差异。

(5)判断信息形式所隐含的是静态信息还是动态信息。

(6)特别关注在不同背景下各类信息产品被赋予的价值。

(7)将对信息产品的优势和局限性的认识运用到新类型的信息产品中。

(8)在自己创造信息的过程中形成一种认识,即自己的选择将影响该信息产品的使用目的及其所传达的消息。

行为方式:

(1)力图找出能体现所隐含创造过程的信息产品特性。

(2)重视将信息需求与适当产品相匹配的过程。

(3)承认信息的创造最初可能始于一系列不同形式或模式的交流。

(4)承认以新兴格式或模式表达的信息所拥有潜在价值的模糊性。

(5)抵制将信息形式等同于其所隐含的创造过程的倾向。

(6)知道因不同目的而产生的不同信息传播方式可供利用。

3. 信息的价值属性

信息拥有多方面的价值,可以是商品、教育手段、影响方式以及谈判和认知世界的途径。法律和社会经济利益影响信息的产生与传播。

知识技能:

(1)恰当地注明出处和引用,表达对他人原创观点的尊重。

(2)明白知识产权是法律和社会的共同产物,随着文化背景的不同而有差异。

(3)可以清楚地说明版权、正当使用、开放获取和公共领域的用途及其显著特征。

(4)明白在信息产生和传播系统中,个人或群体如何以及为什么被忽视或排斥。

(5)认识到获取或缺乏获取信息源的问题。

(6)判断信息发布的途径和方式。

(7)明白个人信息商品化和在线互动如何影响个人获取到的信息,以及个人在线生成或传播的信息。

(8)在线活动中,对个人隐私和个人信息商业化的问题保持高度清醒的认识,并做出明智选择。

行为方式:

(1)尊重他人的原创。

(2)重视知识创造所需的技能、时间和努力。

(3)将自身定位为信息市场的贡献者而非单纯的消费者。

(4)注意审视自身的信息倾向性。

4. 探究式研究

在任何领域,研究都是永无止境的,它依赖于越来越复杂的或新的问题的提出,而获得的答案反过来又会衍生出更多问题或探究思路。

知识技能:

(1)基于信息空白或针对已存在的、但可能存在争议的信息来制定研究选题。

(2)确立合适的调研范围。

(3)通过将复杂问题分解为简单问题、限定调研范围来处理复杂的研究。

(4)根据需求、环境条件和探究类型使用多种研究方法。

(5)密切关注收集到的信息,评估缺口或薄弱环节。

(6)以有意义的方式组织信息。

(7)对多渠道获取的观点进行综合,通过信息分析和演绎得出合理结论。

行为方式:

(1)视研究为开放式探索和信息研究过程。

(2)明白一个问题也许看起来很简单,但仍可能对研究有颠覆性和重要性意义。

(3)重视问题发现和新调研方法对学习者在学习过程中求知欲的激发。

(4)保持开放思想和批判态度。

(5)重视持久性、适应性和灵活性,明白模糊性对研究过程是有益的。

(6)在信息收集和评估过程中寻求多维视角。

(7)如有需要可寻求适当帮助。

(8)在收集和使用信息过程中要遵守道德与法律准则。

(9)展现学识上的虚心(如承认个人知识或经验的局限)。

5. 对话式学术研究

由于视角和理解各异,不同的学者、研究人员或专业人士团体会不断地带着新见解和新发现参与到持续的学术对话中。

知识技能:

(1)在自己的信息产品中引用他人有贡献的成果。

(2)在适当的层面为学术对话做出贡献,如本地的网络社区、引导式讨论、本科生学术刊物、会议报告、海报环节。

(3)识别通过各种途径加入学术对话的障碍。

(4)理性评判他人在参与式信息环境中所做的贡献。

(5)鉴别特定文章、书籍和其他学术作品对学科知识所做的贡献。

(6)对具体学科中特定主题的学术观点变化进行总结。

(7)明白指定的学术作品可能并不代表唯一的观点,甚至也不是多数人的观点。

行为方式:

(1)清楚自己参与的是正在进行的学术对话,而不是已结束的对话。

(2)找出自己研究领域内正在进行的对话。

(3)将自己视为学术的贡献者而不仅仅是消费者。

(4)明白学术对话发生在各种场合。

(5)在更好地理解学术对话大背景之前,不对某一具体学术作品的价值进行判断。

(6)明白只要参与对话就要担负相应的责任。

(7)重视用户生成内容的价值,并评价他人的贡献;明白体制偏爱权威,而语言表达不流畅以及不熟悉学科流程会削弱学习者参与和深入对话的能力。

6. 战略探索式检索

信息检索往往是非线性并且迭代反复的,需要对广泛的信息源进行评估,并随着新认识的形成,灵活寻求其他途径。

知识技能:

(1)确定满足信息需求任务的初步范围。

(2)确认关于某一话题的信息产生方,如学者、组织、政府及企业,并决定如何获取信息。

(3)检索时运用发散思维(如头脑风暴)和收敛思维(如选择最佳信息源)。

(4)选择与信息需求和检索策略相匹配的检索工具。

(5)根据检索结果来设计和改进需求与检索策略。

(6)理解信息系统(如已记载信息的收集)的组织方式,以便获取相关信息。

(7)使用不同类型的检索语言(如控制词表、关键词、自然语言)。

(8)管理检索过程和结果。

行为方式:

(1)展现出思维的灵活性和创造性。

(2)明白最初的检索尝试不一定可以得到充足的结果。

(3)认识到各种信息源在内容和形式上有很大的不同,并且其相关性和价值也会因需求与检索性质的不同而差异很大。

(4)寻求专家的指导,如图书馆员、研究人员和专业人士。

(5)明白浏览及其他偶然发现的信息收集方法的价值。

(6)坚持面对检索的挑战,并知道在拥有足够的信息时结束任务。

1.1.6.3 高校信息素质能力指标体系

2005 年,北京市高等教育学会图书馆工作研究会提出了《北京地区高校信息素质能力指标体系》。这个指标体系从信息意识、信息知识、信息能力、信息伦理四个方面提出了高校学生应具有的信息素养要求,具体由 7 个一级指标、19 个二级指标、61 个三级指标组成。

一级指标一:具备信息素质的学生能够了解信息以及信息素质能力在现代社会中的作用、价值与力量。

（1）具备信息素质的学生具有强烈的信息意识。

（2）具备信息素质的学生能够了解信息素质的内涵。

一级指标二：具备信息素质的学生能够确定所需信息的性质与范围。

（1）具备信息素质的学生能够识别不同的信息源并了解其特点。

（2）具备信息素质的学生能够明确地表达信息需求。

（3）具备信息素质的学生能够考虑到影响信息获取的因素。

一级指标三：具备信息素质的学生能够有效地获取所需要的信息。

（1）具备信息素质的学生能够了解多种信息检索系统，并使用最恰当的信息检索系统进行信息检索。

（2）具备信息素质的学生能够组织与实施有效的检索策略。

（3）具备信息素质的学生能够根据需要利用恰当的信息服务获取信息。

（4）具备信息素质的学生能够关注常用的信息源与信息检索系统的变化。

一级指标四：具备信息素质的学生能够正确地评价信息及其信息源，并且把选择的信息融入自身的知识体系中，重构新的知识体系。

（1）具备信息素质的学生能够应用评价标准评价信息及其信息源。

（2）具备信息素质的学生能够将选择的信息融入自身的知识体系中，重构新的知识体系。

一级指标五：具备信息素质的学生能够有效地管理、组织与交流信息。

（1）具备信息素质的学生能够有效地管理、组织信息。

（2）具备信息素质的学生能够有效地与他人交流信息。

一级指标六：具备信息素质的学生作为个人或群体的一员能够有效地利用信息来完成一项具体的任务。

（1）具备信息素质的学生能够制订一个独立或与他人合作完成具体任务的计划。

（2）具备信息素质的学生能够确定完成任务所需要的信息。

（3）具备信息素质的学生能够通过讨论、交流等方式，将获得的信息应用到解决任务的过程中。

（4）具备信息素质的学生能够提供某种形式的信息产品（如综述报告、学术论文、项目申请、项目汇报等）。

一级指标七：具备信息素质的学生了解与信息检索、利用相关的法律、伦理和社会经济问题，能够合理、合法地检索和利用信息。

（1）具备信息素质的学生能够了解与信息相关的法律、伦理和社会经济问题。

（2）具备信息素质的学生能够遵循在获得、存储、交流、利用信息过程中的法律和道德规范。

1.2　信息素养教育

信息素养教育,对应的英文为 information literacy education,国内学者皮介郑认为:"信息素养教育就是以提高人的信息素养为目的的教育活动。具体而言,就是要培养受教育者具备利用包括计算机、网络等信息技术在内的各种方法和手段有效获取、评价和利用信息的能力,使受教育者在信息意识、信息观念、信息知识、信息技能和信息道德等诸方面达到和信息化社会相适应的水准。"

在信息时代,全社会都对信息素养教育给予了很多关注,不少机构组织、公共图书馆开设了与信息素养教育相关的讲座或培训。开展信息素养教育是时代发展的现实需要,是高等教育人才培养的需要,是终身学习的需要,是培养大学生创新能力的需要。信息素养是其他综合能力的基础,是胜任工作的条件,因此在大学开展信息素养教育是十分必要的。

目前许多高校开设了名为"文献检索"或"信息检索"的课程,作为大学生的公共基础课或选修课,此类课程就属于信息素养教育的范畴。文献检索课程是我国高校开展信息素养教育的一个重要基地,也是研究、试验、探索和推进信息素养教育的一个重要平台。它在推进我国信息素养教育方面发挥着不可替代的作用,应当得到重视,以便将信息素养的目标定位于一个较高的层次。因此,大学生们有理由认真地、系统地学习好这门课程,以便在学习、生活和将来的工作中都能获得具备信息素养所带来的优势。

经济社会的持续发展要求个体必须具有较强的信息素养以适应外部环境的变化,社会的发展与进步也离不开全民信息素养的提高。因此,无论是对于整个社会的教育体系,还是对于个人的发展规划,信息素养教育都是十分重要的内容。

1.2.1　信息素养教育的目标

信息素养教育的总体目标是提升学生的信息素养,包括三个具体目标:一是强化基于信息解决问题的意识,使解决问题更有效率;二是强化在解决问题过程中的探究精神,在主动的探索中解决问题;三是强化在解决问题过程中的知识重构,培养终身学习的能力。总体目标与具体目标三位一体、相辅相成、和谐统一。具体而言,就是遇到问题的时候,首先想到而且能够做到基于信息通过自己的主动探究解决所遇到的问题,提升解决问题的效率和质量;并且能够把基于信息解决问题的意识、探究的过程和结果融入自身的知识体系和能力体系,实现知识与能力的重构,在解决问题的过程中进行终身学习。

1.2.2　信息素养教育的层次

信息技术的迅猛发展带来的不仅是信息量的激增,而且是信息的形式和内容的前所未有的变化。新的信息形式和内容不断涌现,传统的信息形式逐渐出现新的内容,传统的信息内容演变出新的形式。考虑到互联网创新的速度和人们认知反应的延迟,互联网环境下层出不穷的信息资源并不总能被人们及时获知。因此,信息素养教育的第一个层次是要开阔视野,让人们知道原来还有这么多很好的、很有用的信息资源。

不同形式、不同内容、不同来源的信息有不同的获取方法和手段。根据自己的信息需求,选择合适的检索工具或检索系统,采用合适的检索策略和技巧,找到所需要的信息并且能够根据需要下载和获取是信息素养教育的第二个层次,也是当前信息素养教育的主要内容和着力点。随着互联网的普及和推广,传统的手工检索工具逐渐被边缘化,图书馆的手工卡片检索被联机公共查询目录(online public access catalogue,OPAC)所取代,纸质的期刊索引让位于期刊数据库系统。搜索引擎和超链接技术使得信息的查找更为直接和方便,基于网络的检索工具和系统已经成为信息检索与获取的主要方式。不同的检索工具和检索系统有其各自的特点与功能,系统的高效使用需要一定的规则,信息的下载和获取也需要一定的技巧,针对性的训练十分必要。

信息素养教育的第三个层次是培养信息利用能力,使人们具有敏锐的信息意识和利用信息解决问题的能力。信息素养教育的前两个层次相对比较容易解决,知道存在并且能够快速找到所需要的信息并不困难,通过系统的训练和操作实践就可以在较短时间内解决,困难的是信息意识的培养和信息应用能力的提升。在遇到问题时能想到通过检索、获取和利用信息来解决问题的意识很难在短时间内树立,将遇到的具体问题转化为明确的信息需求的能力也需要长时间的训练和培养,这两个问题正是信息素养教育的核心。

1.2.3　信息素养教育的形式

大学的信息检索课是信息素养教育的主要形式。信息素养教育的目标是培养终身学习能力,而信息素养教育自身也是一个终身学习的过程,它与终身学习能力是一个相互促进、螺旋提升的关系。尽管我国在义务教育阶段也开设了与信息素养教育相关的信息技术课程,但其内容与信息素养教育的目标和核心都有相当大的区别,因此我国的信息素养教育主要从大学开始,以大学为主,信息检索课程教学是其主要形式。

1984 年 2 月,教育部印发了《关于在高等学校开设文献检索与利用课的意见》的通知,文献检索课开始在高校作为通识课或必修课被广泛开设。1998 年,教育部在其颁布的《普通高等学校本科专业目录和专业介绍》中,对每个本科专业的培养目标都有"掌握文献检索、资料查询的基本方法,具有独立获取知识信息的能力"这项要求。随着对课程认识的提高,课程名称也逐渐过渡到"信息检索课""信息素养课",尽管课程的目标是提升学生的信息素养,课程内容也以信息素养内容为主,但课程名称还是以信息检索课居多。

尽管信息检索课是信息素养教育的主要形式,但信息素养的提升更应该依靠个人的训练和实践。把每一次的检索经历都作为自身能力的积累,把每一次获取信息解决问题的过程都作为信息素养的自我教育,只有这样才能快速有效地提升自身的信息素养,培养一种终身学习的能力。

1.3 如何提高信息素养

进入21世纪以来,随着信息技术尤其是网络技术的飞速发展,信息化浪潮方兴未艾,各种各样的信息以不同的形式充斥在社会的每个角落,给人类提供了一个全新的信息环境,对人类社会的进步起了难以估量的推动作用,使社会成员和信息之间的关系更加密切,也使信息素养成为人们的必备素养之一。

1.3.1 提高教师自身的信息素养,充分发挥教师的作用

教师的信息素养是直接影响学生信息素养的关键,如果一个教师不能及时获取发展研究的新信息,就会影响教学内容的更新,甚至还会将一些已经过时的观点传授给学生。试问一个自身缺乏求知欲和创新能力的教师怎么能够培养出具有良好的信息素养的学生呢?我们首先要做的就是对教师进行培训和管理,提高教师自身的信息素养。

1.3.1.1 增强教师的信息意识和信息能力

在信息化社会里,教师积累的常规教学经验已不能满足学生的求知欲,教师所拥有的知识相对于学生而言,并没有很多的优势。因此,教师应树立起现代教育的信息观,主动、自觉、敏感地捕获新的信息,加强信息技能,增强学习能力,不断充实自己,成为终身学习者。针对目前教师对信息"重检索轻利用"的现状,要有意识地训练教师的信息检索、信息利用、信息创新的技能。

1.3.1.2 充分利用网上资源

在网络上进行大量阅读。当代信息技术使人们传统的阅读方式发生了变革:从原来的文本阅读走向超文本阅读;从单纯阅读文字发展到多媒体电子阅读和基于网络的高效率检索式阅读。教师如果经常光顾网站,就会不断发现对自己有价值的信息、知识和资源,极大地开阔视野、拓宽思路。

这些不是书本这种传统的传媒载体所能比拟的。教师应充分利用网络及多媒体的技术优势,获取更多不同方面的经验教训,要做到这些,教师必须能熟练地使用网络这一武器,并能对大量的信息进行归纳、概括、分析、总结和运用。在不远的将来,网络阅读将成为教师获取知识、进行教学和科研的重要手段。重视并坚持网络阅读是培养教师信息素养的重要途径。

1.3.2　加强信息技术课堂教学,提高学生信息素养

计算机课是一门独立的、知识性与技能性相结合的综合基础性学科,是学生认识和学会使用计算机的主要途径,因此教学中要努力培养学生的学习能力和信息素养能力。

以"学会学习"为核心,获取学习能力。计算机教学的目的在于培养学生利用计算机这一工具学会学习的能力,在于培养学生的创造性、责任感、学习方法与态度等。

以"参与创造"为宗旨,培养创新精神。教师在教学中一定要正确恰当地处理好教师的主导地位与学生的主体地位的关系。一个有创造性的教师不仅要教会学生基础知识,而且要能帮助学生在自学的道路上迅速前进,教会学生怎样应对汹涌如潮的信息,从而获得自身的发展。

1.3.3　加强信息技术教育,提高学生信息素养

基于对信息素养的深刻认识,我们应深刻认识到信息技术教育的目的,并通过行之有效地措施来提高学生的信息素养。

在培养信息素质的过程中我们应当重视以下几个方面。

第一,要培养学生使用计算机和其他信息技术来解决自己工作、学习及生活中各类问题的意识。教师应在平时的教学工作过程中尽量运用电子幻灯、电子教案、多媒体 CAI 课件进行教学,并充分利用网络资源开展教学活动,鼓励和指导学生通过网络获取与学习和生活内容有关的相关信息,寻找解决问题的办法,开阔学习视野,培养信息意识,提高信息素养。

第二,必须建立完善、实用的信息技术教育平台。基于计算机和网络通信技术的信息教育平台可以对培养学生的信息素养提供有力的支持。构建信息技术教育平台,为教师和学生提供一个交流协作的空间,是信息技术融合于教育学习活动过程的一种重要方式。

第三,必须着眼于课程内部培养信息素养所需的一系列能力。拥有信息素养,能够使得学生具有多样的自我学习机会,可以充分利用丰富的学习资源扩展其知识,提出一些信息丰富的问题,提高其批判性思维能力。但是,我们必须明白的是信息素养所需的一系列能力并不是外在于课程的,而是与课程内容、结构及顺序紧密结合的,应当在利用信息技术进行教与学的过程中促进信息素养的培养。

第四,注重信息素养中的辩证批判性思维教育,强化学生信息道德观念。信息教育是网络时代素质教育的有机内容。素质教育的核心是创新精神和实践能力。信息素质教育应以辩证批判性思维为实现创造能力和创新精神的深层依托。批判性思维是一种充分发挥信息主体能动性的积极精神,是一种注重求异且求异和求同并行不悖的发散思维。这种思维能敏感地甄别、过滤污染信息,优化、整合有效信息。通过批判性思维能力

教育提高学生的信息道德观念,学生才能对杂乱无序的大量信息有较强的适应力,面对各种各样的信息不感到无所适从,不受迷惑,能以积极的态度去选择、利用。批判性思维能力教育有助于学生自觉而创造性地整理和加工信息,对信息进行科学分类,去伪存真,去粗取精,正确评价,创造出新的有效信息,为迎接信息社会的到来做好必要的心理和能力准备,以接受新世纪的挑战。

【思考题】

1. 什么是信息素养?

2. 美国大学与研究图书馆协会(ACRL)的《高等教育信息素养能力标准》中的 5 项标准分别是什么?

3. 英国国家和大学图书馆协会提出的"信息素养七柱模型"中的 7 个重要技能分别是什么?

4.《北京地区高校信息素质能力指标体系》中 7 个一级指标具体是什么?

5. 如何提高学生的信息素养?

第2章　文献检索基础知识

2.1　信息、知识、情报与文献概述

2.1.1　信息

2.1.1.1　信息的属性

信息较早见于我国唐代诗人李中《暮春怀故人》中的诗句"梦断美人沈信息,目穿长路倚楼台",这里的信息就是消息的意思。中国古代通常将信息理解为"信号和消息"。随着科技的不断发展和人类的不断进步,信息的概念也不断深化。

关于信息的定义有多种版本,《辞海》对信息的定义为:"①音讯;消息。②通信系统传输和处理的对象,泛指消息和信号的具体内容和意义。"美国《韦氏字典》和英国《牛津字典》对信息也各有释义。本书认为狭义的信息是指具有新内容或新知识的消息,即对接受者来说是预先不知道的东西;广义的信息则是物质运动规律的总和。

信息具有共同的特点:可识别性、可转换性、可存储性、可共享性、可传递性、可处理性、时效性和无限性。具体解释如下。

(1)可识别性:信息可以通过人的感官感知识别,也可以通过各种人造的探测仪器和信息工具识别。由于人的认识能力和制造仪器、工具的技术在特定的时期和阶段是有限的,所以信息的可识别性并不会一一对应于现实中我们所遇到的每一种情形。但是,有许多信息处于未被认识的状态时,我们只将这看作暂时现象。因为,从辩证唯物主义的认识论出发,人的认识能力是不断发展提高的,今天无法识别的信息,随着时间的推移,都将被我们所认识。

(2)可转换性:信息的可转换性可以从两个方面体现出来。一是信息的表达形式和记录存储形式具有可转换性,例如,用口头语言表达的信息,可以用文字记录下来转换成书面表达形式,这是表达形式之间的转换;而同一信息内容可以记录存储在我们的大脑中,可以记录于纸上,也可以拍成胶卷或者记录于计算机磁盘上,这是记录存储形式的转换。二是信息可以转化为物质财富和精神财富。例如,在社会各个领域的活动中,充分利用信息,可以减少盲目性,实现人、财、物的合理配置,提高劳动生产率。

(3)可存储性:信息可以采用各种方式记录存储,信息的记录存储要以各种载体为媒

— 17 —

介。人的大脑是记录存储信息的第一载体,此外信息的载体还有纸张、磁带、胶卷、光盘、磁盘等。信息的记录存储只有载体是不够的,还需要符号、记录工具或技术设备。

(4)可共享性:这一特性主要体现在信息可以同时被许多人利用,而且信息总量不会因利用者的增加而减少。相反,信息的共享程度越高,信息所发挥的作用就越大。现代计算机信息网络上传递的信息,无论有多少终端用户使用,都不会因此减少每一个用户所获得的信息量。

(5)可传递性:信息可以通过各种载体或媒介进行传播。社会信息的传播,可以采用人际的直接传播方式,例如口耳相传;也可以采用有组织的间接传播方式,如广播、报刊、电视、电影、网络贴吧、博客、微博、微信等。正是由于信息的可传播性,人类才可以相互联系和沟通,社会才能不断向前发展。

(6)可处理性:信息的可处理性是指信息是可以被修改、增加和删除的,信息经过处理加工后又会形成新的信息。

(7)时效性:随着事物的发展与变化,信息的可利用价值也会相应地发生变化。信息随着时间的推移,可能会因为失去其使用价值就变成无效的信息。因此,为确保信息的时效性,就要求人们必须及时获取信息、利用信息,这样才能体现信息的价值。

(8)无限性:信息的无限性是指信息来源和信息不断发展且没有止境。信息的无限性表现在两个方面:一是客体产生的信息具有无限性。只要事物在运动,就有信息存在;只要人类认识和改造客观世界的活动不停止,这些活动就会衍生大量的信息供人类利用。信息永远在繁衍、更新、创造,是一种取之不尽、用之不竭的资源。二是认识主体利用信息的能力和领域具有无限性。随着时间的推移和空间的转换,人类主体利用信息的能力也在不断增强,对于某一系统或某一时点没有价值的信息,对于另一个系统或另一时点则可能是有用的信息 。例如,广播电台播出近两天的天气预报,对关心近两天天气状况的人带来了信息,但两天一过,这条信息对这部分人也许失去了作用,但对研究天气变化规律的科学家来说,它又是一个重要信息。信息的无限性说明,任何信息都是有用的,并且随着人们能力的发展和活动领域的拓宽,对信息的利用也会无限地扩充。

2.1.1.2 信息的功能

(1)扩大了人们关于世界的科学图景,揭示了客观世界层次和要素新的一面,有助于人们认识宇宙发展中进化与退化的辩证统一关系。

(2)可以用来消除人们在认识上的某种不确定性,其消除不确定性的程度与信息接收者的思想意识、知识结构有关,人类认识就是不断地从外界获取信息和加工信息的过程。

(3)同物质、能量一样,信息是一种资源。物质提供材料,能量提供动力,信息则提供知识、智慧和情报。

2.1.1.3 信息的类型与载体

(1)信息的类型可从不同的角度划分。按其形成的领域可分为自然信息和社会信息;按其存在的状态可分为瞬时信息和保留信息;按其表现的形式可分为文字信息、图像信息、语音信息等。

（2）信息本身不是实体,必须借助一定的载体才能表现、传递和利用。载体是信息得以保存的物质实体。从古代的甲骨、金石、锦帛、竹简,到现今的纸张、感光材料、磁性材料,信息的载体和存储技术已发生数次质的飞跃。这些载体为人类存储、检索和利用信息提供了极大的方便。

在人类步入信息社会的时代,信息同物质、能量构成人类社会的三大资源。物质提供材料,能量提供动力,信息提供知识和智慧。因而,信息已成为促进科技、经济和社会发展的新型资源,它不仅有助于人们不断地揭示客观世界,深化人们对客观世界的科学认识,消除人们在认识上的某种不确定性,而且还源源不断地向人类提供生产知识的原料。

2.1.2　知识

知识是人对客观事物的存在和运动规律的认识,是人类在改造客观世界的实践中累积起来的认识和经验的总和。知识提供某种经过思考的判断和某种实验的结果,是信息经过多次反复以及在人们加工整理而序列化后形成的。《辞海》对知识的解释是人类认识的成果或结晶或依反映层次的系统性,可分为经验知识和理论知识。其初级形态是经验知识,高级形态是系统的科学理论。

（1）知识的特性。包括意识性、信息性、实践性、规律性、继承性、渗透性。

①意识性:知识是一种观念形态的东西,只有通过人类的大脑才能认识它、产生它、利用它。

②信息性:信息是生产知识的原料,知识是经人类认识、理解并经思维重新整合后的系统化信息,知识是信息中的一部分。

③实践性:实践是产生知识的基础,也是检验知识的标准,知识又对实践具有重大的指导作用。

④规律性:人们在实践中对事物的认识,是一个无限的过程,人们在这种无限过程中所获得的知识在一定的层面上揭示了事物及其运动过程的规律性。

⑤继承性:每一次新知识的产生,既是原有知识的继承、利用、深化与发展,又是下一次知识更新的基础和前提。

⑥渗透性:随着人类对世界认识的不断深化,各种门类的知识可以相互渗透,构成知识的网状结构。

（2）知识的分类。经济合作与发展组织在《以知识为基础的经济》一书中,将知识按使用角度分为以下四类。

①Know-what（知道是什么）:关于事实方面的知识。这类知识通常被近似地称为信息,在一些复杂的领域,专家们需要掌握许多此类知识才能完成他们的工作,如律师和

医生。

②Know-why(知道为什么):关于自然原理和规律方面的知识。这是指自然原理和规律方面的科学理论,是多数产业中技术与工艺进步的支撑力量,这类知识大多是由专门研究机构(如实验室和大学)来创造的。

③Know-how(知道怎么做):关于技能或能力方面的知识。它是指做某些事情的技艺和能力,掌握这类知识往往是发展和保持优势的诀窍。

④Know-who(知道谁有知识):关于到哪里寻求知识的知识。它涉及谁知道某些事和谁知道如何做某些事的信息,这在社会高度分工的经济中显得尤为重要。

这四类知识的获取有不同的途径。前两类知识可以通过读书、参加讲座、处理数据库等获得;而后两类知识则根植于日常实践中。

知识按表述方法可分为显性知识和隐性知识两类。

显性知识是指可以通过正常的语言方式传播的知识。典型的显性知识主要是指以专利、科学发明和特殊技术等形式存在的知识,存在于书本、计算机数据库、光盘等。显性知识是可以表述的,有载体的。

隐性知识往往是个人或组织经过长期积累而拥有的知识,也称"隐含经验"。隐性知识通常不易用言语表达,也不可能传播给别人或传播起来非常困难。隐性知识的特点是不易被认识到、不易衡量其价值、不易被其他人所理解和掌握。

2.1.3 情报

情报的概念源于古代战争,"战时关于敌情之报告,曰情报"。情报是指被传递的知识或事实,是知识的激活,是运用一定的媒体(载体),越过空间和时间传递给特定用户,解决在科研和生产中所遇到的具体问题所需要的特定的知识和信息。情报是为实现主体某种特定目的,有意识地对有关的事实、数据、信息、知识等要素进行劳动加工的产物,是具有特定目标任务的信息。

(1)情报的基本属性。情报的基本属性是知识性、传递性和效用性。

①知识性:知识是人的主观世界对于客观世界的概括和反映。随着人类社会的发展,每日每时都有新的知识产生,人们通过读书、看报、听广播、看电视、参加会议、参观访问等活动,都可以吸收到有用知识。这些经过传递的有用知识,按广义的说法,就是人们所需要的情报。因此,情报的本质是知识。没有一定的知识内容就不能成为情报。知识性是情报最主要的属性。

②传递性:知识要成为情报,必须经过传递,知识若不进行传递交流、供人们利用,就不能构成情报。情报的传递性是情报的第二基本属性。

③效用性:情报的第三基本属性是效用性,人们创造、交流、传递情报的目的在于充分利用,不断提高效用性。情报的效用性表现为启迪思想、开阔眼界、增进知识、改变人们的知识结构、提高人们的认识能力、帮助人们去认识和改造世界。情报为用户服务,用

户需要情报,效用性是衡量情报服务工作的重要标志。

此外,情报还具有社会性、积累性、与载体的不可分割性以及老化等特性。情报属性是情报理论研究的重要课题之一,其研究成果正丰富着情报学的内容。

(2)情报的基本分类。情报按应用范围可分为科学情报、经济情报、技术经济情报、军事情报、政治情报等。

情报按内容及作用又可分为战略性情报和战术性情报两大类。战略性情报一般是指对解决全局或某一特定领域中一些带有方向性、政策性问题所需要的活化了的知识,其包括科学依据、论证和方案等内容。战略性情报的形成需要经过高度的逻辑思维过程并具有较明显的预测性质。战术性情报则是指对解决局部或某一学科领域中的一些具体问题所提供的情报。战略性情报与战术性情报是相互作用、密切关联的,战术性情报是构成战略性情报的基础,战略性情报则可以为战术性情报指明方向。

2.1.4 文献

2.1.4.1 文献的定义

"文献"一词最早见于《论语·八佾》,南宋朱熹《四书章句集注》认为"文,典籍也;献,贤也",所以这时的"文"指典籍文章,"献"指古代先贤的见闻、言论以及他们所熟悉的各种礼仪和自己的经历。

《辞海》对文献的定义:原指典籍与贤者。后专指具有价值或与某学科相关的图书文物资料。今为记录知识的各种载体的统称,即以文字、图像、符号、声频、视频等手段记录人类知识的各种载体。由此可见,不仅古代的甲骨文、碑刻、竹简、帛书是文献,图书、报纸、期刊是文献,现今的机读资料、缩微制品、电子出版物等也是文献,凡是记录有信息或知识的一切载体均为文献,它是信息、知识存在的基本形式。

(1)文献的构成要素。文献的构成具有以下四个基本要素。

①构成文献内核的知识信息。

②负载知识信息的物质载体,如甲骨、竹简、绢帛、纸张、胶卷、磁盘、光盘等,它是文献的外在形式。

③记录知识信息的符号,如文字、图表、声音、图像等。

④记录知识信息的手段,如刀刻、书写、印刷、录音、录像等。

由此可知,首先,文献要有一定的知识内容,没有记录任何知识内容的纸张、胶卷、磁盘、光盘等不能称为文献。其次,文献要有用以记录知识的物质载体,因此存在人的头脑中的知识不能称为文献。最后,文献必须用一定的记录手段将文字、图表、声音、图像等符号记录在载体上。

(2)文献的特点。文献具有六大特点:数量庞大、类型复杂、语种繁多、出版分散、内容相互交叉、更新迭代快。

（3）文献的功能

①存储知识的功能。自古以来，人类认识世界、改造世界所获得的各种知识，主要是靠文献来存储的。虽然文献不能把人类知识的全部存储起来，但是它却能记录保存人类知识的精华。因此，文献一直是人类了解过去、认识现在和预测未来的重要工具，文献是存储人类知识的最重要的形式。

②传递和交流信息的功能。文献能记录人类一切精神文明、物质文明的历史和现状，是传递人类社会知识的最佳工具。如果说，古代文献以"藏"为主，那么，当代文献则是以交流为主，文献的传递和交流在现代社会是非常重要的。

③保存文化遗产的功能。在漫长的历史长河中，人类积累了大量的文化遗产，这是人类的宝贵财富。随着社会的发展、科学的进步，这笔财富正在不断地剧增。长期的实践证明，历史上许许多多珍贵的文化遗产多数是依赖文献才保存流传至今的。因此，文献具有保存人类文化遗产的功能。

2.1.4.2 文献的类型

文献资源是指人类社会活动中经过加工处理使之有序化并大量积累后的有用信息的集合，可将文献按加工深度、出版形式和载体形式等不同角度划分为多种类型。

1. 按加工深度划分

（1）零次文献

零次文献指未经公开发表或未交流于社会的文献。主要包括私人笔记、设计草稿、实验记录、论文草稿、会议记录、书信、口头传递的言论等。

（2）一次文献

一次文献又称原始文献指首次公开发表的记载科研人员研究成果的信息资源。主要包括期刊论文、科技报告、会议论文、学位论文、专利文献、技术档案等。

（3）二次文献

二次文献又称检索工具，是将大量杂乱无序的一次文献进行收集、整理、加工，使之成为系统、有序的文献信息资源，是查找一次文献的工具。包括目录、文摘、索引、各种文献信息数据库等。

（4）三次文献

三次文献指在利用二次文献的基础上，从一次文献中提取数据、事实和有关结论，并经过综合分析与重新组合而编写的文献，包括综述研究和参考工具。

2. 按出版形式划分

（1）图书

图书是人们为了保存和传播知识，有意识地用文字、图像、音频、视频等手段将知识记录在一定的物质载体上的著作。图书的特点是装订成册，有一定的篇幅，由封面、书名页、版权页、正文等部分组成。图书一般划分为以下两大类。

①供读者阅读的著作书籍，包括科学专著、科普读物、教科书等。

②供读者检索查阅的工具书,包括检索工具书和参考工具书两大类。

图书往往是编著者在收集大量资料的基础上,经分析归纳后编写而成的。其特点是内容比较系统、全面、成熟、可靠,但出版周期较长,报道速度相对较慢。图书的著录特点是:有特定的书名、编著者;有出版地、出版社名和出版年份;有版次信息;同时有唯一的国际标准书号(international standard book number,ISBN)。

图书是人类积累、存储、传播知识的重要载体之一,它具有保存人类精神产品、交流传递知识信息、进行社会教育和丰富人类文化生活等多种社会功能。图书是社会生活的产物,是影响社会发展的有利因素。它是最早出现的文献类型之一,至今在文献中仍占重要地位,是主要的信息源。

(2)期刊

有固定的名称和统一的出版形式,有连续的年、卷、期,汇集多个作者作品的定期连续出版物称为期刊,又称为杂志。期刊论文内容新颖,报道速度快,信息含量大,是传递科技情报、交流学术思想最基本的文献形式。大多数检索工具以期刊论文作为报道的主要对象。

期刊根据性质的不同,可以划分为学术性期刊、普及性期刊和资料性期刊。其中学术期刊中的核心期刊是各个学科的重点期刊,往往重点反映某一学科的学术思想和学术发展的先进水平。识别期刊的主要依据有期刊名称,期刊出版的年、卷、期,以及国际标准期刊号(ISSN)。中国出版的期刊又具有国内统一刊号(CN)。

期刊具有以下特征:①连续出版。定期或者不定期地连续出版,有按序无限延伸出版的可能。②定期出版。每年至少出版一期,有卷、期或年、月等表示连续出版性质的序号。③有固定的名称。④出版形式统一。期刊编排格式比较固定。期刊还有较固定的编辑,负责组织稿源以及内容的加工等工作。一般期刊设有编辑部、编辑委员会等机构,有的刊物每期都列出主编和编辑委员会成员名单等。

(3)会议文献

会议文献是在各种学术会议、专题研讨会上,宣读、发表或交流的论文和报告,它是最新研究成果公布于世的一种主要方式。会议论文大多为非正式出版物,其在信息传递上比期刊论文要快。随着科学技术的迅速发展,世界各国的学会、协会、研究机构及国际性学术组织举办的各种学术会议日益增多,世界上每年举办的科学会议达数万个,产生会议论文几十万篇。会议文献能够反映当前科技水平,传递文献及时,论题专深,集中了不同学术见解,具有新颖性、原始性。会议文献是及时了解各学科研究动态和发展趋势,了解各国科学技术发展水平的重要的文献信息。会议文献一般可分为论文全文、会议记录及专题资料。

会议文献没有固定的出版形式,有些刊载在学会、协会出版的期刊上,作为专号、特辑或增刊;有些则发表在专门刊载会议记录或会议论文摘要的期刊上;一些会议文献还常常汇编成专题论文集或出版会议丛刊、丛书,还有些会议文献以科技报告的形式出版。此外,有的会议文献以录音产品、录像产品或缩微制品等形式出版。许多学术会议还在互联网上开设了会议网站,或者在会议主办者的网站上设会议专页,利用网站报道会议情况和发表论文。

(4)科技报告

科技报告也称研究报告或科学技术总结报告,是关于某项科学研究成果的正式报告,或是对研究和试验过程中各阶段进展情况的实际记录。科技报告出现于20世纪初,第二次世界大战后迅速发展成为科技文献中的一大门类。科技报告是不定期出版物,报告为单行本,有统一编码,通常载有主持单位、报告撰写者、密级、报告号、研究项目号和合同号等,按内容可分为报告书、论文、通报、札记、技术译文、备忘录、特种出版物。

科技报告大多与政府的研究活动、国防及尖端科技领域有关,能代表一个国家和专业的发展水平与动向,发表及时,课题专深,内容新颖、成熟,数据完整,且注重报道进行中的科研工作,是一种重要的信息源。目前国际上较著名的有美国四大科技报告:美国武装部队技术情报服务(AD)报告、美国出版局(PB)报告、美国国家航空航天局(NASA)报告、美国原子能委员会/能源研究与发展署/能源部(NEC/ERDA/DOE)报告。

(5)专利文献

专利文献是指在专利申请、审批和加工整理过程中形成的一系列文献的总和。包括专利申请书、专利说明书、专利公报、专利分类表、专利文摘、专利索引以及与专利有关的法律文件及诉讼资料等。专利说明书是专利文献的核心部分,通常查阅和索取的专利文献就是指专利说明书。专利文献是专利制度的产物,它集科技、法权、经济为一体,是现代重要的文献情报源。专利说明书是专利文献的技术内容的主体。

专利文献的载体形式一般为纸型、缩微胶片型、磁带型、光盘型等。专利文献具有内容新颖、广泛、系统、详尽,实用性强,可靠性强,质量高,出版速度快,形式统一,重复出版量大,分类和检索方法特殊,文字严谨,局限性,题目笼统等特点。根据设置的专利种类,专利文献分为发明专利说明书、实用新型专利说明书和外观设计专利文献三大类。根据其法律性,专利文献可分为专利申请公开说明书和专利授权公告说明书两大类。

(6)标准文献

标准文献是指标准化工作的文件,是经公认的权威机构批准的标准化工作成果,主要是对工农业产品和工程建设的质量、规格及其检验方法等方面所做出的技术规定,是从事生产、建设和管理的共同规范或依据,是规范性的技术文献,具有一定的法律约束力。标准分为国际标准、国家标准、部颁标准、企业标准四种。同时,根据标准内容的不同,标准分为基础标准、产品标准、辅助产品标准、原材料标准、方法标准五大类。

标准文献的特点包括:①标准文献描述详尽、可靠,具有法律效力。标准文献的技术成熟度高,且又作为一种依据和规范被提出,因此内容详尽、完善可靠;同时它又具有一定的法律效力,使产品生产和工程建设有据可依。②标准文献单独出版、自成体系。标准文献无论是编写格式、语言描述、内容结构,还是审批程序、管理办法、代号系统等,都独自成为一套体系。③标准的时效性很强。国际标准化组织规定每5年重新审定一次,个别情况可以提前修订,以保证标准的先进性。④标准文献交叉重复、相互引用。从企业标准到部颁标准再到国际标准之间,并不意味着技术水平等级依次上升,在制定标准时,同一级别的标准甚至不同级别的标准经常相互引用和交叉重复。

(7)学位论文

学位论文是高等院校研究生、本科生所写的作为评定学位依据的论文,用以介绍他们的研究成果和所得结论的调查研究报告。学位论文需在导师指导下独立完成,并需在论文答辩环节获得评委通过。学位论文分为学士论文、硕士论文和博士论文三种,三种论文要求的字数逐级递增。从内容来看,学位论文可分为两类:一类是作者参考了大量资料,进行了系统的分析、综合,依据充实的数据资料,提出的本人的独到见解,称为综论;另一类是作者根据前人的论点或结论,经过实验和研究,提出的进一步的新论点。学位论文的特点:具有独创性,内容专一,论述详细、系统,是经过一定审查的原始研究成果。

(8)报纸

报纸是具有固定名称,面向公众定期发行,以刊载新闻和评论为主的连续性出版物。报纸一般出版周期短(日、隔日、周、旬),有年、月、日顺序,具有受众面广、发行数量庞大、信息量大、时效性强、制作简便、成本低廉、影响力大等特点,是一种重要的信息源。

报纸不论大小,都由报头、报眼、版位、栏目组成。报头总是放在最显眼的地方,大都放在一版左上角,也有的放在一版顶上面的中间位置。报头上最主要的是报名,一般由名人书法题写,也有设计黑体字。报头旁边的一小块版面,通称"报眼"。对"报眼"的内容安排没有规定,有的用来刊登内容提要、日历和气象预报,有的用来刊登重要新闻或图片,有的用来刊登广告。报纸的版面位置叫作版位,对一份报纸来说,第一版是要闻版,排在这一版上的新闻比其他版重要。

标题是报纸刊登的新闻和文章的题目,用来概括和提示它们的内容,帮助读者了解它们的意义和实质,标题所用的字号大小也能显示这些新闻和文章的重要性。栏目是报纸定期刊登同类文章的园地,有的栏目还邀请固定的名人写稿,这样的栏目称为名人专栏。除栏目以外,还有一些不定期的专版,范围比专栏更大一些。这些专版有一定的时间性,不像定期专栏那样固定。广告是当代报纸常用的一种宣传手段,报纸广告主要是商业广告,还有一些通告、通知、启事以及文化娱乐广告等。报纸收取一定的广告费,用于报社的建设和发展。

一般来说我国报纸分为党报、社会性综合报、对象性报纸、专业性报纸、社会服务性报纸、其他报纸等六大类。此外报纸还可以有其他分类,如按报纸内容分,有综合性报纸和专业性报纸;按发行范围分,有全国性报纸和地方性报纸;按出版时间分,有日报、晚报、周报和周末报;按版面大小分,有大报和小报;按从属关系分,有党报和非党报、机关报和非机关报;按所使用文字分,有中文报纸、外文报纸、汉文报纸和少数民族文字报纸。

(9)政府出版物

政府出版物又称官方出版物,是由政府部门及其专门机构根据国家命令出版的文献资料。其内容比较广泛,大致包括行政性文献(如法令、条约、统计资料等)和科技文献(如研究报告、技术政策等)两大类。

政府出版物所涵盖的内容范围十分广泛,几乎涉及整个知识领域,但重点主要在政治、经济、法律、军事、制度等方面。政府出版物具有正式性和权威性的特点,对于了解各国科学技术发展情况具有独特的参考价值。

(10)公司产品资料

公司产品资料主要是指厂商为推销产品而印刷的各种商业性宣传资料、技术资料,能反映国内外同类公司或产品的有关情报,包括产品样本和产品说明书。

(11)档案文献

档案文献是国家、机构和个人从事社会活动留下的具有历史价值的文献。档案文献是一种原始的历史记录,它是由人们在社会生活中自然形成的文件转化而来的,不是随意编写和收集而来的。档案文献是有组织的文件体系,不是零散的文件堆积,是按照一定的规律挑选和组织而成的文件体系。档案文献对了解历史、预测未来以及解决当前各项工作中的问题都具有重要的参考价值,是进行社会科学研究必不可少的第一手参考资料,是一种很有价值的信息源。

(12)数据库

数据库是按照数据结构组织、存储和管理数据的仓库。数据库是以一定方式储存在一起、能与多个用户共享、具有尽可能小的冗余度、与应用程序彼此独立的数据集合,可视为电子化的文件柜——存储电子文件的处所,用户可以对文件中的数据进行新增、查询、更新、删除等操作。

数据库的存储空间很大,可以存放百万条、千万条、上亿条数据。但是数据库并不是随意地将数据进行存放,数据存放是有一定的规则的,否则查询的效率会很低。数据的来源有很多,比如出行记录、消费记录、浏览的网页、发送的消息等。除了文本类型的数据外,图像、声音也是数据。

(13)内部刊物

内部刊物是指政府机关、高等院校、研究机构、出版发行等单位非公开出版的刊物。内部刊物主要反映部门政策、教学科研成果、学术动态等,一般内部发行,内部交换。

(14)统计资料

统计资料即反映事物现象及其过程特征和规律性的数据资料。统计资料包括统计数据、数据分析和根据统计资料编辑而成的数据集、数据表等。统计资料是科研进行定量分析必不可少的资料,是进行决策的重要依据。

3. 按载体形式划分

(1)印刷型

印刷型文献是以纸张为存储介质,以印刷技术为记录手段而产生的文献,包括油印、铅印、胶印、复印等印刷品及手稿。主要优点是便于阅读和流传,缺点是体积大、笨重,存储密度低,不易保存,不利于资源共享。

（2）缩微型

缩微型文献是以感光材料为载体,利用摄影技术使文献影像体积缩小记录在胶卷或胶片上的文献。主要优点是存储信息密度大、体积小、传递方便、价格便宜,缺点是必须借助缩微阅读器才能阅读,保存条件要求高。

（3）声像型

声像型文献是以磁性或感光材料为存储介质,利用特定的设备及技术直接记录声音、图像信息的文献,包括录音带、录像带、电影胶片、幻灯片、唱片、多媒体资料等。主要优点是存储密度大,形象、直观,成本低,使用寿命长。

（4）机读型

机读型文献是以电子数据的方式将图、文、声、像等信息存储在磁光介质(光、电、磁介质)上,通过网络通信、计算机或类似设备再现的信息资源,包括磁带、光盘数据、电子图书、电子期刊、联机数据库、网络数据库等。主要优点是存储密度大,存储速度快,原有记录可以改变更新,可以提供多维、有序化的可操作功能,应用方便快捷,便于检索。

2.2　文献信息的现状

网络产生之后,随着数据库文献的电子化,文献的类型由纸质版文献或者印刷型文献发展到电子版文献。电子版文献简称电子文献。现代的文献检索一般是利用计算机和互联网,对电子化数据库内的文献进行检索,这种检索方式称为计算机检索,具体是指人们利用数据库、计算机软件技术、计算机网络及通信系统进行文献检索,其检索过程是在人机的协同作用下完成的。电子文献具有以下特点。

2.2.1　文献的电子化

电子文献的分类十分复杂。按照载体的形态,电子文献可以分为软磁盘(FD)、只读光盘(CD-ROM)、可擦写光盘(CD-RW)等。

按照文献的电子格式,电子文献可以分为文本格式的 TXT 文件、DOC 文件、PDF 文件,图像格式的 GIF 文件、JPG 文件,以及标记文件格式的 HTML 文件和 XML 文件等。

按照出版周期和内容特点,电子文献可以分为电子期刊、电子图书、电子报纸及数据库等。数据库是指至少由一种文档(file)组成,能满足特定目的或特定功能需要的数据集合。

按照内容的性质和时效性,电子文献可以分为论文文献和动态消息。按照版权状况,电子文献可以分为有版权电子文献和无版权电子文献两类。按文献信息利用的角度,电子文献可以分为有版权的电子期刊、电子图书及报告,这类电子文献的学术价值相对较高;而单篇论文和动态性的电子文献虽然有时没有注明版权,但也有一定的参考价值。

2.2.2　数据库的增多

图书馆是人类的知识宝库,存储着丰富的文献信息资源。目前,国内和国外的数据库一般都整合在图书馆的电子资源中,如暨南大学图书馆网站首页的资源,如图2-1所示。

图2-1　暨南大学图书馆网站首页

数据库是可以共享的某些具有共同存储方式和一定组织方式的相关数据的集合,它主要由文档、记录和字段组成。

文档(file):数据库中一部分记录的集合,相当于文件夹,包括很多记录。

记录(record):文档的基本单元,是对某一文献的全部相关属性进行描述的结果。在数据数据库中,一个记录就是一条文章或题录;在全文数据库中一个记录就是一篇完整的文献。

字段(field):每一个记录一般由若干个描述性的字段组成,如标题字段、作者字段、文章字段、来源字段、主题词字段等。

根据提供数据库的国家,数据库可以分为国内数据库和国外数据库。

2.2.2.1　国内常用的数据库

国内常用的数据库主要有中国知识资源总库、万方数据、维普资讯等,一般整合在大学图书馆的电子资源中,使用方便,订阅用户可以下载全文。

1.中国知识资源总库

中国知识资源总库(http://www.cnki.net/),就是国家知识基础设施(China national knowledge infrastructure,CNKI),简称中国知网,是目前中文数据量最大的数字图书馆,它的资源包含中国学术期刊网络出版总库、中国优秀硕士学位论文全文数据库、中国博士学位论文全文数据库、中国重要会议论文全文数据库、中国重要报纸全文数据库、中国年鉴全文数据库、中国工具书网络出版总库。中国知识资源总库首页如图 2-2 所示。

从中国知识资源总库下载的全文文献为 CAJ 格式或 PDF 格式。打开和阅读 CAJ 格式的文件需要用 CAJViewer 软件;打开和阅读 PDF 格式的文件需要用 Adobe Acrobat Reader 软件。这两个软件可以在中国知识资源总库的下载中心或其他网站免费下载和安装使用。

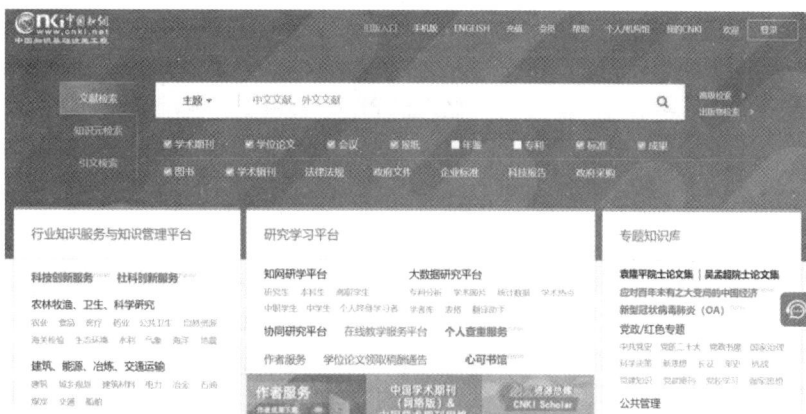

图 2-2 中国知识资源总库首页

2. 万方数据

万方数据(http://wanfangdata.com.cn/)由北京万方数据股份有限公司创办,收录的资源包括学术期刊、会议论文、学位论文、外文文献、科技成果、中外标准、专利、政策法规、机构库等。万方数据首页如图 2-3 所示。

图 2-3 万方数据首页

3. 维普资讯

维普资讯(http://cstj.cqvip.com/)由重庆维普资讯有限公司创办,是综合性期刊数据库,包括 1989 年以来的医药卫生、自然科学、工程技术、农业、经济、教育和图书情报等资源。维普资讯首页如图 2-4 所示。

4. 中国生物医学文献数据库

中国生物医学文献数据库(http://www.sinomed.ac.cn/index.jsp)是由中国医学科学院医学信息研究所于 1994 年研制开发的综合性中文医学文献数据库,收录了 1978 年以来的 1 600 余种中国生物医学期刊,以及汇编、会议论文的文献记录,总计超过 400 万条记录,年增长量约 35 万条。学科涉及基础医学、临床医学、预防医学、药学、中医学及中药学等生物医学领域的各个方面,是目前国内医学文献的重要检索工具。

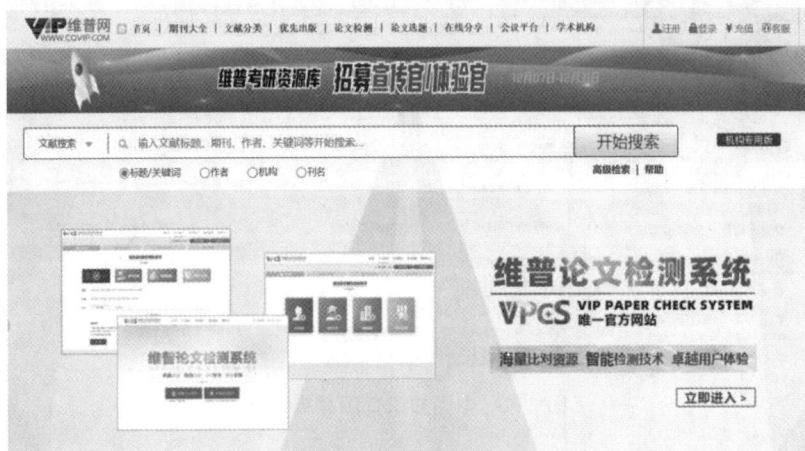

图 2-4　维普资讯首页

2.2.2.2　国外常用的数据库

国外常用的数据库有 ISI Web of Knowledge、Springer Link、Wiley-Blackwell、Elsevier-ScienceDirect 和 PubMed 等。

(1) ISI Web of Knowledge (WoK)

ISI Web of Knowledge 是由 Thomson Reuters 提供的学术信息资源整合平台,包括的数据库有 Web of Science、BIOSIS Previews、Current Contents Connect、MEDLINE、INSPEC 等。WoK 首页的默认检索是所有数据库检索,可同时检索多个数据库,其优点是引导用户查找全文文献,通过页面上的"Select a Database"可以选择单库检索。

(2) Springer Link

德国施普林格(Springer-Verlag)是世界上著名的科技出版社,该社通过 Springer Link 系统发行电子图书并提供学术期刊检索服务,网址为 http://link.springer.com/,目前共出版有 2 100 余种期刊。Springer Link 通过纯数字模式的专家评审编辑程序,从以卷、期为单位的传统印刷出版标准过渡到以单篇文章为单位的网络出版标准,现在已有超过 200 种期刊以电子优先(online first)的方式出版,大大提高了文献网上出版的速度和效率,并保持了文献的高质量要求。Springer Link 的发展目标是把 online first 出版方式应用到所有 Springer Link 提供全文服务的期刊上。非订阅用户可以查看文献题录、摘要；订阅用户可以查看、免费下载全文和订阅全文。Springer Link 首页如图 2-5 所示。

图 2-5　Springer Link 首页

（3）Wiley-Blackwell

Wiley-Blackwell 是当今世界最重要的教科书和专业出版商之一，同时也是最大的学术出版机构。Wiley-Blackwell 与超过 700 个非营利协会合作出版的期刊代表了这些学科的尖端研究，并且是学术团体的核心。Wiley-Blackwell 的网上图书馆网址为 http://onlinelibrary. wiley. com/，其首页如图 2-6 所示。

图 2-6　Wiley-Blackwell 网上图书馆首页

（4）Elsevier-ScienceDirect

爱思唯尔（Elsevier）是荷兰的学术出版商，有 100 多年的历史，内容涉及自然科学、工程学、医学、生命科学、社会科学及人文等多个学科，可提供 2 200 多种期刊和数千种图书的全文文献。用户无论是否订阅 Elsevier 期刊，只需在浏览器中输入 Elsevier 的在线检索平台 ScienceDirect 的网址 http://www. sciencedirect. com，就可以进入。

非订阅用户可以查看文献题录、摘要及免费全文。订阅用户可以查看、免费下载全文和订阅的全文。Elsevier-ScienceDirect 首页如图 2-7 所示。

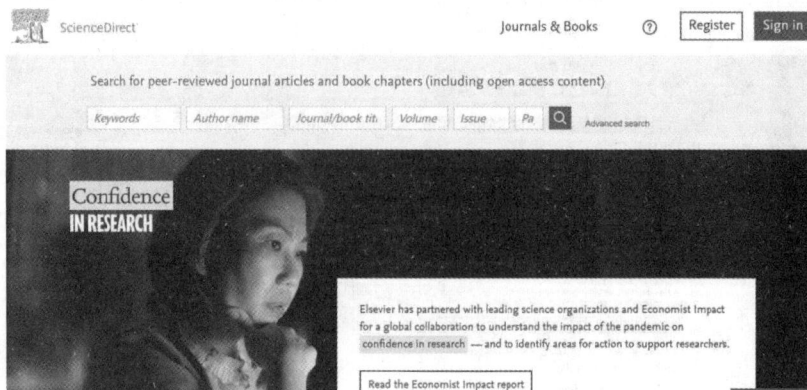

图 2-7　Elsevier-ScienceDirect 首页

（5）PubMed

PubMed 是生物医学领域的数据库,它由美国国立医学图书馆的生物技术信息中心开发研制,它的数据每周更新,访问免费,具有使用方便、检索质量高、检索功能强大、外部链接丰富、服务个性化等优点,是生物医学领域科研人员和临床医务人员不可缺少的文献信息源。PubMed 可通过 NCBI 首页上的 PubMed 链接单击进入,也可从暨南大学图书馆上的链接进入。

PubMed 收录了 1948 年以来 80 多个国家和地区医学、生命科学方面的 5 400 多种期刊和电子图书。PubMed 首页如图 2-8 所示。

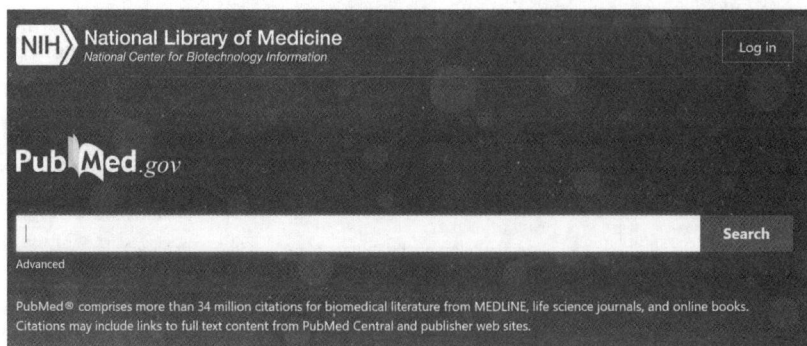

图 2-8　PubMed 首页

面对如此多的数据库,在查找文献时,不需要进入每一个数据库进行查询。一般的选择原则是中文用中国知识资源总库(CNKI),英文用 ISI Web of Knowledge(WoK)即可,其他数据库作为不能使用以上两个数据库时的候补数据库。

2.2.3 个人文献管理软件的增加

个人文献管理软件是一种用于帮助用户组织、管理与课题有关的参考文献,建立个人参考文献数据库的软件。在没有文献管理软件之前,下载下来的文献往往是单个文件,难以管理。目前已经有很多管理文献的软件,使下载和管理文献变得十分容易。

2.2.3.1 个人文献管理软件的种类

目前应用最广的个文献管理软件有 EndNote、Reference Manager、ProCite 单机系列产品和 Web 版 Refworks,以及国内的 NoteExpress 软件。

EndNote 软件的主要特点是直观和客户化,易学易用。

Reference Manager 的功能非常强大,可以实现在互联网上的书目检索并创建适合研究论文写作的专业书目数据,它可以在多个打开的数据库上进行检索,并提供拼写检查、同义词等功能。网络版允许许多用户对数据进行读写操作,更适合研究工作组的集体使用。

ProCite 提供高级检索和排序功能,使数据易于存储,是图书管理和针对特殊馆藏的理想软件。

国内的 NoteExpress 软件内置 3 000 多种国内外学术期刊和高校论文参考文献格式,并支持不同参考文献格式的一键转换。

2.2.3.2 个人文献管理软件的功能

这些软件的基本功能大同小异,主要有以下功能。

(1)批次输入文献:系统提供了将各种数据库的检索结果直接转入系统的功能,用户可以将不同数据库的检索结果直接输入,成为格式一致的文献。

(2)检索查询功能:文献输入后,可以按不同的字段进行检索,利用 Author、Title、Journal、Keyword、Subject 等进行布尔逻辑组配检索,并可排序或增删记录。

(3)查重:当用户陆续汇集许多资料后,系统可以自动查重,并允许将重复的记录删除。

(4)可加注个人读书笔记:使用者可以随时将读书心得加入该文献记录,方便以后写文章时直接调用。

(5)自动生成参考文献目录:写文章时,可以在 Word 文本中插入附注,在文章末尾自动生成参考文献目录。

(6)自动生成期刊所需的参考文献格式:这些软件可以提供数百种期刊引用格式,供用户选择。由于在科学领域内没有标准的文献引用格式,投稿时,不同的期刊有不同的投稿要求,因此该功能极大地方便了读者投稿。

(7)产生科技论文写作模板,简化论文投稿程序:这些软件的发布、研究人员针对不同期刊的写作要求,一步到位地建立了符合投稿要求的论文格式,节省了投稿人大量的时间。

虽然电子化文献逐渐增加,但是绝大多数的文献还是要通过印刷型文献获取。电子检索的文献资料主要来自国内外各种数据库。电子检索的结果可以用电子版的方式保存在电脑上,需要的时候随时查看,也可以打印在纸上查看。

2.3　文献信息检索的发展趋势

2.3.1　文献信息检索的发展历史

从过去的手工检索发展到现代的人机互动检索,文献信息检索随着互联网技术的发展也在不断变化。

2.3.1.1　手工检索的概念和工具

手工检索是指人们通过手工方式检索文献。在网络产生之前,文献检索一般采用手工检索。

手工检索使用的检索工具主要为书本型、卡片式的信息系统,即目录、索引、文摘和各类工具书(如百科全书、年鉴、手册、名录、字典、词典、表谱、图录等),主要为印刷型文献资料。

1.目录、索引、文摘

目录也称书目,它是著录一批相关图书或其他类型的出版物,并按一定次序编排而成的一种检索工具。

索引是记录一批或一种图书、报刊等所载的文章篇名、著者、主题、人名、地名、名词术语等,并标明出处,按一定排检方法组织起来的一种检索工具。索引不同于目录,它是对出版物(书、报、刊等)内的文献单元、知识单元、内容事项等的揭示,方便进行细致深入的检索。

文摘是以提供文献内容梗概为目的,不加评论和补充解释,简明、确切地记述文献重要内容的短文。汇集大量文献的文摘,并配上相应的文献题录,按一定的方法编排而成的检索工具,称为文摘型检索工具,简称文摘。

2.百科全书

百科全书是概述人类一切门类或某一门类知识的完备工具书,是知识的总汇,它是对人类已有知识进行汇集、浓缩并使其条理化的产物。百科全书一般按条目(词条)字顺编排,另附有相应的索引,可供迅速查检。

3. 年鉴

年鉴是指按年度系统汇集一定范围内的重大事件、新进展、新知识和新资料,供读者查阅的工具书,它按年度连续出版,所收内容一般以年为限。年鉴可用来查阅特定领域在当年的发生事件及进展、成果、活动、会议、人物、机构、统计资料、重要文件或文献等方面的信息。

4. 手册、名录

手册是汇集经常需要查考的文献、资料、信息及有关专业知识的工具书。名录是提供有关专名(人名、地名、机构名等)简明信息的工具书。

5. 字典、词典

字典和词典是最常用的一类工具书。字典是为字词提供音韵、意思解释、例句、用法等的工具书。词典是按一定的次序编列语词并加以解释的工具书,分为语言性词典和知识性词典。

6. 表谱、图录

表谱是将纷繁复杂的历史人物、事件、年代用简明的表格、谱系等形式表现出来的工具书,具有精要、便览、易查等特点。

图录又称图谱,是用绘画、摄影等方式反映事物或人物形象的工具书,主要有历史图录、人物图录、艺术图录、文物图录、科技图录、地图等。图录提供文字以外的形象、直观的资料。图录在中国历史久远,中国古代图像与文字并重,曾有“左图右书”之说。

印刷型文献是当前和今后相当长时间内的文献主体,而电子文献是今后文献的发展方向。一般而言,20 世纪 90 年代之后的一些文献可以在网络上获得原文文件,但是 20 世纪 90 年代之前的大多数文献还是要通过印刷型文献获取。

2.3.1.2　手工检索的方法和特点

文献检索的常用方法有直接检索法和间接检索法两种。直接检索法即直接从报刊中通过浏览的方式获取所需信息的一种方法。间接检索法即通过检索工具的指引进行查找,并获取所需信息的一种方法。

手工检索到的文献,在有复印机之前必须摘抄下来,摘抄的过程十分缓慢。如果图书馆仅有一本资料时,则仅可供一人查找。在有复印机之后,手工检索的文献可以复印成纸质版进行保存,检索的速度稍微加快。但纸质版的文献不好保存,几年之后,不仅纸张会发黄,而且不好分类,不易管理。

2.3.2　文献信息检索的未来发展

随着网络的飞速发展,网上资源日新月异,呈爆炸性增长趋势。面对如此浩瀚多样的信息资源,计算机技术、通信技术、信息检索存储技术的快速发展,手工检索的“手翻、眼看、大脑判断”的检索方式已经很难适应当今信息的发展速度,因此,信息检索开始从手工检索过渡到计算机检索。

信息检索是以科学的方法,利用检索工具和检索系统,从有序的信息集合中检索出所需的信息的一种检索方式,是人类为了合理地分发情报和充分地利用情报而采取的一种重要的交流方式。信息检索已经成为现代社会信息化和个人汇总应用关系的关键。

在这个高速发展的信息时代,信息就是商品、信息就是财富、信息就是资源、信息就是机会,人人都渴望及时获得有用的信息。如果说信息是人类赖以生存、发展的资源,那么信息检索就是每个人必须具备的一种基本技能。因此,信息检索在这个时代起着举足轻重的作用:(1)信息检索是读书治学的基本功。无论是在学习还是在工作期间,都需要进行各种信息检索的培养和训练;(2)信息检索是科学研究的组成部分。科学研究首先是从课题调研掌握资料起步的,信息检索有助于掌握本课题的进展动态,拓展思路,避免重复劳动,把研究水平提到新的高度;(3)信息检索是科学决策的先导。信息化时代的经济管理、政治控制、艺术创造乃至心理状态的演变等,均受到各种社会信息的影响。适时掌握相关信息才能实现有效的管理。

目前,信息检索已经发展到网络化和智能化的阶段。信息检索的对象从相对封闭、稳定一致、由独立数据库集中管理的信息内容扩展到开放、动态、更新快、分布广泛、管理松散的网络内容。因此,在未来的时代,信息检索必将出现信息智能化、个性化、专业化、多样化的检索引擎。

智能搜索引擎是结合人工智能技术的新一代搜索引擎,它使因特网信息检索从基于关键词检索提高到基于知识或概念检索,并对知识有一定的理解及处理能力,能够实现分词技术、同义词技术、概念搜索、短语识别及机器翻译等技术。智能检索是基于自然语言的检索形式,机器根据用户所提供的以自然语言表述的检索要求进行分析,而后形成检索策略进行搜索。用户所需要做的仅仅是告诉计算机想做什么,至于怎样实现则无须人工干预,这意味着用户将彻底从烦琐的规则中解脱出来。在检索服务方面,提高检索质量需求最基本的一点就是判定用户是在寻找快速的回应还是精确的检索结果,并分析查询中隐含的"意义范围",即词语在不同领域的含义。

个性化信息检索是指能够为具有不同信息需求的用户提供个性化检索结果的技术。即对不同用户提供的同一种查询词语也能按照不同的用户需求而生成不同的检索结果。从实现原理上看,目前的个性化信息检索的方法主要有三种,分别为基于文本内容分析的方法、基于点击流量的方法和基于超链接分析的方法。基于文本内容分析的方法通过获取用户的查询历史和访问网页等文本信息,甚至有时还能结合用户主动提交的、反应自身兴趣的关键词来得到个性化检索结果。

2.3.3　文献信息检索的不足

现如今,文献检索基本上实现了计算机检索,但也存在不足。主要表现在检索平台太多、检索语言太专业、检索语法规则不统一等方面。未来的文献检索将在计算机检索的基础之上,向智能化、简单化、个性化和专业化方向发展,使计算机检索更加完善和更加方便易用。

2.3.3.1　检索平台通用化

目前,全世界有数万种数据库,大型的文献型数据库也不少,但这些数据库分属不同的出版商或制作者,其检索平台、检索的界面、检索的语法控制以及检索方式都不相同。这就要求读者掌握和熟悉更多的数据库的使用方法。

鉴于此,目前正在致力于开发一些通用的检索平台,其目标是将源于不同国家、不同语言、不同公司的不同的数据库放在同一个检索平台,如 NCBI-Entrez、Dialog、OVID、EBSCO 等,读者只需掌握一个或少数的检索系统就可以检索多个数据库。

因特网上的搜索引擎可以算得上是另一类通用检索平台。现在流行的搜索引擎大多与 Google 相似,其检索界面和检索语法等都非常相似,甚至相同。

2.3.3.2　检索语言智能化

检索语言智能化是指自然语言与受控语言的自然融合。

在检索过程中,人们往往以自己最熟悉的概念为出发点,向检索系统提交提问以期获得结果。然而,任何检索系统都有它的数据标引规则,检索者输入的概念不一定在数据库中存在,也就导致检索者对检索结果不满意。任何数据库在存贮时都会对所有的数据进行标引,标引数据时所遵循的标准(如主题词、分类号等)对于一般的检索者来说是非常陌生的,但又是检索者必须知道的,这也是人们认为检索难之所在。

检索语言(受控语言)专业性太强,不太适合非专业人员使用,但仍有无法取代的优势;自然语言操作简单、方便、灵活,网络检索工具大多采用自然语言标引和检索,但是自然语言必然导致同义词、多义词和近义词得不到控制,影响主题的集中,从而降低查全率和查准率,造成漏检和误检。为了克服这一缺点,NLM 主持研发了一体化医学语言系统(unified medical language system, UMLS)。该系统中最核心的部分是超级叙词表(metathesaurus),该词表的词汇来源于 50 多种生物医学词表和分类表,共有 200 多万个词汇,它将相同概念的不同名称和不同形式联系在一起,并识别不同概念间的关系。

UMLS 的建立为检索者检索提供了极大的方便。UMLS 与数据库集成后,检索者可以不需要知道确切的主题词就能够检索到相关主题的全部内容。检索时,输入任意一个概念(不限文种),系统将会在检索系统中自动将它转换为主题词,并将输入的概念作为自由词与它一起逻辑"或"检索。这种技术已经在 PubMed 系统中实现。

2.3.3.3　检索系统个性化

检索系统个性化可以根据你的个人爱好和检索习惯定制你自己喜欢的检索界面和主题。国内外大多数据库和搜索引擎都有此功能。

2.3.3.4 检索服务专业化

检索服务专业化包括提供专业的数据库和专题信息的推送服务。如医学专业的MEDLAS 系统,只提供生物医学领域的数据库服务。SDI 定题服务则可根据检索者的专业需求向检索系统定制某一(些)主题的信息,系统就可定期向检索者推送有关主题的最新信息,如电子邮件等信息推送服务。

【思考题】

1. 信息具有哪些特点?
2. 知识的特性是什么?
3. 情报的基本属性是什么?
4. 文献的构成要素、特点及功能是什么?
5. 按出版形式划分,文献都有哪些具体类型?
6. 常用的数据库有哪几种类型?

第3章 科技文献信息检索的
工具、意义与策略

3.1 科技文献信息检索的工具

3.1.1 检索工具的定义

检索工具是人们用于存储、报道和查找文献的工具,因此它具有存储和检索的功能。存储是采用一定的检索语言使分散、无序的文献集中并组织起来成为有规律的检索系统,从而变成检索工具。检索是人们按照有关检索语言,采用一定的方法和途径,检出自己所需的文献。一般检索工具必须具备 4 个基本条件。

(1)必须详细著录文献的外部特征和内容特征。所谓外部特征,是指文献篇名、著者姓名、文献序号等;所谓内容特征是指文献的学科属性、主题内容等。

(2)必须具有既定的检索标识,如主题词、分类号、著者姓名、文献序号、文献篇名等。

(3)全部文献必须根据标识系统地、科学地排列,成为一个有机的整体。

(4)能够提供多种检索途径。

只有具备上述条件,才能成为检索工具。事实上,前 3 条是对文献存储过程所提出的要求,最后一条则是对文献检索过程所提出的要求。

3.1.2 检索工具的作用

(1)检索工具能将不同类型、不同语种的文献按学科或主题加以集中、组织在一起,避免了直接检索的分散性、盲目性和偶然性,从而在查全率和查准率两个方面都能保证其检索效率。

(2)借助于检索工具,检索文献可以缩短检索过程、节省读者的时间。检索者不必阅读大量分散的各种类型及文种的原始文献,因而大大地提高了检索速度。

(3)检索工具中的标识(分类号、主题词等)是按照一定的检索语言来编排的,因此,它可以提供有规律的检索途径,使检索者得以根据需要灵活地从多种角度进行检索。

(4)帮助科技人员消除语言文字的障碍。目前世界上出版的科技文献所使用的语言有 60~70 种之多,科技人员直接查阅文献时,常常受到语种的限制而漏查一些有重要参考价值的文献,而一种检索工具可以用一种语言来收录和报道不同文种的文献,检索者只要掌握少数几种语言后,就能查阅多种文字的文献资料。

3.1.3　检索工具的形式

随着科学技术的发展,记录文献载体的形式越来越多,检索工具的形式也就变得越来越多样化。

3.1.3.1　书本式

(1)期刊式检索工具。这种检索工具具有科技期刊的出版特点,即有统一的刊名,分卷分期、定期连续出版,如美国的《化学文摘》、日本的《科技文献速报》等。它以收录近期的文献资料为主,使科技人员能及时掌握当前科技发展的最新动向。它具有连贯性,能不断地积累文献资料,提供多种检索途径,使科技人员能极方便地进行回溯性检索。总之,它具有及时、连续、系统、完整、全面、方便等检索特点,因而是主要的检索工具形式。

(2)单卷式检索工具。这种检索工具多数是以一定的专题内容来编印的,选题一般具有独立的意义。它专业性强,收集的文献比较集中,往往累积反映了一个相当长时期(数年以及数十年)的文献,并以特定范围的读者作为对象。单卷式检索工具收录文献一般比较全面、系统,排列组织比较切合专业研究的需要,因此,对于专题文献检索比较方便,使用价值较高。

(3)附录式检索工具。附录式检索工具不单独出版,而是附于书刊之后。其特点是专业性强,引用的参考文献与文章的中心内容密切相关,而且是从大量的文献中精选出来的,所以引用的文献质量比较高,具有重要的参考价值。

3.1.3.2　卡片式

它是以卡片形式出版的检索工具,即把每条款目印在卡片上,然后按一定的方式把卡片一张张排列起来,成为成套的卡片,就形成卡片式检索工具。这种卡片式检索工具可以按使用者的需要自由抽补,比较灵活,无须像书本式检索工具那样另编累积索引。但是卡片式检索工具也有不少缺点,如体积大、不便携带,而且排卡片费时,易丢失,难管理。随着计算机技术的广泛应用,卡片式检索工具已逐步停止使用。

3.1.3.3　缩微式

它是以缩微胶卷形式出版的检索工具,可以是传统文献的缩微化形式,也可以是计算机输出的缩微品。这种检索工具的优点是出版速度快,大大缩小了检索工具的体积,缺点是阅读时需借助阅读设备,而且更新、增补也不方便。

3.1.3.4　机读式

这种形式的检索工具是随着计算机应用于图书情报工作而出现的,它是以光、电、磁等作为存储和传递的介质,以计算机为主要手段进行信息检索的工具。其特点是传递速度快,内容丰富,使用方便,交互性强,是检索工具今后发展的主导形式和方向。

3.1.4　检索工具的类型

一般来说,检索工具可按其收录文献的对象和揭示方式划分。

3.1.4.1　目录型检索工具

目录是著录一批相关文献,并按照一定的次序编排而成的一种揭示与报道文献的工具。著录对象为一个完整出版单位的出版物。例如,一本以《高等数学》为名称的图书和一种以《物理学报》为名称的期刊,都是以独立名称作为出版单位的出版物。目录就以此为著录对象描述出版物的基本特征。至于每种出版物中的具体篇章,目录型检索工具一概不予著录,因此,这类检索工具仅提供检索线索,检索者需要了解出版单位、销售单位、收藏单位是否有自己需要的文献。

目录的种类按出版物类型划分,有图书、期刊、标准、专利等目录;按语种划分,有中文、西文、日文、俄文等目录;按使用对象划分,有读者目录和公务目录;按载体划分,有书本目录、卡片目录、机读目录等;按检索途径划分,有书名目录、分类目录、主题目录、著者目录等;按编制单位划分,有出版社目录、书店目录、馆藏目录、联合目录、国家书目等。

3.1.4.2　文摘型检索工具

文摘是简明扼要地报道文献内容的检索工具,它不包括对原文的补充、解释或评论。文摘是二次文献的核心,检索工具的主体。文摘可以深入揭示文献内容,吸引读者阅读原文,节约科技人员阅读文献的时间和精力,便于决定对原文的取舍,为撰写述评性文章提供重要参考资料,还可以著录文献的部分特征,如篇名、著者、文献出处等。文摘的类型按摘录详细程度可分为报道性文摘、指示性文摘和专用文摘三种。

（1）报道性文摘

这种文摘著录每篇被收入文献的出处和基本观点、研究方法和设备、试验结果的推理、数据和公式等核心内容。一条文摘一般为 400~500 字,必要时可增至 1 000~2 000字。有时阅读文摘就可取代阅读原文,文摘是原文的浓缩。

（2）指示性文摘

指示性文摘,又称简介,是对标题的补充说明,主要指明原文的出处和概括原文探讨问题的范围和目的,以读者对原文内容不发生误解为原则。一条指示性文摘一般在 100字左右,有的甚至只有一句话,以起到解题作用。所以阅读指示性文摘不能替代阅读原文。

（3）专用文摘

这是指各种专业文摘机构根据各自的专业特点和读者要求而规定的文摘形式。这种文摘所反映的不是原文内容的全部观点，而是与本专业有关的那一部分，所以又称专业文摘。

3.1.4.3　题录型检索工具

题录就是由一组著录项目构成的一条文献记录。它的特点是按"篇"报道，与文摘相比，题录是一种不带文摘正文的文摘款目，主要着眼于报道时间上的"快"。与目录相比，相似之处主要体现在两者一般仅仅描述文献的外部特征，区别之处是题录通常以篇为基本著录单位，目录一般以一个完整的出版单位为基本著录单位。在揭示文献的深度方面，题录强于目录而逊于文摘。

逊于文摘之处不仅是不带文摘正文，而且一般是所附索引的种类不全，检索性能较差。但它是文摘性检索工具的重要补充，可以弥补文摘刊物收录文献不够全面和出版迟缓的缺陷。主要采用题录方式来摘录和报道新文献的一类检索工具，都属于题录型检索工具。它的基本作用是定期地、迅速地，并且尽可能完全地把世界上发行的有关某一领域的科技文献记录下来，以备检索和利用。

关于这类检索工具和称谓，国内叫法不一，过去习惯称它为"论文索引""篇目索引"或"索引"。

3.1.4.4　文献指南和书目之书目

文献指南比目录、索引、文摘等出现得迟，它的内容主要是介绍某一学科的主要期刊和其他类型的一次文献检索方法，以及介绍利用图书馆的一般方法等。美国的《参考书指南》是历史悠久并不断出新版的著名文献指南。书目之书目，就是检索工具的目录，可以说是检索工具的检索工具。

由于各种检索工具本身数量大、种类多、内容杂，它们反映文献的范围和检索手段各不相同，因此就需要将它们进行排比、组织、配合，即将书目、文摘、题录等检索工具，按照其类型、学科范围或文种排列起来，并附上简介，指出其所收录检索工具的内容、特点和使用方法。

3.1.4.5　机读型检索工具

机读型检索工具就是在计算机存储设备上按一定方式存储相互关联的数据集合，它包括联机、光盘和网络检索数据库等各种形式，可以随时按不同的目的提供各种组合信息，以满足检索者的需求。按照数据库所含信息的内容可以划分为以下类型：

（1）文献书目数据库

文献书目数据库是存储某个领域原始文献的书目，即二次文献数据库，记录内容包括文献的题名、著者、原文出处、文摘、主题词等,大多数文献书目数据库是印刷本检索工具的机读版,如美国工程索引数据库(EI Compendex)、英国科学文摘数据库(INSPEC)、美国化学文摘数据库(CA Search),等等。

（2）信息指南数据库

信息指南数据库主要是记录一些机构、人物、产品、项目简述等事实数据,通过该类数据库可以查到公司、机构的地址、电话、产品目录、研究项目或名人简历等信息。这类数据库也称为事实数据库。

（3）数值型数据库

数值型数据库是专门提供以数据形式表示的一种源数据库。记录中存放的是各种调查数据或统计数据,如人口统计资料、科学技术实验数据和市场调研数据等。

（4）全文数据库

全文数据库是存储文献内容全文或其中主要部分的数据库,简称全文库。它是将期刊论文、学位论文、会议文献、法律法规、新闻报道,以及百科全书、手册、年鉴等的全部文字和非文字内容转换成计算机可读形式。全文数据库可以解决用户获取一次文献所遇到的困难,能向用户提供一步到位的查找原始文献的信息服务。

（5）多媒体数据库

多媒体数据库是近年来出现的新型数据库,它将图形、图像、文字、动画、声音等多媒体数据结构结合为一体,并统一进行存储、管理和应用,检索时可以获得图文并茂的效果。

3.2　科技文献信息检索的意义

科技文献信息检索是指对文献资料的查找与获得。检,即查找;索,即获得与索取。也就是说,检索者利用检索工具按照文献编排的特点,采取一定的途径、方法和步骤,将所需文献资料查找出来,并加以利用。

在科学技术飞速发展的今天,科技文献的数量、种类急剧增加,要从浩如烟海而又极其分散的文献中迅速、准确地查获自己所需要的文献资料,是何等困难。为了节省时间、少走弯路,就必须掌握打开知识宝库的钥匙——科技文献检索。人们无论是学习、工作,还是进行科学研究,都离不开文献的检索与利用。具体说来,科技文献信息检索具有以下六个方面的意义。

3.2.1　有利于大学生信息素养的培育

信息素养又称信息素质、信息能力等,是指人们能够充分认识到何时需要信息,并有能力去获取、评价和有效利用所需信息的能力。我们已经处在一个被信息海洋淹没的现代信息社会中,信息资源逐渐成为整个社会经济和社会活动的基本要素。为了适应信息社会的生存环境,信息素养成为与科学素养、人文素养并列的大学生素质修养的重要部分。

高等教育应主动肩负起培育具有较高信息素养的优秀人才的重任,这也是近年来国内外大学教育的一个重要趋势。首先,培育信息素养是提升高校教育水平的内在要求。信息社会需要的不是信息的简单传递者或使用者,而是具有较强信息意识和能够熟练运用现代信息技术手段,将大量支离破碎的信息与数据进行归纳与综合,使之条理化的有较高信息素养的人才。其次,培育信息素养是培养创新思维的现实需要。创新思维是信息活动中最重要的智力因素之一,它直接参与信息过程的具体操作,对培养每个人的科研能力、创新能力具有重要作用。同时,信息能力的核心是熟练使用计算机、网络和数字技术的实践能力,所以,培育信息素养的过程还是提高学生实践能力的过程。最后,培育信息素养是学生创业发展与终身学习的基本条件。

在信息社会,信息素养不仅是人们自身生存的基础,更是人们适应信息社会和在高新科技产业快速发展的背景下创业发展与终身学习所必备的基本素质与基本条件。高等教育必须通过信息素养的培育使学生具有终身学习的能力。

高校不断提高信息检索课的普及率,其目的是逐步培养学生的信息意识和获取、分析、使用、创造信息的能力,即培育学生的信息素养。

3.2.2　有利于复合性、开拓性人才的培养

在高等教育中,对大学生来说,最主要的是对自学、思维、表达和组织管理等方面能力的培养;对硕士生来说,主要是在学习阶段中学会如何独立地从事研究工作,善于总结前人经验,在前人成就的基础上有所创新;对于博士生来说,主要是培养在总结前人经验的基础上选择具有创造性的研究方向的能力,能够开辟新的研究领域。

因此,为了跟上科学技术发展的步伐,适应社会发展的需要,高等学校在给学生传授基本知识的同时,必须注重培养学生的自学能力和自主创新能力。现代科学技术的发展日新月异,随着时间的推移,旧知识不断被新知识所代替。

与此同时,科研成果从发明到推广应用的周期大大缩短,知识的有效期不断缩短。据估计,科技人员所具有的科技知识 12.5% 是在大学期间获得的,87.5% 是在工作岗位上学习积累的。另据估计,如果大学毕业后 5 年之内不补充新知识,原有知识的 50% 便会陈旧失效。这表明,科技人员的知识绝大部分是在实践中学习积累的。如果能将学生从学习静态知识引向学习动态知识,使他们掌握一种获取新知识的方法和技能,随时补充、更新知识,就更能适应科学技术和生产发展的需要。我们开设"文献检索与利用"课程的目的,就是让学生具有较强的情报意识和主动获取更深、更广、更新知识的技能,是培养学生自学和独立研究能力的一个重要环节,也是培养学生创新能力的有效途径之一。

3.2.3　有利于促进智力资源的开发利用,推动社会进步与发展

历代流传下来的和目前正在源源不断地涌现出来的文献,是一个巨大的知识宝库,是一种如同能源、材料等一样重要的智力资源,是一种极其宝贵的精神财富。后人只有在掌握前人所积累知识的基础上,利用这些知识作为指导,通过实践,才能不断更新知识,促进和推动社会的进步与发展。

近年来,随着科学技术的迅猛发展,科技文献量成几何级数增长,这与人们有限的阅读时间、利用能力形成尖锐矛盾,极大地妨碍了人们对科技文献资源的开发与利用,影响了科技文献资源对社会进步与发展所发挥的作用。掌握科技文献检索的技能与方法,就能帮助人们根据自己的需要,从大量的科技文献中迅速查找到相关文献资源,并加以充分利用。

3.2.4　有利于帮助研究人员继承和借鉴前人的成果,避免重复研究和走弯路

整个科学技术史表明:积累、继承和借鉴前人的研究成果,是科技发展的重要前提。

正如牛顿所说:"假如我看得远一点,那是因为我站在巨人的肩膀上。"因此研究人员在着手研究一项课题前,必须利用科学的文献检索方法来了解这个课题是如何提出来的,前人在这方面做过什么工作,是如何做的,有何成果和经验、教训,还存在什么问题,以及相邻学科的发展为研究这项课题提供了哪些新的有利条件等与研究课题有关的科技信息等。只有这样,才能正确制定研究方案,防止重复研究并少走弯路,使自己的研究能站在一个较高的起点上。

我国的文献检索工作相对发达国家而言还比较落后,重复研究的现象比较严重。一方面重复研究国外已有的技术,另一方面国内各机构之间相互重复研究及引进生产的现象也很严重,研究人员只有加强科技文献检索意识和能力的培养,才能彻底改变这种状况。

3.2.5　有利于节省研究人员查找文献的时间,提高科研效率

国内有关材料表明:研究人员花费在查找资料上的时间是相当多的,一般占其研究工作时间的 1/2 左右。如果能有完善的检索工具和周到的检索服务,将这部分时间减少到最低限度,无疑会节省研究人员大量时间,使科研人员把主要精力和时间用于构思和研究上,那就等于增加或延长了科研人员的寿命。这是发展科学技术的一项巨大潜力。

我们开设文献检索课的目的之一,就是要有效缩短科研人员收集大量文献资料的时间,进而缩短科研周期,达到多出成果、快出成果、提高科研效率的目的。要掌握独立吸

收和运用文献信息的技能,必须同时具有三个方面的知识,即外语知识、专业知识和文献检索知识。如果仅仅具备一定的外语知识和学科专业知识,而没有一定的文献检索与利用知识,就会在面对如汪洋大海般的科技文献时陷入找不到、读不完的困境,就不能有效地利用文献信息资料,以调整知识结构,解决实际问题。因此,在高校中开设"文献检索与利用"课,有目的地培养学生的文献信息获取能力,使其具备自我知识更新和获取最新信息的能力,其意义是十分重大的。

3.2.6　有利于为决策提供科学依据

虽然科技信息本身不能确保决策正确无误,但它是决策的基础。一个国家、地区或组织要发展什么、限制什么、引进什么,都需要有准确、可靠和及时的科技信息作为依据,才能做出正确的决策。20世纪70年代末,荷兰飞利浦公司推出数码激光唱片,这项突破性的音响技术吸引了欧美大公司纷纷投入巨资设厂生产。日本在得知这条信息后,经过细致研究分析,做出了不放弃原已占领的磁带市场的决策。他们悄悄地研制出效果更佳、功能更强的数码录音带及配套设备,使有些公司激光唱片刚刚投产或刚完成庞大基建工程便面临严峻的挑战。

可见,如果决策者重视和善于利用科技信息,就有可能避免重大损失,还有可能先人一步从中获益。事实证明,不仅科研人员需要科技信息,计划、管理、决策部门也同样需要科技信息。

3.3　科技文献信息检索的策略

检索策略就是为实现检索目标而设定的计划或方案,是对整个检索过程的安排。检索策略考虑是否周全,以及在检索过程中能否根据实际情况修改原来的策略,都会直接影响最终检索结果的好坏,也是影响检索效率高低的一个重要因素。

基于计算机网络的信息检索策略一般包括分析信息需求、选择资源系统、设置检索条件、调整检索策略等环节。

3.3.1　分析信息需求

获取信息,解决问题。分析信息需求是信息检索中最重要的一步。遇到的问题不同,信息需求也会有所差别,即便是同一问题,解决问题的方法不同,需要的信息也不相同。有些问题,信息需求可能很明确。也有些问题,信息需求可能并不明确,或者你所知道的并不是最优的,这个时候就需要想办法识别信息需求。

如果是学术方面的信息需求,不仅要考虑所需信息的类型、时间、语种,还要考虑查准、查全等问题。

分析信息需求依赖平时的积累,知道尽可能多的信息资源和来源渠道。只有知道这个世界上有什么样的信息资源,遇到问题的时候才有可能想到哪种信息资源是可以用来解决哪个问题的。

找攻略是分析信息需求的重要思路。互联网上有各种各样的攻略,也就是别人分享的解决问题的方法和思路,这些方法和思路可以提供识别信息需求的线索。例如,备考注册会计师(certified practising accountant,CPA),你可能不知道需要什么样的信息资源,但互联网有很多正在备考或者已经考过的人写的备考攻略,里面可能会告诉你什么时间考试、什么时间报名、报名条件有哪些、需要哪些教材、哪些网课不错、有什么备考网站、有什么公众号需要关注、应该安装哪些刷题 App 等。

3.3.2　选择资源系统

明确了具体的信息需求,下一步就是选择合适的资源系统。资源系统种类繁多,功能各异。在选择资源系统时,需要考虑以下几个方面的因素。

3.3.2.1　资源系统的内容类型

一般而言,资源系统有特定的内容类型,例如,在 B 站(https://www.bilibili.com)可以找视频,在 Iconfont(https://www.iconfont.cn)可以找图标,在古腾堡(http://www.gutenberg.org)可以找英文电子书,在中国裁判文书网(https://wenshu.court.gov.cn/)可以找司法文书,在中国高等教育学生信息网(https://www.chsi.com.cn/)可以查学历和学籍,等等。有些系统收录的资源类型比较单一,另外一些系统收录的资源类型多种多样,例如,CNKI 可以查询期刊论文、学位论文、会议论文、报纸、专利、标准、数据等资源类型,搜索引擎可以查询的资源类型更为多样。所以,在选择资源系统的时候,要考虑资源系统能够检索的资源类型。

3.3.2.2　资源系统收录资源的范围

不同的资源系统,即便是资源类型相同,收录的资源范围也有差别:同样可以查期刊论文,CNKI 收录的主要是中文期刊论文,而 Web of Science 收录的则是外文期刊论文;同样可以查外文期刊论文,Springer 和 EBSCO 收录的论文范围就有明显的区别;同样是 Web of Science,有些学校购买了 30 年的数据,而有些学校可能只购买了 15 年的数据。所以,在选择资源系统的时候,也要重点考虑资源系统收录资源的范围。

3.3.2.3　资源系统的使用权限

尽管有很多基于互联网向公众开放的资源和资源系统,但由于商业化等因素,还是有不少信息资源和资源系统有权限限制。关于这些系统的访问权限,主要有以下几种类型:一是完全免费的信息资源系统,如搜索引擎、开放获取(open access,OA)文献系统、预印本系统、政府开放数据系统、大型开放在线课程(massive open online course,MOOC)等;二是需要付费购买,否则无法完全访问的系统,如 Web of Science、Scopus、超星发现等系统,如果学校图书馆购买了这些系统,在指定的网络范围内或者经过一定的身份认证后可以免费使用;三是检索免费,获取全文需要付费,如 CNKI,任何人都可以使用 CNKI 免费检索,但要获取全文就需要权限,要么自己付费,要么去已经付费的校园网内获取。类似的还有 Science Direct,其检索免费,甚至可以免费下载部分文献(主要是 OA 文献)的全文,但大部分全文是不能免费获取的。在选择资源系统的时候,要充分考虑自己的信息需求以及访问权限,如果不在校园网内,不想付费,又想获取全文,最好选择 OA 文献系统、预印本系统等。

3.3.2.4 资源系统的全文可获得性

不同的系统对资源的揭示深度是有区别的,有些资源系统的检索结果是可以获得全文的,有些资源系统本身只是一个索引数据库。所以要根据信息需求选择合适的资源系统,如果需要全文,就需要使用全文数据库,如果只是需要题录,那么选择索引数据库就可以了。例如,想知道国内哪家医院擅长治疗"肝豆状核变性"这种罕见病,可以查询哪家医院经常发表这个主题的学术论文,在这种情况下,无须获取全文,只需对检索结果按照"机构"进行分组就可以了。所以我们在选择资源系统的时候,无须考虑能否获取全文,能查到题录数据即可。

3.3.2.5 资源系统的检索功能

不同的资源系统,检索功能不尽相同,系统提供的这些检索功能关系到相关检索技术的应用。在选择资源系统时,要根据自己的需求,充分考虑这些系统的检索功能能否满足检索需要。有哪些检索点,是否支持布尔逻辑检索、加权检索、截词检索、位置检索、词频限制、匹配方式限制等检索技术,有没有图形化的检索界面,能否进行基于检索表达式的专业检索,这些检索功能在选择检索系统时需要重点考虑。

3.3.2.6 用户自身的能力和偏好

在选择资源系统时,用户自身的检索能力和偏好也是一个重要因素。用户对具体系统的熟悉程度、用户的外语水平等因素在一定程度上影响了用户对资源系统的选择。在功能类似的情况下,用户更倾向于选择自己熟悉的资源系统。

3.3.3 设置检索条件

选定资源系统之后,需要把信息需求转化成具体的检索条件。现在大多数资源系统提供图形化的检索界面,个别系统支持基于检索表达式的专业检索。尽管不同资源系统的检索条件设置界面有所区别,但一般都支持常用的信息检索技术。例如,提供多个检索点,可以输入检索词,能够设置匹配方式,支持"交""并""补"布尔逻辑检索,等等。检索需求不同,检索条件的设置有区别,检索条件的复杂程度也不一样。有些简单的场景,一个检索条件就能解决问题,而遇到复杂的检索需求,需要多个条件进行组合。

3.3.4 调整检索策略

调整检索策略是指根据检索结果重新设置检索条件。检索是一个动态调整的过程,多数时候需要根据检索结果对检索条件进行相应的调整,在不断地探索中找到自己需要的东西。

调整检索策略的初衷是提升检索效果,衡量检索效果的两个重要指标是查准率和查全率,而这两个指标在多数情况下具有互斥性,要提升查准率,需要收紧检索条件,要提升查全率,需要放宽检索条件。所以检索策略的调整需要在这两个指标之间寻找平衡。检索策略的调整一般涉及以下几个方面。

3.3.4.1 检索系统的选择

如果检索效果不好,首先要考虑使用的检索系统有没有问题。如果找到的结果有很多,并且查准率比较低,可能的原因是选择的检索系统缺乏针对性。检索策略的调整思路是选择专业性较强的资源系统或检索平台。例如,用百度查找列车时刻表就不太合适,正确的做法应该是选择中国铁路 12306 网站,因为百度是一个综合类的搜索引擎,而中国铁路 12306 网站是专业的资源系统;同样,查找学术文章应该选择 CNKI,而不是在百度中查找,因为 CNKI 是专业查找学术文献的资源系统,即便是用 CNKI,首先也要选择CNKI 的中期刊论文数据库,而不是直接在整个 CNKI 中搜索,因为 CNKI 收录的文献很多也很杂,所以在 CNKI 中不选择具体资源系统,找到的结果可能是期刊论文,也可能是会议论文、学位论文、标准文献、专利文献、统计数据等。

如果找到的结果过少,或者找不到,首先要思考选择的检索系统是否合适。例如,在维普数据库中找学位论文就不合适,因为这个数据库的收录范围根本不包括学位论文。另外,可以适当选择综合性较强的检索系统。例如,如果在 CNKI 的期刊论文数据库中找不到指定主题的文献,可以在 CNKI 的综合检索平台上试一下,也许能在 CNKI 的学位论文数据库、会议论文数据库中找到。

3.3.4.2 检索点的选择

检索词出现位置的限制会影响检索结果的相关性,同时也会影响检索结果的质量和数量。如果要提升查准率,同样的检索词,可以选择相关性较强的检索点,按照"全文→摘要→关键词→标题"这个顺序,逐渐收紧检索条件。如果检索结果较少,或者找不到,可以适当降低查准率,选择如"全文""摘要"等相关性不太强的检索点。

3.3.4.3 检索词的选择

检索词也是影响检索结果的重要因素之一,提升检索效果,要选择合适的检索词。在检索词契合检索需求的前提下,可以通过调整上位词和下位词来优化检索结果。上位词,下位词是指概念上外延更广的主题词。与之相对的是下位词,下位词是指概念上内涵更窄的主题词。例如,"视频"是"MP4"的上位词,反过来"MP4"是"视频"的下位词。

下位词具有更强的专指性,所以使用下位词可以缩小检索结果的范围,提升查准率。例如,要找办公软件方面的学习资源,Word、Excel、PPT 比 Office 更具有专指性,因为前者是后者的下位词。如果要扩大检索结果的范围,提升查全率,可以用上位词替换下位词。

3.3.4.4 检索范围的限制

在具体的检索系统中,可以通过图形化的界面限定检索范围,例如在维普中文期刊服务平台高级检索界面中,可以限定作者单位、时间范围、期刊类别、学科范围。可以根据具体的检索需求和检索效果,适当调整这些范围限制。当检索结果较多时,可以适当缩小范围,如缩短时间区间,限定具体学科,指定具体单位,只勾选 CSSCI 等。如果检索结果太少,可以放宽范围限制。

3.3.4.5 检索条件的组合

多数检索系统提供高级检索界面,在这些高级检索界面中,可以通过多个检索条件的组合调整检索策略。如果检索结果较多,查准率不高,可以增加条件。多个条件之间,如果有明确的连接关系,可以选择布尔逻辑"与"和"非";如果没有明确的连接关系,默认的连接关系是布尔逻辑"与"。如果查寻的结果较少,查全率较低,可以减少条件,或者使用布尔逻辑"或"。

3.3.4.6 匹配方式的限制

检索点与检索词之间的匹配方式也会影响检索结果,除了"精确"和"模糊"匹配外,还包括词频限制、截词检索。匹配方式从"精确"调整为"模糊",实际上是放宽了检索条件,可以找到更多的结果。要求的词频越高,限制也就越严格,结果也就越少,会有更高的查准率。截词检索其实是一种特殊的模糊检索,扩大了检索结果的范围,则会提升查全率。

【思考题】

1. 检索工具的作用有哪些?
2. 什么是文摘型检索工具,有哪些具体分类?
3. 科技文献检索的重要意义是什么?
4. 基于计算机网络的信息检索策略包括哪些环节?

第4章 科技文献信息检索的原理及方法

4.1 科技文献信息检索的原理

4.1.1 文献检索原理

科技文献数量的快速增长和内容的高度分散,这给文献检索和利用带来了越来越多的困难。采用传统的浏览来直接获取文献已不能满足需要。人们需要采用科学的方法获取所需文献,编制文献检索工具(存储文献)和利用文献检索工具(检索文献)。

文献检索包括对文献的加工整序(存储)和查寻(检索)两部分,简单地说,其检索原理就是在文献的存储过程中,对每一篇文献进行分析、著录(所谓著录,就是对某一特定文献的篇名、著者、主题、学科属性、文献出处等标识出来),以极其简洁的形式加以揭示,赋予特定的标识(如分类号、主题词等),并将某种标识按照一定的检索语言、分类语言、主题语言等集中组织起来,成为有规律的检索系统,即检索工具。检索过程就是检索者在查找所需文献时,以该系统所用的标识作为提问标识,与系统中的文献特征标识进行比较,并将文献特征标识与提问标识一致的文献线索从检索系统中检出,检出的部分就是检索的结果。

4.1.2 文献检索类型

文献检索根据检索目的和对象的不同,可分为书目检索、数据检索、事实检索和全文检索。

4.1.2.1 书目检索

书目检索以题名(书名、篇名等)、著者、文献号码、文献出处和收藏处等为检索对象,它们是文献的外表特征和内容特征的描述,检索的是与课题相关的一系列书目线索,用户通过阅读后才决定取舍。

4.1.2.2 数据检索

数据检索以数值形式表示的数据为检索对象,例如某种金属的熔点,某种材料的电阻。另外,有关计算公式、数据图表、化学分子式等都属于数据检索范畴。

4.1.2.3　事实检索

事实检索以事项为检索对象,凡查询某一事物(事件)的性质、定义、原理,以及发生的时间、地点、过程等,都属于事实检索的范畴。诸如某类产品由哪些厂家生产,哪个牌号最好等即属于事实检索。

4.1.2.4　全文检索

全文检索以文献所含的全部信息内容为检索对象。即检索系统存储的是整篇文献或整部图书的全部内容,检索时可以查到原文以及有关的句、段、章等文字。

4.1.3　文献检索手段

文献检索时根据使用工具和手段的不同,可划分为手工检索和计算机检索两种类型。

4.1.3.1　手工检索

手工检索多以书本式或卡片式检索工具为主,手工检索需要了解标引规则,用户根据文献标引规则查阅有关文献,是计算机检索方法的基本功之一。手工检索能了解各类检索的收录范围、专业覆盖面、特点和编制要点,可以提高查全率和查准率。因此,手工检索仍不失为较好的检索手段。手工检索便于检索策略的制定和修改,在手工检索过程中发现问题,可以及时修改和提出。手工检索灵活性高,费用低,又能与计算机检索互为补充。手工检索方法仍是重要的检索手段。

4.1.3.2　计算机检索

计算机检索就是指人们在计算机检索网络或终端上,使用特定的检索指令、检索词和检索策略,从计算机检索系统的数据库中检索出所需要的信息,然后再由终端设备显示和打印的过程。在计算机检索的过程中,用户对检索课题加以分析,明确检索范围,弄清主题概念,然后用系统语言来表示主题概念,形成检索标识及检索策略,输入计算机进行查找。这一查找的过程实际上是计算机自动比较、匹配的过程,当检索标识、检索策略与数据库中的信息特征标志及其逻辑关系相一致时,则属"检索命中",即找到了符合要求的信息。

计算机检索不仅能够跨越时空,在短时间内查阅大型数据库,还能快速地对几十年前的文献资料进行回溯检索,而且大多数联机或网络检索系统数据库中的数据更新速度非常快,用户通过计算机检索可以随时得到更新的信息。计算机检索又可分为联机检索、光盘检索和网络检索。

（1）联机检索

联机检索是由一台主机带多个终端的检索系统。这种系统具有分时的操作能力,能够使许多相互独立的终端同时进行检索。检索是以人机对话的方式进行的,如果用户在自己的终端上输入检索词(提问式),联机服务中心的计算机就可以立即处理用户的请求,在数据库中查找符合用户提问的数据,并将检索结果回送至用户的检索终端上。用户可以随时修改检索提问,直到获得满意的结果,并可通过打印或传输立即得到检索的最终结果。联机检索是较早开始使用的计算机检索系统。

世界上比较著名的联机检索系统有美国洛克希德公司的 DIALOG 系统、美国系统开发公司的 ORBIT 系统、美国医学图书馆的 MEDLINE 系统、欧盟所属的欧洲科技信息联机检索网络 EURONET、欧洲空间组织的 ESA/IRS 系统、日本科技信息中心的 JICST 系统等。

（2）光盘检索

光盘检索是指利用计算机设备对只读光盘(CD-ROM)数据库进行检索。光盘是一种用激光记录和读取信息的盘片,具有信息存储密度高、容量大、速度快、成本低等优点。尤其是只读光盘(CD-ROM)作为数据库的存储媒介是非常合适的,因此出现了光盘检索系统。光盘检索单机系统的构成非常简单,用户只要有一台配有光驱的计算机和光盘数据库以及相应的软件,就可以进行光盘数据库检索;光盘检索网络系统是将光盘数据库放在一个计算机局域网上,用一台光盘服务器来管理多用户对光盘数据库的访问,把多张光盘放在光盘塔、光盘库或磁盘阵列中,使多个终端用户能实时共享上百张光盘数据库信息。

（3）网络检索

网络检索是指利用计算机设备和国际互联网(Internet)检索网上各服务器站点的信息。随着 Internet 的发展,图书馆、信息服务机构和科研机构以及一些大的数据库生产商纷纷加入 Internet,为信息需求者提供各种各样的信息服务,构成丰富的网络资源。其内容涉及自然科学、工程技术、农业、医学、文化教育、商业、财政金融等各个领域,信息量大,更新速度快,彻底打破了信息检索的区域性和局限性,用户足不出户就可以获取所需要的文献信息。Internet 的迅速发展和广泛应用,改变了计算机检索的方式和方法,将信息检索拓展到一个更广阔的领域。

4.1.4　文献检索语言

在存储和检索过程中,检索语言起着重要的语言保障作用。它沟通文献存储和检索两个过程,沟通标引人员和检索人员双方思路,既是编制检索工具的依据,也是计算机信息存储及检索系统用以表达文献主题概念的人工语言。如果没有检索语言作为标引人员与检索人员的共同语言,就很难使得标引人员对文献主题内容的表达(文献标引)与检索人员对相同内容的课题文献需求(课题标引)取得一致,文献检索也就不可能顺利实现,甚至根本无法实现。

目前,世界上有数以千计的检索语言。如《中国图书馆分类法》(以下简称《中图法》)、《中国科学院图书馆图书分类法》(以下简称《科图法》)、《杜威十进分类法》《国际十进分类法》《汉语主题词法》和《工程标题词表》等,都是检索语言的文本,也是检索词表。各种检索语言所采用的分类号或主题词都是检索语言的语词。在一部检索工具中,成千上万的文献著录款目正是根据某种语言编排的,使无序变成有序,一索即得。

检索语言的种类较多,分类方法不一,通常将检索语言分为两大类:表达文献外表特征的语言和表达文献内容特征的语言。

- 题名语言是按文献题名字顺逐字排检。
- 著者语言是按著者姓名(姓前名后)字顺逐字排检。
- 号码语言是按文献代码,如专利号、标准号、报告号、ISBN 号、ISSN 号等顺序排检。
- 分类语言是以号码为基本字符,用分类号表达各种概念,将各种概念按学科性质进行分类和系统排列。
- 主题语言是用语词来表达各种概念,即用自然语言中的名词、名词性词组或句子作为主题词表达各种概念,不管其相互关系,将各种概念完全按字顺排列。

检索语言的种类繁多,但是目前应用较多的是分类语言和主题语言,现分别介绍。

4.1.4.1 分类语言

分类法产生得最早、用得最多的是图书分类法。图书分类法也叫图书分类表,就是按照图书的内容、形式、体裁和读者用途等,在一定的哲学思想指导下,运用知识分类的原理,采用逻辑方法(层次型或树型)编制出来的。例如我国的《中图法》和《科图法》,就是以毛泽东同志知识三分法(把所有知识分为哲学、社会科学、自然科学三大类)为基础,同时体现马列主义、毛泽东思想的指导性和一些综合类文献可分的实用性而形成的。下面介绍几种常见的图书分类法。

(1)《中国图书馆图书分类法》,简称《中图法》。1973 年编成试用本,1975 年出版第 1 版,1982 年出版第 2 版,1990 年出版第 3 版,1999 年出版第 4 版,并更名为《中国图书馆分类法》,2010 年出版第 5 版。它是我国图书情报界为实现全国文献资料统一分类编目而编制的一部大型分类法,广泛用于各类型图书馆。现以第 5 版为例,进行介绍。

①编制说明

主要介绍分类法的编制过程,所依据的编制原则、部类及大类的设置和次序的理由,对各种分类问题的处理方法、标记方法、使用方法等。

②类目表

它是分类法的中心部分,包括主表和附表。主表包括基本部类、基本大类、简表、详表。基本部类分为马克思主义、列宁主义、毛泽东思想;哲学;社会科学;自然科学;综合性图书。基本大类是对基本部类的进一步划分,有 22 个基本大类(一级类目),基本大类是分类法的骨架,它为用户迅速了解分类表全貌,准确查到所属类目提供了方便。简表是基本大类的再次展开,可做粗略分类之用。详表是简表的进一步展开,是类目表的主体部分。《中图法》中的 22 个基本大类是基础,每一大类下根据学科的具体内容细分为二级、三级、四级……类目,这样逐级划分下去就形成了等级分明的科学系统。

类目表的另一重要部分——辅助表,又叫复分表,是一组组子目表,用于对主表所列举的类目进行细分。

③标记符号

《中图法》的标记符号采用的是拉丁字母和阿拉伯数字混合编排形式。拉丁字母代表基本大类,另在工业技术大类中,由于学科较多,为便于细分也用拉丁字母代表,其余二级、三级、四级……类目都用阿拉伯数字细分,数字编号采用小数制,在三位后加点,这样易读易记。

在《中图法》的基础上,编辑出版的《中图法》简本和《中国图书资料分类法》在体系结构上与《中图法》完全一致,只不过是数目繁简不一,使用对象各有侧重而已。

(2)《中国科学院图书馆图书分类法》,简称《科图法》。1958 年出版第 1 版,1974 年出版第 2 版,最新版本是 1994 年出版的第 3 版。总体结构分为 5 部类,下分 25 个大类。不同于《中图法》的是,《科图法》标记符号采用的是纯阿拉伯数字。《科图法》以对自然科学分类见长,广泛用于中国科学院系统各分院、研究所,各部属研究所,各企业及部分高等院校等。

(3)《国际十进分类法》(*Universal Decimal Classification*),简称《UDC》。由比利时学者保罗·奥特勒(Paul Otlet)和亨利·拉芳(Henri la)在《杜威十进分类法》的基础上扩充而成的分类法,初版于 1905 年,现已出版第 3 版。这是一种组配式的体系分类法,现有 23 种文本,被称为世界图书信息的国际交流语言。其主表(大类类目表)把知识分为 10 个门类,详表(全部类目)有近 20 万个类目,是各种分类法中类目最详尽的一种。《UDC》的标识体系由等级分明的阿拉伯数字结合多种辅助符号构成。其可组配的特点如 669.1 是黑色金属生产,543 是化学分析,则钢铁分析就是 669.1:543。这样将派生出几乎无穷的类目,远远不止 20 万条了。

4.1.4.2　主题语言

主题语言是一种选自自然语言的直接性检索语言,使用词语标识主题语言实际上是相对于分类语言而言的一切以主题字顺体系为基本结构的检索语言总称。在主题语言中,不但对词所采取的规范化措施有所不同,而且选词原则、编制方法及使用规则都有差异。

标题词语言、单元词语言、叙词语言是用规范化名词标引和检索文献主题概念的语言,关键词语言是直接选自文献内容的具有实质意义的自然语言(非规范化)作为标引和检索文献的语言,用主题语言作为文献标识具有以下优点。

①直接性好

主题词来源于自然语言,标识比较直观,符合人们的辨识习惯。主题词在词表中按字顺排列,序列明确,易学易查,容易掌握。主题语言揭示文献论述的具体事物或主题概念,一般不涉及学科类别的判断,直观易懂。

②专业性强

由于主题词表列举的标识数量较多,多数标识的指代范围较窄,所以利用主题词表检索文献具有直指性强、专指度高的特点。

③灵活性高

无论文献主题如何专深,学科专业如何交叉、渗透,只要有明确的表达主题的术语,一般都可以把它直接选作标识语言,而不像分类语言那样受到线性结构和学科体系固定的约束。该语言反映新学科的速度比较快,主题语言可以随时进行增删和修改。

主题语言的缺点是有时一个课题可能涉及多个主题,使该课题分散在许多主题词之下,不好分类集中,不利于从学科角度检索文献。

主题语言可分为标题词语言、单元词语言、叙词语言、关键词语言。

(1)标题词语言

标题词语言也称标题词描述语言,是以标题词为文献内容和检索依据,完全先组式规范化的检索语言。标题词是指从自然语言中选取经过规范化处理,能表示事物概念和文献主题内容的完整名词术语(词、词组或短语)。在编制词表时,需事先将一级标题词和二级标题词经过加工和固定组配,所以它属于先组式规范化的检索语言。

(2)单元词语言

单元词是词语中的最小单元,词意精确,概念独立,其含义在字面上是不可再分的词语,能够表达完整的意义。由单元词汇集成的检索词体系是单元词语言。

单元词语言的选词原则:

①使用反映主题内容性质的实词,主要是名词;

②不使用虚词、关联词、语气词;

③一般选用新词;

④一般使用全称,具有唯一性的通用公认的简称也可以直接使用;

⑤同义词可合并;

⑥近义词可替代;

⑦国外姓名注意排列顺序;

⑧翻译词按意译。

(3)叙词语言

叙词语言是指从自然语言中优选出来并经过规范化处理,从概念上不可再分的基本概念单元的名词术语。叙词语言是对信息内容主题进行描述的后组式检索语言,检索时利用这些表达概念单元的叙词进行组配,以表达一个复杂的概念。叙词语言在现代用途较广,既适用于手工检索,又适用于计算机检索。

(4)关键词语言

标题词语言、单元词语言、叙词语言都是受词表控制的规范化语言。为了便于计算机自动抽词编制一些检索工具的索引,关键词语言被广泛使用。关键词语言是不受词表控制的非规范化语言,由计算机按禁用词表在文献题名中或摘要中排出非关键词和禁用词,如冠词、介词、连词、助词、代词,以及某些缺乏检索意义的形容词、副词、名词等,将所剩下的词(即关键词)进行自动轮排,形成关键词索引。关键词语言发展很快,现美国的《化学题录》主题索引及美国《CA》的期刊主题索引均用关键词语言编制。

下面介绍一种主题语言的词表——《汉语主题词表》。

《汉语主题词表》是一部大型综合性叙词表。为适应学科与专业的需要,该词表在统一体系结构的要求下,按社会科学与自然科学两个系统分别排列。全部词表包括主表(字顺表)、附表、词族索引、范畴索引和英汉对照索引,共分 3 卷 10 个分册,收录正式叙词 91 158 条,非正式叙词 17 410 条。

该表的卷册划分如下:

第一卷 社会科学

第一分册 主表(字顺表)

第二分册 索引

第二卷 自然科学

第一至第四分册 主表(字顺表)

第五分册 词族索引

第六分册 范畴索引

第七分册 英汉对照索引

第三卷 附表

主表是《汉语主题词表》的主要部分,是标引、检索文献和组织目录、索引的主要工具。收录正式叙词 65 273 个(其中包括族首词 2 821 个,成族词 50 029 个,无关联词 12 423 个),非正式叙词 12 913 个。

附表是从主表中析出的几种专用词汇表。它所收录的叙词,包括"世界各国政区名称""自然地理区划名称""组织机构"和"人物"等 4 个范畴领域中比较重要的专有名词。4 个附表共计 8 200 余条(后两种附表中有的专业尚未选录)。这些叙词都具有单独概念的性质和较强的检索意义或组配作用。因而将它们按一定范畴集中于附表,使用方便。附表按叙词汉语拼音字母顺序编排。卷后分别附 4 个附表的英汉对照索引。

词族索引、范畴索引和英汉对照索引是主表的索引。主表与词族索引之间的纽带是带星号(∗)的族首词。在主表中每一个叙词下,即在参照项"Z(族)"或"S(属)"之后,列有该词所属的族首词(带有 ∗ 号),并通过其汉语拼音在词族索引中找到该词所属词族,从中即可找到所需的叙词。词族索引与主表之间的联系,通过汉语拼音,即词族索引中的每一个叙词都可以通过叙词的汉语拼音从主表中查到。自然科学部分范畴索引,是将自然科学部分的全部叙词,包括正式叙词和非正式叙词,划分为 43 个大类,在大类之下,展开 501 个二级类,769 个三级类。二级类或三级类下直接列出叙词。二级类或三级类下的叙词按汉语拼音字母音序排列。由于主表中的全部叙词款目是按汉语拼音字母音序排列的,范畴索引则弥补了主表的不足,它便于从分类角度查找叙词。

4.2 科技文献信息检索的方法及技术

4.2.1 检索途径

文献检索工具是把大量的文献进行分析以后,按照一定的特征排检组织而成的文献集合体。而检索文献就是根据一些既定的标志,从文献的不同特征、不同角度来查找文献。因此检索途径是和文献的特征密切相关的。一般文献的外表特征有书名、著者、序号等,内容特征有分类、主题等。所以查找文献的检索途径,可分为书名途径、著者途径、序号途径、分类途径、主题途径等。

4.2.1.1 书名途径

书名途径是根据书刊资料的名称来着手查找的途径。常用的工具有"图书书名目录""期刊刊名目录"等。这类目录索引,均按书刊资料的名称字顺来排列。由于文献篇名较长,检索者难于记忆,加之按名称字顺编排,故造成相同内容文献分散,不能满足族性检索的要求。

4.2.1.2 著者途径

著者途径是根据已知文献著者姓名查找文献的途径。文献著者包括个人著者、共著者和团体著者。常用的索引工具有"著者索引"和"机构索引"等。这类索引均按著者姓名字顺排列和检索。由于编辑简单、出版快速、内容集中、使用方便,国外许多检索工具都有这种索引。因为从事科学技术研究的个人和团体都是各有专长,同一著者发表的文章,其专业范围大致相近或有着密切的联系。所以,在同一著者姓名下,往往集中了学科内容相近,或者有着内在联系的文献,能在一定程度上集中同类文献,满足按类检索的要求。

但是,某一个人或团体著者,发表的文献是有很大局限性的,不能满足全面检索某一课题文献的需要。因此,著者途径虽是常用的检索途径,但不是主要的检索途径,而是一种辅助性检索途径。

4.2.1.3 序号途径

序号途径是以文献号码为特征,按号码大小顺序编排和检索的途径。这类检索工具有"报告号索引""合同号索引""入藏号索引""专利号索引"等。这类索引编制简易,查找方便迅速,但事先必须掌握文献号码。例如美国《化学文摘》有"专利号索引"和"专利对照号索引",美国《AD报告》有"报告号索引""合同号索引",世界专利的目录周报中有

"国际专利分类号索引"。如果知道了文献的号码,利用相对应号码索引,检索文献就既快又准。但是利用这种索引通过序号途径查找资料受到很大的限制,不能把它作为文献检索的主要途径。

4.2.1.4　分类途径

分类途径是按照文献主题内容所属的学科分类体系和事物性质进行分类编排所形成的检索途径。常通过分类索引、分类号或类别进行检索。例如,我国编制的科技文献检索工具,主要按《中国图书馆分类法》或《中国图书资料分类法》分类,以固定的号码表示相应的学科门类,如"T"代表工业技术大类,"TH"表示机械、仪表工业类,"TK"表示能源与动力工程类。这样,凡是属于机械、仪表工业类的文献,以及经加工形成的目录、文摘等都集中在"TH"类中。

这种检索途径实质上是以概念体系为中心分类排检的,比较能体现学科的系统性,反映事物的派生、隶属、平行的关系,便于从学科专业角度检索,能较好地满足族性检索的要求。分类途径的主要缺点:首先,分类法总是要落后于科学技术的发展,新兴科学、边缘科学在分类和编排时不易处理,难以确切反映某学科体系属性,造成使用不便;其次,从分类途径检索,必须了解学科分门别类的体系,并将文字概念转换成检索标识,在转换过程中,常易出现差错,造成漏检和误检,影响检索结果。

4.2.1.5　主题途径

主题途径是根据文献主题内容编制主题索引,通过主题索引来检索文献的途径。主题索引是利用从文献资料中抽取的能代表文献内容实质的主题词按字顺编排的索引,检索时,只要已知研究课题的主题概念,然后按字顺查找主题词,就不必考虑学科体系。

首先,主题途径有一重要的优点,就是由于主题途径是以文字作为检索的,因此表达概念比较准确、灵活,可随时增补、修改,以便及时反映学科新概念;其次,主题途径能满足特征性检索要求,适合查找比较具体、专深的课题资料。主题途径是使用较多、比较方便的一种检索途径,也是最主要的检索途径。但主题检索途径的缺点是它要求使用者必须具备较高的专业知识、检索知识和外语水平。

4.2.2　检索方法

文献检索方法有4种,即直接检索法、间接检索法、追溯检索法、循环检索法。

4.2.2.1　直接检索法

直接检索法又称直查法,是指不利用检索工具或检索系统,通过直接浏览或查阅原始文献来获取所需信息的一种检索方法。其优点是能明确判断文献所包含的信息是否具有针对性和实用性,缺点是存在着很大的盲目性、分散性和偶然性,查全率无法得到保证。如果检索课题单一,文献相对集中,使用者又熟悉原始文献,可用这种检索方法。而对有多个主题、文献离散较大的课题,通过直接检索法则难以获得理想的检索效果。当然,由于检索工具(系统)报道文献信息的速度和范围受客观条件限制,还有一定的局限性,所以在某些情况下也不可忽视直接检索的作用。

4.2.2.2 间接检索法

间接检索法又称常用法,就是利用检索工具进行查找文献的方法,这是文献检索中最常用的一种检索方法。常用法又可以分为顺查法、倒查法和抽查法3种。

(1)顺查法

这是一种由远及近的检索方法,从课题分析所得出的该课题研究的起始年代起,由远及近地、逐年逐卷地进行查找。顺查法有较高的查全率。用顺查法逐年检出的文献可以在一定程度上反映出该课题研究发展的全过程。但是这种方法耗时费力,效率较低。

(2)倒查法

倒查法与顺查法正相反,是利用选定的检索工具,由近及远地、逐年逐卷地进行查找。根据课题需求获取近期文献,即以"查准"为主时,最好采用倒查法。对于一些新的研究课题可以采用倒查法,这样比顺查法节省时间,效率较高。

(3)抽查法

抽查法是在课题研究所处的发展高峰期的若干年中进行查找。抽查法往往用来解决要求快速检索的课题。抽查法有较高的检索效率,但使用这种方法的前提是必须事先了解该课题研究发展的历史背景。

4.2.2.3 追溯检索法

所谓追溯检索法是指利用参考文献进行深入查找相关文献的方法。追溯检索法包括两种方法,一种是利用原始文献所附的参考文献进行追溯;另一种是利用《科学引文索引》进行追溯。

利用原始文献所附的参考文献进行追溯,最好首先查获一两篇与研究课题的主题内容相关的述评或专著。这类文献本身相当于一个小型专题情报源,它往往附有大量的涉及课题各个方面的参考文献。可以此作为起点进行追溯。这种方法只在手边没有什么检索工具时采用,它没有利用检索工具进行检索那样全面和系统。

利用《科学引文索引》进行追溯,首先要知道(或查出)一位相关文献作者的姓名。若以后有人引用了该作者的文献,那么在《科学引文索引》的"引文索引"(citation index)部分,在该作者的姓名下就会列出引用者的姓名和引用文献来源。若再以所查到的引用者姓名作为新的引文作者姓名,进一步查出他的引用者和引用文献来源,这样循环往复,可以追溯出许许多多的相互引用的作者和文献,直到检索结果满意为止。

4.2.2.4 循环检索法

循环检索法也叫分段法,实际上是常用法和追溯法的结合,先利用检索工具查找出一批有参考价值的相关文献,然后利用这些文献所附的参考文献或原文中涉及的重要线索进行追溯查找,由此获得更多的相关文献。通过对已获得的相关文献的主题分析,提出新的检索项,再利用检索工具检索,如此循环(分段)使用常用法和追溯法进行检索,直至检索结果满足检索提问需要为止。

4.2.3　检索技术

检索技术是指利用计算机检索系统,检索有关信息而采用的相关技术,主要有布尔逻辑检索、位置运算符检索、截词检索、字段限定检索和加权检索。

4.2.3.1　布尔逻辑检索

在计算机检索过程中,检索要求涉及的概念往往不止一个,而同一个概念往往又涉及多个同义词或相关词。为了准确地表达检索提问,必须利用逻辑运算符将不同的检索词组配起来。常用的逻辑运算符有以下 3 种。

(1)逻辑"与"

这种组配关系用"AND"或"＊"表示,用于检索概念之间的相交关系运算,一般用于组配不同的检索概念。例如要查同时含有概念"A"和概念"B"的文献,可表示为"A AND B"或"A＊B",其检索结果为集合 A 与集合 B 的相交部分(交集),如图 4-1 所示的阴影部分所示。逻辑"与"在检索中只是限制记录中同时包含概念 A 和概念 B,并不规定两词的先后顺序。

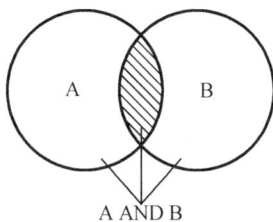

图 4-1　逻辑"与"

(2)逻辑"或"

这种组配关系用"OR"或"+"表示,用于检索概念之间的并列关系运算,可用其组配表达相同概念的检索词,如同义词、相关词等。例如要查含有概念 A 或概念 B 的文献,可表示为"A OR B"或"A+B",其检索结果为集合 A 与集合 B 合并相加部分(并集),如图 4-2 所示的阴影部分。

(3)逻辑"非"

这种组配关系用"NOT"或"-"表示,用于在某一记录集合中排除含有某一概念的记录,例如要在含有概念 A 的集合中排除含有概念 B 的文献,可表示为"A NOT B"或"A-

B",其检索结果如图 4-3 所示的阴影部分所示。在使用逻辑"非"的过程中须十分小心,因为它有可能将相关文献排除掉。

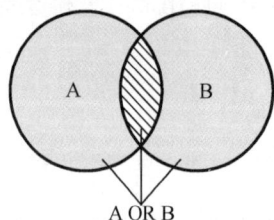

图 4-2　逻辑"或"

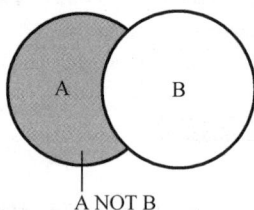

图 4-3　逻辑"非"

在以上布尔逻辑运算符中,其运算优先级顺序为 NOT、AND、OR,不过可以用括号改变它们之间的运算顺序。还要注意对于同一个布尔逻辑提问式来说,不同的运算顺序会有不同运算的结果。在组配中我们必须注意,逻辑"与"和逻辑"非"可能缩小检索范围,提高查准率;逻辑"或"可以扩大检索范围,提高查全率。

4.2.3.2　位置运算符检索

位置运算符用于规定检索词相互之间的邻近关系,包括在记录中的顺序和相对位置。位置运算符亦属于逻辑运算符,它能避免布尔逻辑运算符不考虑检索词位置关系而引起的某些检索误差。例如,检索"钢结构"的文献,如果用逻辑"与"组配"钢"与"结构",那么很可能把"结构钢"的文献也检索出来。

常用的位置运算符如下:

(1)With 运算符

用(W)或( )表示。用该运算符连接的两个词必须保持原有次序,且彼此邻接,中间不能插入任何词。

(2)n Words 运算符

用(nW)表示。用该运算符连接的两个词前后次序不能变,但在它们之间可至多插入 n 个词。

(3)Near 运算符

用(N)表示。用该运算符连接的检索词无须保持原有次序,但必须相邻。

(4)n Near 运算符

用(nN)表示。用该运算符所连接的检索词在记录中的前后次序可改变,而且两个检索项之间可至多插入 n 个词。

(5)Field 运算符

用(F)表示。用该运算符连接的检索项必须出现在同一字段中,而不限定它们在此字段中的相对位置或次序。

(6)Subfield 运算符

用(S)表示。用该运算符连接的检索词必须同时出现在同一字段中,但不限定次序(一般数据库规定在同一句子中)。

(7) Link 运算符

用(L)表示。用该运算符表示其两侧的检索词之间有主从关系,前者为主,后者为从。(L)可用来连接主、从标题,它们被列在记录的规范词字段。

(8) Citation 运算符

用(C)表示。用该运算符表示算符两侧的检索词可以不分字段、不按顺序,只要检索词出现在一篇文献记录即算命中。

在位置运算符和逻辑运算符混合组配时的运算次序是:先算括号内的,然后是位置运算符,最后是逻辑运算符。

4.2.3.3　截词检索

截词检索就是把检索词加上某种符号截断,在检索的过程中检出包含该词的记录。截词检索可采用右截断(前方一致)、左截断(后方一致)、左右同时截断(中间一致)、完全一致和指定位数一致 5 种方式。其中,前 3 种方式用得较多。截词运算符常用"+""*"或者"?"表示。在不同的检索系统中,截词运算符所代表字母的个数有着不同的具体含义,要具体问题具体对待。截词运算可以提高查全率。

(1)前方一致

前方一致即将检索词的词尾部分截掉,比较被检索项的前面部分。这种方法可以省去输入各种词尾有变化的检索词的麻烦。

(2)后方一致

后方一致即将检索词的词头部分截掉,比较被检索项的后面部分。这种方法可以省去输入各种词头有变化的检索词的麻烦。

(3)中间一致

中间一致即将检索词的词头、词尾部分同时截断,在检索较广泛课题的资料时比较有用。

4.2.3.4　字段限定检索

字段限定检索是指限定检索词在数据库记录中的一个或几个字段范围内查找的一种检索方法。检索时,机器只在限定字段内进行搜索,这是提高检索效率的又一个措施。字段限定检索可分为两类:后缀式(suffix)和前缀式(prefix)。前者对应基本索引,反映文献的主题内容;后者对应辅助索引,反映文献的外部特征。例如,在 DIALOG 检索系统中前缀限制符为 AU =(限查特定作者)、JL =(限查特定刊名)、LA =(限查特定语种)、PN =(限查特定专利号)、PY =(限查特定年代)。后缀限制符为/DE =(限在叙词标引词中查)、/ID =(限在自由标引词中查)、/TI =(限在题目中查)、/AB =(限在文摘中查)。在多数检索系统中,如果用户不对检索式注明字段限定范围,系统会默认在 4 个基本字段(篇名、文摘、叙词、自由标引词)中检索。

4.2.3.5 加权检索

加权检索就是对每个检索词加"权",即赋予一定的数值,以表示它们的重要程度。系统相应地确定一个阈值,阈值是满足检索条件权值总和的最低值。一篇文献所含有检索词的权值和大于等于阈值时,该文献即被检索命中。例如检索词计算机(5)、软件(8)、应用(4),阈值是9,则:

计算机、软件、应用　　　　权值和=17,大于9,命中。

计算机、软件　　　　　　　权值和=13,大于9,命中。

软件、应用　　　　　　　　权值和=12,大于9,命中。

计算机、应用　　　　　　　权值和=9,等于9,命中。

软件　　　　　　　　　　　权值和=8,小于9,不命中。

在加权检索中,计算机将文献按权值大小排列。凡在用户指定的阈值之上的作为检索命中结果输出。根据命中文献量的多少,可灵活地调整阈值,阈值越高,命中的文献就越少,但查准率就越高。

4.3 科技文献信息检索的步骤

文献检索需要根据课题要求,按照一定的途径、方法和技术,查找检索工具和检索系统,将所需文献查找出来。文献检索全过程一般可分为以下几个步骤。

4.3.1 分析研究课题

文献检索过程是一种逻辑推理的过程,首先要对所检课题进行分析。

(1)明确课题要求

明确检索该课题的目的;明确课题对检索范围的要求,包括时间、地区和文献类型等;明确课题对检索深度的要求,明确要求是提供题录、文摘,还是提供全文。

(2)明确待查课题学科性质、技术内容和其他有关情况

必须根据待查课题的学科性质和技术内容来选定相应的检索工具,并从中正确选定检索标识(即检索入口),确定检索途径。

4.3.2 制定检索策略

所谓制定检索策略,是为完成检索课题、实现检索目的、对检索的全过程进行谋划之后所制定的全盘检索方案。具体内容包括以下几方面。

（1）选择检索手段

检索手段有手工检索、计算机检索。各种检索手段各有优缺点，应根据检索手段的可能性以及课题的经费条件和时间等因素综合考虑，选择合适的检索手段。

（2）选择检索工具或检索系统及其数据库

根据检索课题的多方面要求，在了解相关检索工具、检索系统及其数据库的性质、内容和特点后，选择一种或多种检索工具或数据库进行检索。

（3）选择检索方法

根据检索条件、检索要求和检索课题的特点选择合适的检索方法，比如追溯法、顺查法等。

（4）选择检索途径和检索标识

检索途径的选择取决于两方面的条件，一是课题的已知条件和课题的范围及检索效率要求；二是所使用的检索工具所能提供的检索途径。如果只提出内容上的要求，就要根据课题的大小、检全或检准的偏重、检索工具的条件等决定是从分类、主题或其他内容特征途径进行检索，还是几条途径按一定次序配合检索。如果从分类、主题、代码等途径检索，需要进一步准确、完整地选择检索语言的标识来表达检索课题。这往往是检索成功或高效的关键。

（5）构造检索式

在计算机检索系统中，需要将检索课题的标识用逻辑运算符进行组配，并选择检索字段和检索提问的先后次序。

4.3.3　试验性检索

无论是手工检索还是计算机检索，对于较复杂的检索课题，一般应先进行快速、少量的试验性检索，以检验检索策略是否合理和有效。根据试验结果确认或修改原定的检索策略。

4.3.4　正式检索

正式检索即按照预先制定的检索策略进行实际检索，但仍要根据检索的阶段性成果或遇到的实际问题适当调整策略和进程。灵活运用检索工具、检索途径和检索方法是检索成功的保证。

4.3.5　原文获取

检索结果有两种可能性，一种是文献线索，另一种是全文。如果是文献线索，要对文献线索进行整理，分析其相关程度，根据需要，可利用文献线索通过馆藏或文献传递等途径获取原文。目前国内外有关文献传递服务机构主要有以下几家。

（1）中国高等教育文献保障系统

CALIS 馆际互借与文献传递系统是中国高等教育文献保障系统（China Academic Library and Information System, CALIS）的重要组成部分，它依照馆际互借国际标准来设计，通过协议机制完成馆际互借事务的处理、跟踪以及结算。目前，该系统已经实现了与 OPAC 系统、CCC 西文期刊篇名目次数据库综合服务系统、CALIS 统一检索系统和 CALIS 资源调度系统的集成。CALIS 管理中心建立了 CALIS 馆际互借/文献传递服务网（简称 CALIS 文献传递网或文献传递网），作为 CALIS 面向全国读者提供馆际互借/文献传递服务的整体服务。该文献传递网由众多成员馆组成，包括利用 CALIS 馆际互借与文献传递提供馆际互借与文献传递的图书馆（简称服务馆）和从服务馆获取馆际互借与文献传递服务的图书馆（简称用户馆）。所有的文献申请均可通过文献传递系统网进行提交，服务馆和用户馆的文献传递管理员可随时查看所提交申请的处理情况及费用状况，用户只需与本校图书馆文献传递管理员联系并办理相关事项。

（2）国家科技图书文献中心

国家科技图书文献中心（National Science and Technology Library, NSTL）正式成立于 2000 年 6 月，NSTL 的网址为 http://www.nstl.gov.cn。该中心是科技部联合财政部、国家经贸委、农业部、卫计委和中国科学院等有关部委共同建设的一个虚拟的科技文献信息服务机构，成员单位包括中国科学院文献情报中心、工程技术图书馆（由中国科学技术信息研究所、机械工业信息研究院、冶金工业信息标准研究院和中国化工信息中心组成）、中国农业科学院图书馆和中国医学科学院图书馆。网上共建单位包括中国标准化研究院和中国计量科学研究院。

NSTL 根据国家科技发展的需要，按照"统一采购、规范加工、联合上网、资源共享"的原则，采集、收藏和开发理、工、农和医各学科领域的科技文献资源，面向全国提供免费检索服务，实现了全国范围的资源共享。NSTL 按照学科和篇名目次等多角度深入地揭示文献资源，并将二次文献检索与全文订购集成为一站式服务平台，用户可在文献检索的基础上直接订购所需原文，无须再输入文献信息，操作简便、效率高。全文以电子邮件方式发送，24 小时内即可完成。NSTL 在服务上直接面向最终用户，属于无中介文献传递服务模式，其用户覆盖了国内主要的科研机构和高校系统。

（3）中国国家图书馆

中国国家图书馆成立于 1997 年，网址为 http://www.nlc.cn/web/index.shtml。作为国家图书馆的信息服务窗口，承担检索、咨询和传播知识信息等职能；信息中心以充分利用文献资源、服务改革开放和发挥国家图书馆的职能为宗旨；依靠丰富的馆藏资源，为国家重点科研项目、生产单位及一般用户提供多层次、全方位的有偿服务，其中包括文献传递、馆际互借和国际互借。目前已与 63 个国家的 500 多家图书馆建立了业务联系，凡国内缺藏的文献均可申请办理国际互借、原文影印等服务。

（4）美国联机计算机图书馆中心（OCLC）

美国联机计算机图书馆中心是世界上最大的图书馆合作组织及联机网络中心，也是世界上较大的提供文献信息服务的机构。它向全球的图书馆、信息中心及其用户提供各种文献信息服务，以帮助存储世界各国的信息并降低图书馆成本，为全球提供了成功合作的典范。OCLC 成立于 1967 年 7 月 15 日，由美国俄亥俄州的 54 所大学图书馆组成，取名为俄亥俄大学图书馆中心（Ohio College Library Center，OCLC）。1977 年改名为联机计算机图书馆中心，简称仍为 OCLC。它基本属于政府和营利机构都不愿意从事的而又有公共需求事务的非营利性组织（盈利不能用于私人分配，而是必须将其投入在生产或捐助公益项目）。自 1979 年开展馆际科技文献检索与互借服务以来，其会员范围已拓展到 112 个国家和地区的 6 万多家图书馆和教育科研机构，成为一家全球文献传递中心。CALIS 全国工程文献信息中心和 OCLC 达成了 CALIS 联合目录成员馆使用 OCLC 书目资源的协议，其网址为 http://firstsearch.oclc.org/fsip。用户也可以与本单位的馆际互借业务部门联系，由该部门向清华大学图书馆的馆际互借处提出文献传递请求。

（5）美国 CARL 公司的 Uncover 系统

Uncover 是 CARL 公司（Colorado Alliance of Research Libraries）的一个主要产品，网址为 http://www.gateway.ingenta.com/calispku，主要提供关于期刊文献的各种信息产品和服务，包括原文传递。CALIS 全国文理中心引进了 Uncover 数据库，其成员馆可免费检索。Uncover 以优惠的价格向 CALIS 的用户提供原文传递服务，并能够在 24 小时内通过传真将全文传递给用户。

（6）英国不列颠图书馆文献提供中心（BLDSC）

英国不列颠图书馆文献提供中心（the British Library Document Supply Center）是目前世界上最大的文献提供中心，网址为 http://www.bl.uk/articles，是集中式电子文献传递的典范。英国不列颠图书馆有 1.5 亿条 400 种文字的文献资源，为其开展文献传递提供了强有力的保障。英国不列颠图书馆每年收到 400 多万次的文献提供请求，其中国际请求近 30%，提供文献的满意度为 85% 左右。英国图书馆文献提供中心的文献传递范围十分广泛，包括期刊、图书、会议文献、缩微资料、报纸、政府出版物、专利文献、科技报告、学位论文、乐谱、影像资料等，主要服务方式有标准拷贝服务、支付版权费拷贝服务、租借服务和英国学位论文提供服务等。

4.4　科技文献信息检索的效果分析

4.4.1　检索效果评价的目的

评价检索效果是为了准确地掌握信息检索数据库的各种性能和水平，找出影响检索效果的各种因素,提高信息检索的效果,改进系统的性能,提高系统的服务质量。

4.4.2 检索系统效果评价指标

检索系统性能评价是指根据一定的评价指标对实施信息检索活动所取得的成果进行客观评价。判断一个检索系统的优劣,主要从质量、费用、时间3个方面的指标来衡量。那么,以 F. W. Lancaster 提出的6个指标为基础,把检索系统效果评价指标分为质量指标:查全率、查准率;费用指标:检索费用,为得到文献线索和全文而投入的费用;时间指标:检索时间、获取文献时间等。其中查全率和查准率是常用的主要指标。

4.4.2.1 查全率

查全率是指检索出的合乎需要的文献总量与系统文献库中相关文献总量的比例。它反映数据库中相关文献能在多大程度上被检索出来。

查全率=(检索出的文献总量/数据库中含有的相关文献总量)×100%

例如,要利用某个数据库检索一个课题。假设在数据库中共有50篇相关文献,而检出的只有40篇,那么这个数据库的查全率就是80%。

4.4.2.2 查准率

查准率是指检索出的合乎需要的文献量与检出的文献总量的比例。它反映数据库中实际检出的全部文献有多少。查准率高说明检出的文献记录相关度高。

查准率=(检索出的合乎需要的文献量/检出的相关文献总量)×100%

例如,某一个课题检索出的文献总数为100篇,经分析确定其中与项目相关的只有80篇,另外20篇与课题无关,那么这次查准率就是80%。查全率与查准率结合起来,描述系统检索的质量和效率。

4.4.2.3 影响检索效果的因素

查全率与查准率是评价检索效果的两项重要指标,它们是与文献的存储和信息检索两方面直接相关的,也就是说,这两项指标与数据库的收录范围、索引语言、标引工作、检索工作等有着非常密切的关系。

在一般的检索系统里,查全率与查准率难以两者兼顾,为了获得更多的检索结果,即达到较高的查全率、较低的漏检率,需要较少的限制条件,但这样会造成查准率不高。反之,亦然。

【思考题】

1. 计算机检索分为哪几类?

2. 什么是主题语言,有哪些具体分类?

3. 简述五种检索途径。

4. 简述四种检索方法。

5. 计算机检索的主要检索技术有哪些?

6. 简述科技文献信息检索步骤。

第5章 现代图书馆与电子信息资源

5.1 现代图书馆与电子图书

5.1.1 现代图书馆概述

现代图书馆是按照图书馆的发展阶段划分出来的,第二次世界大战以后,新技术革命催生了大批新技术,这些新技术特别是计算机技术在图书馆的应用,成为现代图书馆的主要标志。此外,现代图书馆的出现还以图书馆"服务"理念的转变作为标志。

5.1.1.1 馆藏文献类型多样化

第二次世界大战后,出版事业迅速发展,现代图书馆的馆藏范围进一步扩大,从图书和手稿发展到期刊、报纸、缩微文献、声像资料以及大量的其他非书资料等。而计算机技术的发展,使馆藏理念发生了从"收藏"到"获取"的转变。

5.1.1.2 文献处理手段的变化

计算机技术的引入,使传统的卡片式目录逐步被机读目录所替代;网络文献的收藏,使元数据被开发用于处理馆藏的网络文献。

5.1.1.3 "服务"的核心理念

为了适应网络时代信息的需求特点,现代图书馆改变了传统的信息资源的生产、存储、传递和利用模式,变被动服务方式为主动服务方式,类似阅读推送、信息发布这种主动服务的推出,更新了图书馆的服务形象,反映了传统图书馆在适应网络环境中的角色转换。

5.1.2 图书馆的职能与作用

图书馆的职能是指图书馆这一机构的功能与作用,一般分为:收藏与利用、传递与教育、情报与服务、文化与娱乐等。

5.1.2.1 收藏与利用

图书馆的基本职能是收集、整理人类的知识记录,并对其进行存储、利用。图书馆的文献收藏可分为三个部分:一是对知识记录的载体进行选择、收集;二是对文献的物理载体进行加工、整理、存储、转化;三是对知识记录的物理载体进行传递与利用。

5.1.2.2　传递与教育

图书馆是文献传递的中介机构,其作用是通过图书馆对于知识、信息、文献的加工整理工作体现的。图书馆工作的实质是转换文献信息,实现文献的价值。传统的方式是由读者到图书馆查找文献而实现的,随着技术的发展,电子文献传递成为新的选择。图书馆的教育职能是通过图书馆的馆藏文献来进行的,用户通过对图书馆文献的利用,实现自我教育。图书馆一方面向读者提供教育的文献资源,另一方面还通过向读者提供学习环境实现教育职能。

5.1.2.3　情报与服务

图书馆针对性地为用户提供他们需要的文献,以及为实现情报传递而对文献进行深层次揭示和分析研究。图书馆传递的情报一般指的是科技情报。为适应社会发展需要,图书馆也开设了各种形式的情报服务,如定题服务、竞争情报、科技查新服务等。

5.1.2.4　文化与娱乐

图书馆的本质是向大众提供文化知识,大众也可在休闲中学习文化知识,在文化知识中享受娱乐。图书馆进行文化与娱乐活动,不单是在文化上使读者的见识增长,更能帮助读者活跃思维、拓宽视野,是读者自身的迫切需要,也是 21 世纪学习型社会的内涵引申。从图书馆的文化与娱乐功能可以看出一个地区的文明程度和经济发展水平。文化与娱乐将成为现代图书馆综合评价的新标志。提高全民族思想道德修养和文化水平,是国家赋予图书馆的社会责任,而文化与娱乐功能恰是图书馆的“及时雨”,图书馆为读者提供娱乐活动,就是为读者提供一片精神的栖息地。

5.1.3　电子图书

现代信息技术不仅带来了图书馆工作环境与服务手段的变化,同时也使图书馆发生了形与质的转变,呈现以下发展趋势:馆藏结构多元化、服务形式多样化、信息资源数字化、工作内容标准化、资源共享网络化、馆员素质专家化等。因此图书馆也在传统图书馆、自动化图书馆、数字图书馆、复合图书馆、图书馆联盟的发展进程中螺旋上升。

5.1.3.1　电子图书概述

数字图书馆是以现代信息技术为依托,以分布式海量数字化信息资源库为基础,不受地理位置和时空限制,以求最大限度地满足用户个性化需求的虚拟图书馆,其实质就是把实体图书馆馆藏的各种信息数字化以后,按照一定的标准和规范进行重新加工和组织,形成一个知识库。

电子图书也称数字图书或 eBook,是纸介图书的数字化表现形式。电子图书自 20 世纪 80 年代初开始出现。1981 年出现的 *The Random House Electronic Thesaurus* 被认为是世界上第一本可用于商业目的的电子图书。1995 年,Amazon 开始通过互联网销售可本地打印的图书。1998 年,在 Comdex98 上,电子图书作为又一个即将兴起的消费类电子热点产品,受到了广泛关注。

5.1.3.2 电子图书的特点

电子图书具备获取与携带方便、易于检索和交互、个人订制、使用方便和灵活的特点。用户可以在互联网购买并下载电子图书,在一个很小的电子设备(约 600 g)中就能够阅读大量的阅读材料(一般在 5 000 页以上);可以查找特定的词汇、定义或其他参考性材料;可以方便地插入书签,并在书中做笔记;可以连接互联网,与作者和其他读者交流等。用户可根据需要随意定制电子图书,购书时也可以只购买需要的部分,可以是一部著作中的一章,也可以是来自不同著作的章节。

5.1.3.3 电子图书的阅读方式

电子图书可以利用专用阅读器,阅读器的外观与一个笔记本电脑的屏幕非常像,大小也相当于我们日常看到的平装书,通过使用支持同时显示精密图文的技术,整个屏幕就像打印在玻璃上的书页。这种阅读器不仅具有输入功能(可在书上做标注),还具有通信功能,并且可用电脑屏幕阅读,如我们习惯使用的 PDF 文件、微软的 Reader 格式等。

5.1.4 超星数字图书馆

超星数字图书馆(http://book.chaoxing.com/)是我国第一个商品化的数字图书馆,是在传统图书馆的基础上建立起来的、采用现代高新技术所支持的数字信息资源系统,是国家"863"计划中国数字图书馆示范工程项目。2001 年 1 月,北京世纪超星信息技术发展有限责任公司(简称超星公司)与全国各大图书馆、出版社合作,正式开通了超星数字图书馆。超星电子图书数据将图书分为教育、哲学宗教、综合性图书、计算机通信、自然科学、数理化、文学、历史地理、文化艺术、工业技术、语言文字、经济管理、社会科学、建筑交通和医学,共 15 个大类,目前拥有数字图书 140 余万种,是国内资源最丰富的数字图书馆,其数据更新快,新书数据上架周期短。丰富的图书资源不仅能够满足不同专业用户的需求,而且能随时为用户提供最新、最全的图书信息,文献服务平台及阅览器。

超星数字图书馆可提供分类检索、快速检索和超星发现检索三种检索途径。

5.1.4.1 分类检索

用户可直接通过超星数字图书馆首页使用分类浏览功能找到所需图书,如图 5-1 所示,在页面左侧"全部分类"的下拉框选择教育、哲学宗教、综合性图书、计算机通信、自然科学、数理化、文学、历史地理、文化艺术、工业技术、语言文字、经济管理、社会科学、建筑交通和医学等 15 个大类中的具体类目。点击大类,右侧出现子类目,依次点击子类目,就可以检索到所需书目的列表。

检索到的图书资源以列表形式呈现,每一条记录包括本书封面图片、书名、作者、出版日期、总页数等简要信息,部分图书仅提供公共查询服务,不提供全文阅读和下载服务。用户登录后,部分图书提供"网页阅读""阅读器阅读"和"下载本书"三种功能链接,点击相应链接即可直接启动超星阅读器(SS-Reader)阅读或下载指定图书,如图 5-2 所示。

图 5-1　超星数字图书馆分类检索

图 5-2　超星数字图书馆图书详情页

5.1.4.2　快速检索

在超星数字图书馆首页上方,显示快速检索栏,提供"全部字段""书名""作者"3 个检索字段的选择,如图 5-3 所示。在快速检索栏输入框输入检索词,选定检索字段,点击搜索,即可进行图书查找。

图 5-3 超星数字图书馆快速检索

5.1.4.3 超星发现检索

超星发现检索是超星公司新推出的综合检索平台,检索界面简洁,在超星所有网页的最上端均提供超星发现检索栏,如图 5-4 所示。检索方式与百度搜索类似,检索结果展示有期刊、图书、学位论文、会议论文、报纸、专利、文史、学术图片、期刊概览、图书概览、视频、标准、慕课、新闻、诗词、试题库、故纸堆、课件、诉讼案例、企业名录和法律法规等 21 个分类。用户可根据需要对检索词进行自定义的分类选择,如图 5-5 所示,但需先登录超星数字图书馆,成为图书馆用户。

图 5-4 超星数字图书馆超星发现检索

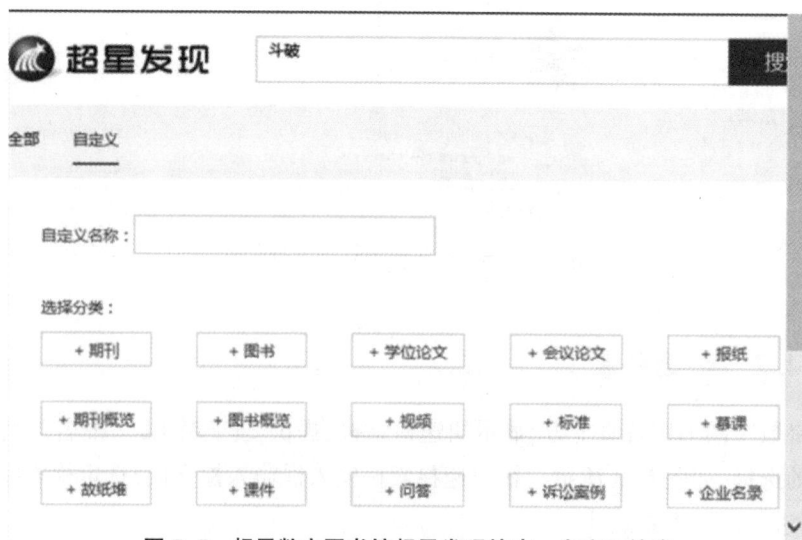

图 5-5 超星数字图书馆超星发现检索—自定义检索

5.1.5　超星阅读器

超星阅读器是超星公司推出的一款超星网电子书阅读及下载管理的客户端软件。用户通过软件可以方便地阅读超星网的图书,也可以下载到本地阅读,软件具有集成书签、标记、资源采集、文字识别等功能。

5.1.5.1　产品特点

1. 便捷操作

针对图书在电脑上的阅读特点专门设计的阅读操作界面,可以方便地翻页、放大缩小页面、更换阅读背景等。

2. 下载阅读

软件支持下载图书离线阅读,并支持其他图书资料导入阅读,支持的图书资料文件格式有 PDG、PDZ、PDF、HTM、HTML、TXT 等多种常用格式。

3. 功能强大

支持在图书原文上做多种标注及添加书签,并可以导出保存;可高速下载图书,有便捷的图书管理,可手动导入导出图书;可识别图片文字;可进行图书文本编辑;提供多种个性化设置。

4. 快速导航

软件内嵌数字图书馆资源列表,囊括超星网所有图书(超过 40 万种),可以更方便准确地查找图书。本地图书馆列表方便用户管理下载的图书。

用户可在超星数字图书馆首页下方找到"工具下载",点击"pdg 阅读器下载"即可进入下载页面下载最新版本的超星阅读器。

5.1.5.2　超星阅读器 4.1.5 版的使用

1. 布局

顶部(主菜单):具有超星阅读器所有功能菜单,包括"文件""图书""书签""设置""注册""窗口"和"帮助"。

第二行(窗口):提供"历史浏览查阅""资源列表"和"超星发现系统"3 个窗口的选择,类似于网页窗口,根据用户选择的图书阅读自动新建新窗口,展示图书详细内容。

第三行(工具栏):每一个窗口都有可用的快捷功能供读者选择,包括主页、前进、后退、显示/隐藏章节目录、正常拖动状态、图像文字识别、区域选择、添加书签、翻页、网络地址等功能,将鼠标停在按钮上即可看到功能提示。

中间(展示栏):具体内容的展示。

底部:可查看或修改文章正在显示的页码,同时对展示框进行缩放或调整展示框的宽和高。

2. 常用功能

（1）阅读书籍

超星数字图书馆提供"网页阅读"和"阅读器阅读"两种阅读模式，用户可根据自身需要选择。超星阅读器提供调整页面大小、前后翻页、移动、文字识别、剪切图像等功能，操作便捷、功能强大。

（2）书签

在需要添加书签的阅读页上方的工具栏选择"添加书签"，输入所需信息即可，随后可通过主菜单"书签"中的列表打开相应页，也可以在"书签管理器"中选择打开图书、管理书签等功能。

（3）下载书籍

选择主菜单"图书"—"下载"，或在图书页面单击鼠标右键选择"下载"，即可下载图书。

（4）资源

为用户罗列了超星图书馆主网站及互联网资源，用户可直接在"超星发现系统"窗口进行超星发现检索。

（5）历史查询

记录用户通过超星阅读器访问资源的历史记录，用户可直接通过历史浏览进入曾经访问过的界面。

此外，超星阅读器还提供在线交流、搜索、采集等服务，读者可选择"帮助"菜单，查看"超星阅读器使用帮助"。

5.1.6 图书信息检索

目前，大多数图书馆均采取开放式管理模式，实行"藏、借、阅、咨"一体化的服务方式。为保证馆藏书刊有序陈放到书架上，每一存储区的文献需要按照一定的分类方法进行排架。

5.1.6.1 文献排架概述

文献排架是图书馆按一定的次序将馆藏文献排列存放在书架上的活动，又称藏书排架，用于文献排架的编码称为索书号。排架的方法主要有两大类。一类是内容排架法，即按出版物的内容特征排列文献，包括分类排架法和专题排架法，其中分类排架法使用范围较广。另一类是形式排架法，即按出版物的形式特征排列文献，包括字顺排架法、固定排架法、文献登录号排架法、文献序号排架法、文种排架法、年代排架法和文献装帧形式排架法等，其中字顺排架法、固定排架法和文献登录号排架法较常见。

上述各种排架法中，除固定排架法和文献登录号排架法或文献序号排架法可单独用于排列某些藏书外，其他任何一种排架法都不能单独使用。图书馆通常是用由两种以上的排架法组配而成的复合排架法排列馆藏文献;对于不同类型、不同用途的文献采用不同的排架法,如对于图书多采用分类排架法,对于期刊则综合采用多种排架法。

图书馆排序形式主要有分类排序法、字顺排序法(包括著者、题名和主题字顺)、年代排序法、地域排序法和文献序号排序法等。一般目录往往采用一种以上的排序方法,即以一种排序法为主,辅以其他排序方法。

5.1.6.2　图书馆馆藏书目检索

1. 馆藏书目概念

学术界对书目(bibliography)的定义有多种描述,我国国家标准对书目的定义是:根据特定要求著录一批相关文献,并按一定顺序编排而成的一种指示与报道文献的工具。它可以是独立的,也可以是另一文献的附录或一部分。因此,书目不只包括图书,还可包括期刊、报纸等各种类型的文献。

馆藏书目是书目的一种,是图书馆收藏文献资源的目录。它对馆藏资源的形式、内容、载体等特征进行描述,包括书名、期刊名、著者、主题、索书号、摘要等,揭示了图书馆文献收藏地和借阅情况,可供读者多途径地查找所需文献资源。

检索馆藏纸质图书一般先用馆藏书目检索系统进行查询,然后记录索书号到图书存放的地点进行按号索书。

2. 馆藏书目检索系统

馆藏书目检索系统的全称为(online public access catalogue,OPAC),即联机公共目录查询系统,起源于20世纪70年代美国大学图书馆和公共图书馆,是读者利用计算机终端查询基于图书局域网内馆藏数据资源的一种现代化检索方式,通过联机查找为读者提供馆藏文献的线索。OPAC除了能够满足馆藏书刊查询外,还可以提供读者借阅情况查询、新书通报、图书荐购、读者留言等一系列功能。

3. 馆藏书目检索

下面以图书馆OPAC为例,进行馆藏书目的检索。

检索举例:检索题名含有"制药"的馆藏纸质图书。

分析课题:题名含有"制药"。

选择检索工具:图书馆图书查询系统即OPAC。

检索步骤:

(1)登录图书馆主页,点击"图书查询"系统进行馆藏纸质图书的查询。

(2)在检索框中选择"所有题名",然后在检索词中输入"制药",点击检索。

(3)查看书目信息检索结果,进一步点击查看想借阅图书的详细信息。

(4)记录下索书号,按藏书地点找到馆藏纸质图书。

4. 中国国家图书馆联机公共目录馆藏查询

中国国家图书馆历史悠久,其前身是筹建于1909年9月9日的京师图书馆,1912年8月27日正式开馆接待读者,馆舍设在北京广化寺。1916年正式接受国内出版物的呈缴本,标志着开始履行国家图书馆的部分职能。之后,馆名几经更迭,馆舍几经变迁。1931 年,文津街馆舍落成(现为国家图书馆古籍馆),成为当时国内规模最大、最先进的图书馆,同时也是国家总书库。

中国国家图书馆全面收藏国内正式出版物,是世界上入藏中文文献最多的图书馆,同时它也重视国内非正式出版物的收藏,是国务院学位委员会指定的博士论文收藏馆,图书馆学专业资料集中收藏地,全国年鉴资料收藏中心,并特别开辟了香港、台湾、澳门地区出版物专室。中国国家图书馆的外文书刊的收藏始于 19 世纪 20 年代,是国内典藏外文书刊最多的图书馆,同时也大量收藏国际组织和政府出版物,是联合国资料的托存图书馆。此外,中国国家图书馆也选择性地收藏了部分外文期刊。

中国国家图书馆的公共目录查询使用以色列艾利贝斯有限公司(ExLibris) ALEPH 500 系统中的 WEB OPAC 模块,登录中国国家图书馆主页(http://www.nlc.cn,也可使用搜索网站输入"中国国家图书馆"登录中国国家图书馆主页),选择搜索范围为"馆藏目录",然后直接在检索框中输入想要的书刊检索信息进行检索,也可直接点击"馆藏目录检索"进入检索联机公共检索界面。持有中国国家图书馆读者证的用户可选择"读者门户登录注册"(输入账号和密码),登录后可进行馆藏查询、预约、续借等功能,如不登录则只能使用馆藏查询功能,如图 5-6 所示。

图 5-6　中国国家图书馆主页

从中国国家图书馆主页的"馆藏目录检索"进入 OPAC 查询系统,中国国家图书馆的 OPAC 查询系统提供所有字段、正题名、其他题名、著者、主题词、中图分类号、论文专业、论文研究方向、论文学位授予单位、论文学位授予时间、出版地、出版者、丛编、索取号、ISSN 号、ISBN 号、ISRC 号、条码号和系统号等数十种检索字段。系统默认检索为"简单检索"。此外还有"高级检索",其包含"多字段检索""多库检索""组合检索""通用命令语言检索""浏览"和"分类浏览"等 6 种方式。相对而言,"组合检索"的功能适合大多数的用户。

系统执行检索命令后,分别对每组检索条件反馈其命中的记录数,同时对各组检索条件执行自动"逻辑与"运算,显示相应的命中记录数,若某种检索条件未检出记录,则显示为空白。单击"命中记录数"栏下的数字,可显示检索结果的清单,包括著者、题名、馆藏信息及流通情况等信息,继续单击题名则可进一步查看该书刊的目录信息。如果需要在既有的检索结果基础上进一步检索,则单击"二级检索",可再次缩小检索结果。

5.2　图书信息检索

5.2.1　图书的基本内容

5.2.1.1　图书的概念

图书又称书籍,是非常古老的文献信息源,是文献的一种重要类型。图书是一个内容宽泛的概念,目前有多种定义。早期刘国钧先生在他的《中国书史简编》里提出:"图书是以传播知识为目的而用文字或图片记录于一定形式的材料之上的著作物。"吴平在《图书学新论》中说:"图书是以文字或图像等手段,记录或者描述信息知识,以达到一定目的的物质载体。"

根据《文献著录总则》和《普通图书著录规则》有关图书的范畴,图书即报纸、期刊等定期出版物以外的非定期印刷的出版物,因此图书包括单行本、汇编本、丛书本等,图书也分为书籍、课本和图片。联合国教育、科学及文化组织对图书的定义是:凡由出版社(商)出版的不包括封面和封底在内页数在 49 页以上的印刷品,具有特定的书名和著者名,编有国际标准书号,有定价并取得版权保护的出版物称为图书。5 页以上、48 页以下的称为小册子。

图书在不同历史时期因记录文字的载体不同而形态各异,有简帛、纸写本、拓本、印本,泛指记载文字的实物,则称典册、典籍、方策,或称书、图书、经籍。近代书籍发展时期的图书等出版物,一般用图书名称涵盖。总之,图书是一个随时代发展而发展的概念,古今图书的概念是不同的。古代图书概念相当于古代文献,而真正能与当今图书概念相合的也只是古代图书中"书"的那部分,即书写印刷后装订成卷册,具有一定外观特征的书写物或出版物。

当前判断出版物是否为图书最简单的方法是,看其版权页有无国际标准书号(ISBN),它是国际通用的图书或独立的出版物(除定期出版的期刊)代码。出版社可以通过国际标准书号清晰地辨认所有非期刊书籍。一个国际标准书号只有一个或一份相应的出版物与之对应。新版本如果在原来旧版的基础上内容没有太大的变动,在出版时也不会得到新的国际标准书号。当平装本改为精装本出版时,原来相应的国际标准书号也应当收回。因此,国际标准书号具有专指性、唯一性,代表某种书的某一版本。自 1998 年起,我国出版图书的版权页或封面上都印有国际标准书号。2007 年 1 月 1 日起正式使用 13 位数字国际标准书号,国际标准书号分为 5 个部分,并以 4 个连字符"-"连接,每组数字都有固定的含义。例如,国际标准书号是:978-7-1180-5497-2。

第一部分前缀号:它是欧洲商品编码(european article number,国际 EAN)码提供的 3 位数字。国际 EAN 码目前已经提供的前缀号为 978 和 979。

第二部分组区号:代表国家、地区或者语言区。

第三部分出版者号:它是出版商代号,由国家或地区 ISBN 中心分配。

第四部分出版序号:由出版商按出版顺序分配。

第五部分校验码:它采用模数 10 加权的算法计算得出。

从生产方式看,图书的发展经历了由手工抄写到机械印刷出版,再到数字出版的过程;从载体上看,图书经历了纸前时代的载体到纸张,再到数字印刷媒介的巨大变革,同时这个过程也是从自然材质发展到加工材质,再到电光磁材质的变革过程;从外形上看,由最早的板卷轴形式到书本装订形式,再到今天的电子图书形式,图书已经不再是只具有我们可见的物理形态。

5.2.1.2 图书的特点

图书一般标注有国际标准书号。图书是对已有的科研成果与知识系统的全面概括和论述,并经过作者认真地核对、鉴别、筛选、提炼及整合而成。从内容上看,每本书通常都有单独的书名,有明确的、集中的主题,内容独立完整。从结构上看,图书具有较强的系统性和理论性。从时间上看,由于图书编写时间、出版周期较长,所反映的文献信息的新颖性较差,但想要获取某一专题较全面、系统的知识,或对于不熟悉的问题要获得基本了解的读者,参阅图书是行之有效的方法。图书的记录性和传承性在社会演化与人类进步的历程中起着不可估量的作用。

5.2.1.3 图书的类型

按学科内容,图书可分为社会科学图书、科技图书等;按文种可分为中文图书、英文图书、德文图书等;按作用的范围可分为一般图书、工具书、教科书、科普图书等;按知识的深浅程度可分为学术著作、普及读物、儿童读物等;按制作形式可分为写本书、抄本书、印本书等;按著作方式可分为专著、编著、译著、汇编、文集、类书等;按装帧形式可分为精装本、平装本、线装书等;按出版卷帙可分为单卷书、多卷书等;按刊行情况可分为单行本图书、丛书、抽印本图书等;按制版印刷情况可分为刻印本、排印本、照排本、影印本等;按版次和修订情况可分为初版书、重版书、修订本图书等;按载体的形式可分为纸质图书和电子图书等。

电子图书是图书的一种新形式,是指以数字代码方式将图、文、声、像等信息存储在磁、光、电介质上,通过计算机或类似设备使用,并可复制发行的大众传播体。其特点是方便信息检索、便于携带,没有实物形式,信息容量大且呈多媒体化。

总之,今天的图书是以传播知识为目的,将文字、符号或图形记载于某种载体上并有一定形式的著作物,其承担着保存、传播和发展人类文明的职能。

5.2.2　图书的检索

检索就是通过各种途径发现与查找所需知识的过程。检索的基本功能是查看、搜寻有用的信息。一般使用图书的特征进行检索,图书的特征包括外部特征和内容特征。可以通过的书外部特征,如书名、著者、国际标准书号、出版社等途径查找所需图书,也可以通过内容特征,如关键词、主题词和分类号等途径查找所需图书,还可以通过图书馆馆藏目录查阅图书馆藏信息。一般来说,图书检索包括图书书目检索、联机公共目录检索系统和图书搜索引擎检索等方式,以下分别加以介绍。

5.2.2.1　图书书目检索

(1)《民国时期总书目》由北京图书馆编撰,收录了我国 1911—1949 年 9 月出版的各类中文书 124 000 余部。它上承历代艺文志、经籍志,下接 1949 年以后的《全国总书目》,主要收录了北京图书馆、上海图书馆和重庆图书馆收藏的中文图书,是我国第一部全面反映民国时期出版的大型回溯性书目,全书共 2 000 万字,书目文献出版社 1986 年起按学科分 20 卷陆续出版。该书目为读者了解这个时期出版的图书全貌和研究、查考民国时期的各种文献资料提供了方便。

(2)《全国新书目》是中国现行国家书目,该刊由原国家新闻出版总署(今国家新闻出版广播电影电视总局)主管,是中国版本图书馆主办的国家级期刊,国际标准刊号:ISSN0578-073X。1950 年编制了《每周新书目》,1953 年改名为《每月新书目》,1955 年改定今名,每月出版一本,2005 年起改为半月刊,是一份书目检索类工具期刊。该刊主要收录中国各出版单位正式出版公开发行的各类图书,按类编排,读者从分类的角度检索图书,设有"书业观察""特别推荐""新书评介""书评文摘""畅销书摘""精品书廊""新书书目"等栏目。该刊能及时地报道全国各类图书的出版情况,是查找正在出版的图书必备的综合性书目检索工具。

(3)《全国总书目》由原国家新闻出版总署信息中心、中国版本图书馆编辑组编,中华书局出版。该书根据新书呈缴制度,是将各地向中国版本图书馆赠送的图书样本编撰而成的书目,收录的是公开出版发行或具有正式国际标准书号的图书,是一本具有年鉴性质的综合性、系列性的国家书目。《全国总书目》1949—1954 年合订版一本和 1955 年版一本均由新华书店总店编印,1956—1965 年由国家版本图书馆编辑出版,以后每年出版一本,1966—1969 年停编,1971 年恢复按年出版,1982 年开始增加了内容提要。该刊包括分类、专题书目、附录和书名索引四部分,2004 年取消了印刷本。现在每年出版一套数据检索光盘,光盘中每条书目数据包含书名、著者、出版者、关键词、主题词、分类号、国际标准书号、内容提要等内容,用户可进行全方位检索,为用户提供了更加便利的条件。《全国总书目》是《全国新书目》的年度积累本。

(4)《中国国家书目》(1985 年本)是我国第一部正式以"国家书目"命名的书目,具有真正国家书目的意义。1986—1994 年版均由北京图书馆《中国国家书目》编委会主编,书目文献出版社出版,为年刊。1995—1998 年起建立了计算机中文文献数据库,从 1992 年起采用计算机编制年度累积本,并开始编制回溯本。《中国国家书目》现有《中国国家书目回溯光盘(1949—1974)》《中国国家书目回溯光盘(1975—1987)》《中国国家书目回溯光盘(1988—1997)》。光盘版和印刷版相辅相成,光盘版数据每半年更新一次。光盘版的检索点有题名、作者、主题、关键词、分类号、出版社、题名与作者汉语拼音等,检索方式有精确检索、模糊检索、单项检索和组配检索,附有书名索引和著者索引。它是我国图书出版物重要的检索工具。

5.2.2.2 联机公共目录检索系统

联机公共目录检索系统(OPAC)通常称为"图书馆公共查询系统",指的是读者可以在 OPAC 上检索图书馆的书目数据及相关信息。OPAC 是指图书馆将自己馆藏的书目记录装载到计算机网络上的快速存储设备中,使用户能通过计算机网络联机,检索到整个图书馆的书目数据,它是基于网络的书目检索系统,也是图书馆展示馆藏文献书目数据信息的检索平台,读者可在任何地方对提供 OPAC 服务的图书馆资源进行远程检索。

从组织的对象来看,OPAC 联机目录检索主要包括 OPAC 馆藏目录检索和 OPAC 联合目录检索两种。

(1)OPAC 馆藏目录检索

馆藏目录通常指某一图书馆的书目信息,它可以为读者提供图书检索信息。例如,北京林业大学图书馆的 OPAC 系统,采用的是江苏南京汇文信息管理系统。该检索系统提供书目检索、热门推荐、分类浏览、新书通报、期刊导航、读者荐购、学科参考、信息发布和我的图书馆功能检索。其中馆藏书目检索包括简单检索、多字段检索(提供题名、责任者、主题词、ISBN/ISSN、分类号、索书号、出版社、丛书名等检索途径)、热门借阅、热门评价和热门收藏。

(2)OPAC 联合目录检索

联合目录则是把几个或更多的图书馆馆藏书目信息集中在一起,对多家馆藏目录形成统一的检索界面的检索目录,不受时间和空间的限制就可以获取所需馆藏信息。常用的 OPAC 联合目录检索有以下几种。

①中国高等教育文献保障系统(CALIS)是以中国高等教育为主体的一批高校现代化图书馆的三级网络结构。它设有 1 个 CA 全国管理中心,4 个文理、工程、农学、医学全国文献信息中心,7 个地区文献信息中心。

②利用 Worldcat 图书馆联合目录检索。Worldcat 是联机计算机图书馆中心(online computer library center,OCLC)联机联合目录,是世界图书馆目录检索平台,访问网址是

http://www.worldcat.org/。这是一个公开的图书馆搜索网站,是世界范围图书馆和其他资料的联合编目库,收录了 15 亿多条目录和馆藏信息。截至 2016 年年底,该网站可以搜索 112 个国家的图书馆,包括近 9 000 家图书馆的书目数据,同时也是世界最大的联机书目数据库,可以搜索世界上的图书馆所收藏的资料信息,可以直接查看一本书,但取决于不同图书馆的规定。如果用户经常搜索,可以创建一个免费账户,建立一个个人列表,写下观感或从 Amazon 上直接购买。

③美国国会图书馆联机目录数据库检索。美国国会图书馆(The Library of Congress,LC)的访问网址是 http://www.loc.gov/index.html/,是美国的 4 个官方国家图书馆之一,也是世界上最大的图书馆,其联机目录数据库拥有馆藏书目记录约 1 200 万条,包括图书、期刊、计算机文档、手稿、音乐、录音及视频资料,可通过主题、著者(个人、团体和会议)姓名、题名、图书登记号或关键词等途径检索,该网站还提供了大量通往其他机构联机目录的链接。

5.2.2.3　图书搜索引擎检索

常用的图书搜索引擎如下。

①谷歌图书搜索,访问网址是 http://books.google.com.hk/,谷歌图书搜索是全球性的大型图书搜索引擎,为全世界公众提供便捷的在线全文图书索引,是一种图书内容的全文索引目录,有良好的搜索界面和强大的检索功能。中文用户即使在不明确目标书籍是哪本的情况下,也可以通过输入某些"关键词"找到和这些"关键词"匹配的图书,进行在线浏览和购买。该图书搜索不仅可以搜索图书摘要,而且还可以对图书全文内容进行搜索,还可以提供书评、网络参考、建立个人图书馆等个性化服务。此外,谷歌会把同一本书的不同年代发行的版本放在一起显示,便于读者选择。

②百度图书搜索,访问网址是 http://www.baidu.com/,百度图书搜索是百度与众多图书行业伙伴合作建立的图书信息查询平台,拥有丰富的中文图书。面向中文用户提供图书信息查询服务,它不是扫描、复制、存储图书内容,而是在搜索平台提供合作方的书目检索,并提供对方网站链接,这是百度图书搜索的特色之一,这使它成为电子书阅读地址的统一检索平台,即百度图书搜索只是一个联合图书目录,它提供读者搜索图书的位置,并不提供图书全文阅读的服务。用户输入关键词,就可搜索出该关键词相关的图书信息。百度图书搜索的优点是不仅提供书目信息,而且提供阅读、购买和借阅地址的链接,提供电子书商的阅读地址链接,如图 5-7 所示。

③读秀图书搜索,访问网址是 http://www.duxiu.xom/。读秀图书搜索是一个面向全球的图书搜索引擎,用户可以通过读秀对图书的题录、目录、全文内容进行搜索,主要提供中文图书的书目检索,包括全文阅读、文献传递等服务,用户可以方便快捷地找到想阅读的图书和内容,是一个真正意义上的知识性搜索引擎。读秀现收录 180 余万种中文图书题录信息,可搜索的信息量超过 6 亿页,且这一数字还以每天 50 万页的速度增长。读秀图书搜索允许用户阅读部分无版权限制的图书的全部内容,对于受版权保护的图

书,可以在线阅读其详细题录信息、日录及少量内容预览。读秀以图书搜索引擎为平台,联合多种图书相关单位向用户提供图书的供应商链接,使其快捷获知如何购买、阅读、借阅到纸质版或电子版图书等相关信息。读秀图书搜索图书查询、图书试读、图书导购、图书交易、图书展览、图书广告等多种功能于一体,在给用户提供极大便利的同时,也为出版社、作者、书店、书商、图书馆、数字图书馆提供了有效的信息渠道,如图5-8所示。

图5-7　百度搜索页面

图5-8　读秀搜索页面

5.2.3　古籍文献的检索

5.2.3.1　古籍的界定

古籍,也称古书,是中国古代书籍的简称。古籍是记载中华民族历史文化的重要载体,是中华民族立于世界文明之林的重要标志。从字面上讲,它有广义和狭义之分。从广义上讲,古籍是指先秦至辛亥革命期间所出的古书、民国年间以各种形式出版的上述时代内的图书,以及现代人、当代人对古籍的校勘、笺注、影印的书。从狭义上讲,主要指用我国古代传统的制作和装帧方式(卷子装、经折装、旋风装、蝴蝶装、包背装、线装等)制作而成的古籍图书。学术界一般认为,古籍是指辛亥革命以前的人所撰写的著作,以及后人经过整理而成的各种本子,如汇编本、丛书本、笺注本、校释本、辑佚本、点校本、选注本等。

古籍先后以甲骨、金石、竹木、缣帛、纸张形式存在。中国现存珍善本和普通古籍线装书有 10 余万种,给我们留下了极其丰富而又宝贵的文化财富。古籍是研究古代学术、了解传统文化的不可再生的珍贵文化遗产,具有文献性和文物性双重价值。

5.2.3.2 古籍的基本知识

1. 古籍版本

古籍版本是指一部古书在流传过程当中经过多次传写或刊印所形成的各种不同的本子,如足本与残本、善本与误本、精校精注本与普通刊印本等。"版本"二字,是为了区别写本而使用的。"版"指雕版,凡用木板刻印的书,称为雕刻印或刊本。"本"指藏本,凡官家私人所藏手写本,称钞本或藏本。古籍版本对于使用古籍是很重要的,版本不同,内容也会有差异。利用古籍文献时必须重视古籍版本的选择和研究。古籍版本按类型分为善本、珍本、秘本、孤本、真本、伪本、劣本、俗本、通行本、普通本等,其中善本价值最高。

2. 古籍善本

善者,好也。善本原指校勘严密,刻印精美的古籍,后含义渐广,包括刻印较早、流传较少的各类古籍。一般指凡具有古籍的历史文物性、学术资料性、艺术代表性三方面之一二者,可视为善本。总之,最好的版本一般都称为善本。凡是清代乾隆以前的版本都可作为善本,即使是残篇断简。古籍善本是古籍刻本的一种。

3. 古籍丛书

古籍丛书在整个古代典籍中占有极其重要的地位。古籍丛书产生于南宋,兴盛于明清。所谓丛书,狭义地讲,就是指合刻两种以上跨部类的书,包括一些个人全集。广义地讲,则包括两种以上同类书的汇编。古代的丛书,除有些叫作"丛书"外,还有些叫作"丛刻""丛刊""丛钞""丛稿""丛编""丛谭""类编""汇刻""汇钮""汇存""汇稿""志林""全书"等。古代丛书的编撰,都是收录已经编纂、撰写而问世的书,经整理、刊刻(或势写)而成。许多古籍依靠丛书的编纂而得以传之后世,免于亡佚。丛书可分为综合性和专门性两大类。《四库全书》是我国古代规模最大的一部丛书。

4. 古籍目录

古籍目录是许多书的目和录的汇集。目是指一部书的篇目,大体上相当于今天的目录。录是一部书的叙录、书录、解题,即今天的提要。我国古籍目录数量多、种类多,内容极其丰富。从目录编制的体例看,大体上可分如下三种:第一种,部类前后有小序,书名之下有解题;第二种,部类前后有小序,书名之下无解题;第三种,只记书名,无小序、解题。从解题的形成及目录的体制看,又可分为官修目录、史志目录、私人藏书目录。我国古代目录,如果从它的性质上看,也可以分为三种,即综合目录、专科目录、特种目录。目录的功用主要是指点读书治学的门径、了解书籍的内容、查找所需图书、考证学术源流的演变、辨别书籍的真伪、考证书籍的存亡。

5.2.3.3　古籍文献的特点

(1)现存古籍中只有少量明人著作和清人著作还留有原稿,明朝以前的古籍原稿全部失传了。因此,大部分古籍文献就无法像出版今人著作那样根据原稿来编排校对,必须通过古籍整理工作的一系列工序和方法对古籍进行整理后才能将古籍出版。

(2)流传下来的古籍一般都是刻本或传抄本。刻本就是用雕版印刷的书。雕版印刷是我国古代印书的主要方法,不论刻本或字本,文字上的差错都要比今天出版社出的书籍多得多。至于传抄、抄漏的事情,更是经常发生。

(3)古籍流传至今往往不止一种刻本,而各种刻本在文字上,甚至在内容多少上都会有出入。

(4)古籍作为特殊的文献,其内容和形式都非常珍贵,它是研究古代学术、了解传统文化的不可再生的珍贵文化遗产,具有文献性和文物性双重价值。古籍伴随时间的后移,在数量上不会增加而只会减少,这也是保护古籍的意义所在。

5.2.3.4　古籍文献检索

古籍文献数量庞大、种类繁多、版本复杂、专业性强,在浩如烟海的古籍文献中学会鉴别、获取、应用古籍信息是非常必要的。

1.古籍书目检索

书目又称目录,是图书目录的简称,是对一批相关文献信息进行著录,按照一定次序编排而成的,揭示与报道文献信息的工具。它产生于文献的大量积累和人们对文献利用的需求。书目作为一种联系文献与需求者之间的媒介或纽带,是检索古籍的工具。

要考查古籍的存佚、内容得失、作者生平、版本源流等基本情况,以及历代文化与学术思想的概况,要利用各种古籍书目检索。查古籍的书目主要有史志目录、古籍总目、丛书目录、地方志目录等。现主要介绍以下书目。

(1)查考古籍的存佚,一般使用史志目录查考,主要是指正史中的《汉书·艺文志》和《隋书·经籍志》,也包括清代以来先后出现的数十种补史艺文志。《汉书·艺文志》是根据当时政府藏书并参考其他公私藏书目录编制而成,是历代史书的一部分,也是各朝代有代表性的书目,是检索古籍的重要工具书。我国现存最早的、成熟的目录文献《汉书·艺文志》,即为史志目录之始祖。

《艺文志二十种综合引得》(由哈佛燕京学社引得编纂处1933年编辑印行,中华书局1960年重印)编有四角号码和汉语拼音索引,这是一个书名与作者的综合索引,利用这个索引就可以了解到一部古籍曾在哪几部书目中著录过,如果要系统地查证史艺文志,某人写过哪些著作,在哪些书目中有著录,就用这部工具书查询。

（2）查现存古籍的总目类,可以利用古籍总目,查古籍书名和作者简介,一般使用《四库全书总目》,也称《四库全书总目提要》,或简称《四库总目》,由清代永瑢等撰,中华书局1965年影印出版。它是我国古代一部集大成性质的书目工具书。全书共2册计200卷,记载图书10 254部,172 860卷。其中正式收入《四库全书》中的有3 461种,79 309卷,存目中的有6 793种,93 551卷。这些书籍基本包括了清代乾隆以前中国古代的重要著作,尤以元代之前的书籍更为完备。

《四库全书总目》按照中国古代传统的分类法,按经、史、子、集4部、44类、67个子目编排图书。类有大、小序。正编的每部中均有提要,著录作者简况、成书经过、主要内容、著述体例,并作评价。后附书名和著者索引,采用四角号码检字法,同时附笔画检字法,方便检索。例如,要查一部古籍,已知其书名,但不知作者,可查书名索引。已知其著者,但不知书名,可查著者索引。翻到索引所标示的某书或某人的页码,即可看到所要查阅的古籍的简介。

由于《四库全书总目》卷帙太繁,翻阅不便,清代纪昀等又删节提要,不录存目,编成了《四库全书简明目录》20卷,著录图书3 470种。

《四库全书简明目录》是清代永瑢等撰、清代纪昀等负责的官修目录。1957年由古典文学出版社出版,其特点是系用粤刻本标点重印,书后附书名和著者索引,均按四角号码检字法编排。《四库全书简明目录》收书较多,类目清晰,提要简明,有很好的按语,是研究古代文化的一把钥匙。《四库全书简明目录》是我国重要的古籍版本目录。例如,要了解唐代张守节撰《史记正义》的内容,利用著者索引或书名索引,均可查到此书的简明提要。

其他常用古籍总目还有以下几种。

第一,《贩书偶记》,是孙殿起编,1936年出版,中华书局1959年出版精装本一册,是一部重要的古籍目录。该书主要收录作者贩书过程中的清代著作,兼录少许明代小说及辛亥革命至抗日战争前(约止于1935年)的有关古籍著述的总目,依照《四库全书总目提要》的类目编排收入目录,见于《四库全书总目》的图书一概不收。《贩书偶记续编》,是由雷梦水著,书中记载清代著述6 000余种,仿《贩书偶记》体例整理汇编而成,上海古籍出版社1980年出版,分类详细,是考查当时古籍情况的重要参考书,上海古籍出版社1982年出版增订本。用户可以利用它们来检索清代乾隆以后至1935年前后所刊印的古籍。《贩书偶记》及其《贩书偶记续编》可视为《四库全书总目》的续编。

第二,《中国古籍善本书目》,由顾廷龙主编,可考查古籍善本,是当代收藏古籍善本的大型目录工具书,按照经、史、子、集、丛书5部分编排。内容上收录全国各图书馆、博物馆珍藏的古籍善本书6万多种。著录古籍善本13万部,涉及藏书单位781处,凡是有历史文物性、学术资料性和艺术代表性并流传较少的古籍,年代下限大致为清代乾隆,以及在此之后辛亥革命前有特殊价值的刻本、抄本、稿本、校本,都作为善本在收录之列,是一部没有内容提要的书目,它是我国传世古籍善本的一次大总结和大检阅。

第三,《中国善本书提要》,是王重民撰,上海古籍出版社1983年出版。该书收录古籍善本提要 4 400 余篇,是作者根据北京图书馆、北京大学图书馆与美国国会图书馆所藏古籍善本书写成的。每本书记载书名、卷数、版本、行款、版框及收藏地点。《中国善本书提要》重在版本记述,所以大多录校刻者或刻书故实。凡《四库全书总目提要》已作提要者,该书不再作提要,但对《四库总目》中提要之错误多有纠正,凡《四库总目》无提要者,则另行编写。《中国善本书提要》中对一书作者(编、校者)、出版者、刻工,有时也对一书的成书年代、篇目、内容、残缺、真伪和流传情况进行考辨。

(3)查古籍丛书目录类,一般使用《中国丛书综录》,它是古籍丛书中最有代表性的著作。该书由上海图书馆编,中华书局 1959—1962 年出版,共收录 41 个主要图书馆所藏古籍丛书 2 797 种,子目书名 7 万多条,删除重复,共有子目 38 891 种,数量繁多。全书分为《总目分类目录》《子目分类目录》和《子目书名索引》,体例清晰、检索方便,是检索和研究古籍丛书的一部重要工具书。

此外,影响较大的补遗校正的工具书是《中国丛书综录补正》,由阳海清编撰,蒋孝达校订,1981 年于江苏广陵古籍刻印社出版。该书校补了《中国丛书综录》150 多条失收子目和某些子目在不同版本所出现的不同书名,增收了某些丛书的不同刊本、珍本和孤本,按类编排。

2. OPAC 馆藏古籍书目数据库的检索

古籍书目从纸本向电子的转化——古籍书目型数据库,该数据库是将古籍书名、著者、版本、卷次、摘要、出版年等信息输入计算机而形成的数据库,读者可以通过书名、著者等检索到某古籍的相关信息,方便读者检索、查找古籍文献。机读目录取代了印刷式卡片目录和书籍式古籍书目,彻底改变了检索古籍文献的方式,为查找古籍提供了线索。例如,CALIS"高校古文献资源库—学苑汲古"是向读者提供网络环境下的古籍元数据和全文图像的计算机检索与浏览服务的平台,是一个汇集高校古文献资源的数字图书馆,该资源库由北京大学牵头,联合国内 23 家高等学校图书馆合力创设。

资源库中的古文献类型目前为各馆所藏古籍和舆图,今后还要增加金石拓片等古文献类型。资源库内容不仅提供各成员馆的馆藏目录,而且还在元数据中给出全文及图像的链接,提供了元数据、书影图像、电子图书多种形式的服务功能。该资源库系统具有对古文献的简单检索、高级检索、二次检索、索引、浏览等功能。此外,主页上方还设置了"用户反馈""成员概览""建库实录""学海导航"等栏目,用户可根据各自的需要浏览使用。

3. 古籍全文数据库的检索

我国历史悠久,几千年文化的积淀形成了浩如烟海的古籍文献,它们既能反映我国在人类社会发展进程中的历史地位和作用,也是研究我国历代政治、经济和科技文化等发展的最重要的原始材料,是人类文明的象征。古籍数字化为古籍文献的开发和利用提供了现代化的手段,改变了无古籍电子版文献的历史。下面介绍几个主要数据库。

(1)《中国基本古籍库》是综合性大型古籍数据库,全文网络版,也是中国有史以来最大的历代典籍总汇。该库分为 4 个子库、20 个大类和 100 个细目,共收录上自先秦下迄民国的历代典籍的全文数据和各学科基本文献 1 万余种,每种均提供 1 个通行版本的数码全文和 1~2 个珍贵版本的原版影像。总计收书约 16 万卷,版本 12 500 多个,全文约 17 亿字,影像约 1 000 万页。该库有分类检索、条目检索、全文检索和高级检索 4 种检索方式,提供版式设定、字体转换、背景音色、阅览记忆、版本对照、标点批注、分类书签、编辑打印等使用功能,大大方便了学者对古代文献的研究。

(2)《四库全书》文渊阁电子版,是以《影印文渊阁四库全书》为底本,由上海人民出版社和迪志文化出版有限公司合作出版。它汇集了从先秦到清代前期的历代主要典籍,共收书 3 460 余种,包含 470 多万页原书页的原文图像,逾 7 亿汉字的全文检索。它提供全文检索、分类检索、书名检索及著者检索等 4 种检索功能,另附 8 种“关联字”检索,有“原文图像”与“全文文本”的可切换对照功能,可以随时调出图像页面查检,便于核对文本的正确性,阅读时可以放大、缩小和复制原文,以及在原文上做笔记、打印原文、管理检索结果等,为古籍的整理与研究提供了全新的方式和极大的便利。该电子版分为“标题检索版”(简称“标题版”)和“原文及全文检索版”(简称“全文版”)两种版本。

(3)国学宝典,访问网址是 http://www.gxbd.com/,是重要的中文古籍全文电子数据库。该数据库由北京国学时代文化传播有限公司开发,收录范围为上起先秦、下至清末两千多年的所有用汉字作为载体的历代典籍。该数据库收入古籍文献 4 903 多部,总字数逾 8 亿字,采用传统的经、史、子、集四库分类法,所载数据库每年以 2 亿~3 亿字的速度扩充,具备较强的开放性。其数据格式主要有纯文本的 TXT、数据库 DBF、网页格式 HTM 及 Word、北大方正等形成的文本编辑文件,用户可直接打印、复制、粘贴到自己的文档中,有标题检索、全文检索、分类检索、卷书检索及高级检索等多种检索方式。在数据库中可以检索字、词、句,也可以进行多条件组合检索,并可直接保存检索结果。该数据库中收录典籍均为文史研究人员常用资料,具有极强的实用价值。该库目前已并入中国知网。

(4)中国方志库是专门收录历代地方志类典籍的全文检索版大型古籍数据库,由北京大学教授刘俊文总策划、总编纂、总监制,北京爱如生数字化技术研究中心开发制作,共收录汉魏至民国历代地方志类著作 1 万种。该数据库总计全文超过 20 亿字,影像超过 1 000 万页,堪称地方志类典籍数字化的典范。

历代地方志类典籍,包括全国地理总志(如方舆志、一统志等)、各地方志(如省通志、府州志、县志、乡镇志等)、各类专志(如山川志、边防志、都城志、宫殿志、园林志、寺观志、书院志等)、各种杂志(如乡土志、物产志、风俗志、考古志、游历志等),以及外志(如环球志、一国志、多国志等)。所记大至一国一省一州一府,小至一村一镇一城一关,举凡历史沿革、地理形势、行政建置、财赋收入、物产资源、人文景观、灾异祸乱、乡土风俗,靡不详尽。至今治国理政、地区开发及学术研究,仍需从中汲取丰富的信息。《中国方志库》分为 5 集陆续出版。

(5)中华经典古籍库是中华书局首次推出的大型古籍数据库产品,也是中华书局版点校本古籍的首度数字化。第一辑收录了近 300 种中华书局出版的整理本古籍图书,涵盖经、史、子、集各部,包括"二十四史及《清史稿》""通鉴系列""新编诸子集成""十三经清人注疏""史料笔记丛刊""学术笔记丛刊""古典文学基本丛书""佛教典籍选刊"等经典系列。

中华经典古籍库可进行全文检索和阅读,全文数据和图书原版图像一一对应,用户可通过图像页查看原书的版式信息,还提供引用功能和必备的辅助工具。截至 2016 年,已出版三辑,共计收录图书 869 种(第一辑 294 种,第二辑 137 种,第三辑 438 种),总计约 5 亿字。后期将不断递增文献数据,计划每年推出一辑。

5.3　图书馆参考咨询服务

5.3.1　信息咨询与检索服务

图书馆对信息进行的收集、组织、揭示等一系列工作的最终目的就是为用户提供信息服务,而信息服务的主要方式就是提供信息检索和参考咨询服务。图书馆的信息检索与咨询服务方式有很多种,大体上可以分为以下几种。

5.3.1.1　导引式服务

导引式服务是指图书馆将所收藏的各类信息进行组织加工后,以用户能够直接使用的各种方式揭示出来,让用户自己能够很方便地检索到自己需要的文献和信息的功能。例如,图书馆的 OPAC 检索、新书导读、新刊通报等服务;又如专业导航服务,它将某些学科或专题范围内的各种信息包括网络资源,经过评估、提炼和加工组织,建成数据库,以 Web 页等方式提供给用户检索利用。

5.3.1.2　一般性咨询

用户到图书馆等文献信息机构或者通过电话、电子邮件等方式提出一些指向性的或者一般性的咨询问题,如某类文献的收藏地点、OPAC 的利用、图书馆所提供服务的指导等,这些问题都比较单纯,解决起来费时不多,一般可以当时给予回答。此类咨询较分散,文献信息机构的各服务部门可以随时给予解答。

5.3.1.3　专题检索

专题检索是图书馆根据用户的需要,通过检索工具、数据库及网络检索系统为用户查检所需要的文献信息,如为用户检索事实性、数据性资料,获取与某主题相关的信息及线索等。图书馆员通过制定检索策略,利用各种检索手段和检索系统来解决用户的信息检索需求。

5.3.1.4　定题信息服务

定题信息服务是图书馆根据用户科研课题的特定需要,围绕科学研究和生产项目,进行文献信息的采集、筛选、整合、析取和重组,针对固定用户定期或不定期提供符合个性化需求的最新文献信息的服务。

图书馆定题信息服务围绕所服务的课题范围,追踪其最新研究,定期提供相关信息或综述报告,具有针对性、连续性、时效性、增值性的特点,科研人员能及时地掌握和了解课题的国际最新研究动态。

定题信息服务要求服务的主动性,即主动与用户联系,主动挖掘用户的潜在需求;要求所服务的课题在开题论证、可行性研究、设计、制造和成果的推广及运用的全过程中提供信息服务。开展定题信息服务有以下步骤:调查研究→选定课题→文献收集→析取信息→跟踪综合服务→服务效果检验与反馈。

5.3.1.5　虚拟参考咨询

用户通过电子方式,如电子邮件、电子论坛、聊天软件等形式提出问题,图书馆员以电子方式给予解答。近年来虚拟参考咨询服务发展迅速,并成为图书馆参考咨询服务的一个重要发展方向,是传统参考咨询服务的延伸。目前,许多图书馆的网站上设立了虚拟参考咨询台、虚拟参考服务、在线参考服务、电子参考服务等方式,这些系统都能够利用网络实现用户与专业文献信息服务人员之间的互动式服务、实时同步或异步参考服务。

5.3.2　科技查新服务

图书馆科技查新服务是针对科研立项、申请专利、成果鉴定等方面的需要,通过计算机检索和手工检索相结合,收集国内外密切相关文献与一般相关信息,进行综合对比分析,提供新颖性、实用性与先进性的文献依据的服务。

5.3.2.1　科技查新概念

查新是一种基于文献检索和对比分析的信息利用活动,目的是对委托单位(或个人)所提出的科技开发项目、学术研究课题的申请及业已完成的科研项目、课题进行是否具有新颖性、先进性的分析、判断、鉴定。一般是由国家相关部门认定的专门机构(查新工作站)及具有相应查新咨询资质人员,利用信息检索方法提供文献查证结果的一种信息咨询服务工作,可以视为信息检索与信息利用活动的集中呈现。

科技查新工作是我国对科学研究和科技成果实施科学化管理,由科研管理部门提出并委托科技情报机构进行的一项有意义的情报服务工作,是文献信息服务的一项重要内容,也是图书馆信息部门的一项重要职责。

由于科技查新在推进科学进步与发展、促进国民经济增长、研究与开发新技术新产品中，发挥了不可忽视的作用，因此受到国家政府部门的高度重视。多项与科技查新工作有关的法律、法规和政策陆续出台。2000 年科技部制定的《科技查新规范》是最新的查新标准，是查新工作应该遵循的准则。

5.3.2.2 科技查新意义

科技查新是为科研立项、成果鉴定、专利申请等提供参考服务的工作，是科研管理、经济管理工作中的决策科学化的一个支持系统，其意义表现如下。

(1)为科研立项提供客观依据

有媒体报道，目前我国的研究项目有 40% 与国外同行重复，另外的 60% 的部分与国内同行重复率在 20% 以上，科研中的重复研究是我国科技发展滞后的因素之一。更为严重的是，科研重复也造成大量的人力、物力、财力的浪费和损失。而科研立项查新，可以了解国内外有关科学技术的发展水平、研究开发方向、是否已研究开发或正在研究开发、研究开发的深度和广度等，这样才能避免重复立项和低水平立项研究。

(2)支持研究成果鉴定

科研成果查新是申报科研成果奖励的必备条件，是成果鉴定、评估、验收、转化、奖励的重要依据和基础。对一项科研成果的评判，若无查新部门提供可靠的查新报告作为文献依据，单凭专家小组的专业知识和经验，难免会有不公正之处，可能会得出不确切的结论。这样既不利于调动科技人员的积极性，又妨碍成果的推广应用。高质量的查新，结合专家丰富的专业知识，便可防止上述现象的发生，从而保证鉴定、评估、验收、转化、奖励等的权威性和科学性，为科技成果的鉴定等提供客观的文献依据。

(3)为科研人员进行项目研发提供可靠的文献信息

通过科技查新，可节约科研人员的阅读资料时间，提高科研人员的工作效率。据了解，未进行查新前，相当一部分科研人员对其项目的技术信息情况了解得不够全面。而查新机构具有丰富的文献信息资源、完善的计算机检索系统、检索技巧非常熟练的查新人员，可以提供全面完善的资料，并能提供文献查找、原文索取的服务，这样就大大节省了科研人员的时间。

5.3.2.3 科技查新步骤

科技查新一般按下列步骤进行。

(1)办理查新登记

由用户到查新咨询部门办理登记手续，提出查新要求，填写机检登记表，与查新人员共同分析课题内容要点。

(2)深入分析课题

确定查新重点，明确方向，选择适当的检索标识、数据库，并设计检索策略。

（3）检索文献

进行国内外文献检索,包括按用户要求提供二次文献或原始文献。对用户所要求解决的关键问题与检出的相关文献进行分析、比较和综合。

（4）撰写查新报告

查新报告的内容应包括封面、课题技术要点、采用的检索手段与检索内容、查新结论以及参与查新咨询服务的人员及单位证明。

（5）审核

审核人由查新机构业务资深人员担任,并对查新结论负责。

（6）存档

查新报告及检索过程、结果等文件一式两份,一份交给用户,另一份与查新有关的登记表一起存档。

5.3.2.4　科技查新机构

在我国,科技查新活动始于 20 世纪 80 年代中期,查新机构的正式认定是在 1990 年。从 1990 年到 1997 年,国家科学技术委员会三批授权中国化工信息中心、中国农业科学院科技文献信息中心、中国国防科技信息中心、上海科技情报研究所等 38 家科技信息机构为一级查新单位。其间,各部委、各省科委批准了一大批二级查新机构,如建设部情报所、福建省科技情报研究所等,部分地级市情报机构也批准设立了查新机构,如青岛市情报所等。教育部科技查新工作站是 1992 年之后为规范高校科技查新工作而进行的资格认证,之后于 2003 年、2004 年、2006 年、2009 年、2011 年和 2012 年前后六批次对高校科技查新中心进行了认证,高校被批准设立教育部科技查新工作站的有北京大学、清华大学、复旦大学、中国石油大学(北京)等 84 所大学。

根据各类查新机构的上级主管部门、受理查新的专业范围,可将我国查新机构大致划分为三大系统:(1)综合性查新机构,包括全国范围各级图书情报机构;(2)专业性查新机构,包括各部委(除教育部外)审批的专业性情报机构;(3)教育部部级的查新机构,包括教育部审批的高校图书馆及专业部(委)审批的各部属高校图书馆。

这些查新机构在提高科技管理与决策的科学化和规范化,减少科研项目重复和科技成果评审失准现象,保证科技成果鉴定、评奖、科技项目的立项等工作的新颖性、科学性、公正和正确性方面发挥了重要作用。

5.3.3　馆际互借与文献传递服务

馆际互借服务是图书馆之间或图书馆与其他文献情报部门之间利用对方的文献来满足读者需求的一种服务方式。这种服务方式,有助于实现跨馆、跨城的藏书资源共享。此种方式是为了满足读者的特殊需求,并不能解决读者的一般阅读需要,馆际互借包括本市各高校图书馆之间的馆际借阅。这种服务扩大了读者获取文献信息资源的范围,解决了利用非本馆文献资源的难题,提高了文献保障能力,是文献信息资源共享得以实现的有效方式。

5.3.3.1 馆际互借与文献传递服务方式

文献传递服务的主要方式有:手工传递,即馆际互借;自动化传递,即利用计算机、传真、电子邮件等信息传递设备,向远距离用户提供文献信息。文献传递是在信息技术的支撑下,从馆际互借发展而来的,具有快速、高效、便捷的特点。文献传递的内容主要有图书、期刊论文、会议论文、学位论文、专利、标准及科技报告等。

文献传递服务机构主要包括商业性文献信息服务商,出版社和学术性研究团体,图书馆和文献情报机构,数据库集成开发商及信息代理机构。

5.3.3.2 中国高等教育文献保障系统

国外主要文献传递服务系统有大英图书馆文献供应中心的 BLDSC 系统,美国联机计算机图书馆中心的 IL Liad 系统,德国教育科研部的 SUBITO 系统。目前国内图书馆的三大文献传递与馆际互借系统,即全国高等院校图书文献保障体系(CALIS),中国高校人文社科文献中心(CASHL),国家科技图书文献中心(NSTL),是网络环境下资源共享服务模式的具体体现。其他可提供文献传递与馆际互借的系统与平台还有万方外文文献数据库、超星读秀知识平台、中国国家图书馆(中国国家数字图书馆)。

中国高等教育文献保障系统(China Academic Library & Information System,简称 CALIS,http://www.calis.edu.cn)是经国务院批准的我国高等教育"211 工程""九五""十五"总体规划中三个公共服务体系之一。CALIS 的宗旨是,在教育部的领导下,把国家的投资、现代图书馆理念、先进的技术手段、高校丰富的文献资源和人力资源整合起来,建设以中国高等教育数字图书馆为核心的教育文献联合保障体系,实现信息资源共建、共知、共享,以发挥最大的社会效益和经济效益,为中国的高等教育服务,如图 5-9 所示。

图 5-9　中国高等教育文献保障系统主页

CALIS 管理中心在"十五"期间继续组织全国高校共同建设以高等教育数字图书馆为核心的文献保障体系,开展各个省级文献服务中心和高校数字图书馆基地的建设,进一步巩固和完善 CALIS 三级文献保障体系,为图书馆提供"自定义、积木式、个性化"的数字图书馆解决方案,大力提高 CALIS 综合服务水平,扩大 CALIS 服务范围,为高等教育事业和经济文化科技事业的发展发挥更大的作用,获得更好的社会效益和经济效益。CALIS 的检索网址是 http://opac.calis.edu.cn/ 和 http://www.yidu.edu.cn。

接下来将从以下三方面进一步详细介绍 CALIS 检索系统。

(1)统一的检索平台

CALIS 提供一个统一的检索平台以供用户检索,该系统旨在对 CALIS 中心、各个图书馆和数据库运营商中的各种异构数字资源进行整合,为用户提供一种更好的整合检索服务,从而提高资源的利用率。其采用了新型的基于元数据的检索技术,能够对分布在本地和异地的各种异构资源提供统一的检索界面和检索语言。系统可检索的资源类型包括原文、图片、引文、文摘、馆藏、相关文献等。CALIS 统一检索服务平台可提供全方位的检索方式,包括简单检索、高级检索、二次检索等,还支持布尔逻辑检索、相关度检索、全文检索、多种检索运算符以及组合检索(检索表达方式中混用全文和字段模式)、位置检索、英文词根检索等检索运算符;平台还提供了可扩展的词典和知识库,能够为专业用户提供特别的检索服务,如图 5-10 所示。

图 5-10　CALIS 联合目录公共检索系统

(2)馆际互借操作步骤

已在 CALIS 馆际互借成员馆注册的用户,可利用简单检索或者高级检索查询记录,对需要借阅的记录单击"馆藏"列中的"Y",显示该记录的"馆藏信息",查看用户所在馆是否有馆藏。如果有馆藏,用户可以到本地图书馆进行借阅;如果没有馆藏,在馆藏列表页面的底端,点击"请求馆际互借"按钮,将弹出"统一认证登录页面"。对于高校读者,在相应的页面中选择要登录的高校,点击"去该馆登录",在新页面输入用户名和口令;对于直通车用户,直接输入用户名和口令。登录后进入申请信息页面,填写相应的信息后点击"提交",即可发送馆际互借申请。

对于尚未在 CALIS 馆际互借成员馆注册,或所属馆没有安装 CALIS 馆际互借系统的用户,可以在记录显示页面点击"输出"按钮,把记录的信息保存到本地,然后点击"发送 email"按钮,利用 email 向本馆的馆际互借员发出馆际互借申请,如图 5-11 所示。

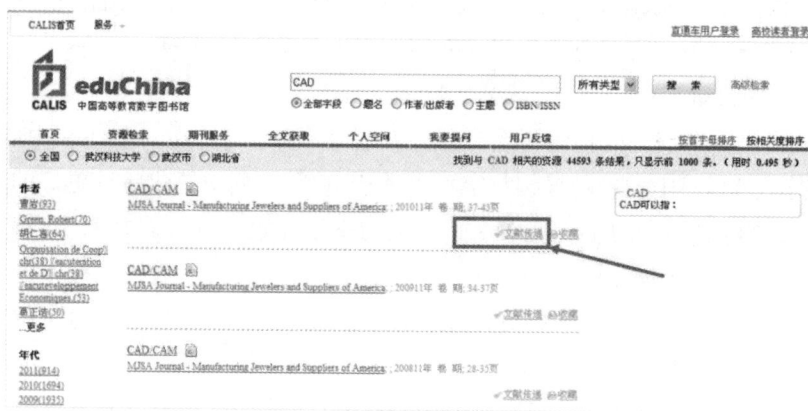

图 5-11　馆际互借操作步骤

5.4　移动图书馆 App 的利用

5.4.1　超星移动图书馆

超星移动图书馆是专门针对各大图书馆的特点设计开发的专业移动阅读平台,用户可利用手机、平板电脑等移动设备,自助完成个人借阅数据查询、馆藏查阅、续借、预约等手续,浏览图书馆最新资讯。其同时拥有超过百万册 E-PUB 格式的电子图书,海量报纸文章以及中外文献元数据供用户自由选择,为用户提供方便快捷的移动阅读服务。在移动端中使用超星移动图书馆 App 阅读电子图书、报纸期刊,观看公开课程、学术视频,可以获得极佳的阅读体验。同时该 App 还可以检索中外文图书、期刊、报纸、学位论文、标准、专利等各类学术文献,并且可以通过邮箱接收电子全文,如图 5-12 所示。

5.4.1.1　基于元数据的一站式检索

系统应用元数据整合技术,整合了图书馆内外的中外文图书、期刊、报纸、学位论文、标准和专利等各类文献,在移动终端上实现了资源的一站式搜索、学科导航和全文获取服务。

图 5-12　超星移动图书馆主页

5.4.1.2　传统与数字服务集成

超星移动图书馆与图书馆 OPAC 系统无缝对接,时刻处于同步状态,可提供馆藏查询、个人借阅历史查询、图书续借、预约、预借、参考咨询、移动图书馆检索历史记录、浏览历史记录、借书到期提醒、预约和预借通知推送等个性化自助服务。

5.1.4.3　云服务共享

云服务共享提供 24 小时资源云传递服务,用户可以输入电子邮箱以接收电子全文。系统接入文献共享云服务的区域与行业联盟已达 78 个,加入的图书馆有 723 家;24 小时内,文献传递请求满足率:中文文献 96%以上,外文文献 85%以上。

5.1.4.4　个性化阅读体验

超星移动图书馆集成 RSS 订阅功能,能够为用户提供便捷有效的个性化服务。其中包括电子图书、报刊、视频、资讯等近 30 种资源分类,用户可以不受时空限制,获取自己所需的信息,实现了为用户提供多来源信息的个性化阅读体验。

5.4.2 超星学习通

超星学习通是国内一款基于神经系统原理打造的知识传播与管理分享平台。它利用超星 20 余年来积累的海量图书、期刊、报纸、视频、原创等资源,集知识管理、课程学习、专题创作为一体,为读者提供一站式学习与工作环境。超星学习通支持多种系统的手机、平板电脑等多种类型移动产品的阅读。除经典资源图书、期刊、报纸外,还有视频资源,如名师讲坛、公开课等,更有深受大众喜爱的音频资源有声读物。用户将在超星学习通内方便快捷地获取自己喜爱的数字资源,尽情阅读之外还能一键收藏至书房,打造个人专属的特色藏书房,如图 5-13 所示。

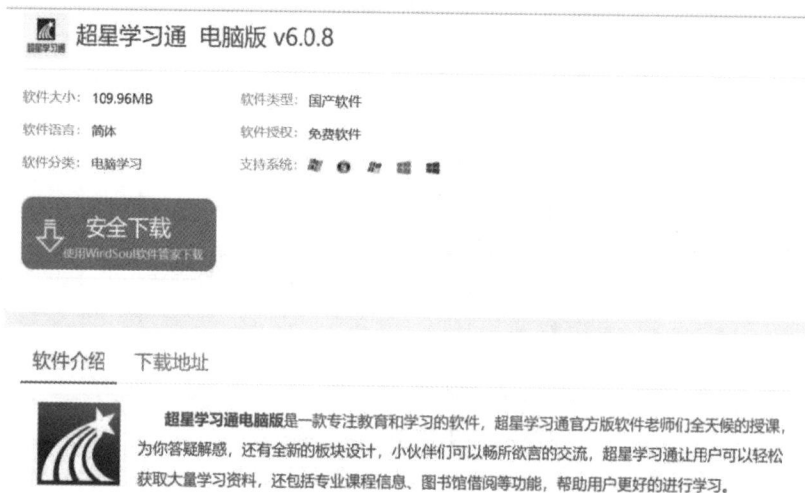

超星学习通 电脑版 v6.0.8

软件大小: 109.96MB　　软件类型: 国产软件
软件语言: 简体　　　　　软件授权: 免费软件
软件分类: 电脑学习　　　支持系统:

安全下载
使用WirdSoul软件管家下载

软件介绍　下载地址

超星学习通电脑版是一款专注教育和学习的软件,超星学习通官方版软件老师们全天候的授课,为你答疑解惑,还有全新的板块设计,小伙伴们可以畅所欲言的交流,超星学习通让用户可以轻松获取大量学习资料,还包括专业课程信息、图书馆借阅等功能,帮助用户更好的进行学习。

图 5-13　超星学习通

5.4.3 CNKI 全球学术快报

CNKI 全球学术快报移动版建立在中国知网总库平台基本功能移动化的基础上,依托云阅读平台用户管理系统,实现相关产品目标,目前共有网页触屏版与 App 两个版本供用户下载使用。CNKI 全球学术快报以用户为中心,为用户提供个性化推荐服务,为用户访问资源提供方便快捷的入口;减少用户的操作行为,为用户匹配最合适资源;随时随地云同步。在设计上,CNKI 非常注重移动端用户的体验,界面简洁清晰,逻辑科学,方便用户操作。CNKI 全球学术快报的最终目的在于为用户提供个性化的快报推送业务,实时了解最新科技前沿动态。CNKI 全球学术快报可以在中国知网首页上找到相应的下载入口,如图 5-14 所示。

图 5-14　CNKI 全球学术快报下载入口

CNKI 全球学术快报操作步骤如下。

5.4.3.1　注册

用户可以通过中国知网账户或机构账户注册登录,这样不仅可以实现云同步,而且可以防止资料丢失。在不同的设备上只需登录自己的账号即可查看之前收藏下载的文献,实现一账同步,不同设备自由切换。

没有知网账号的用户,可以在注册页面进行注册登录。用户登录以后关联相关机构,就可以通过机构账户的权限下载文献,文献可以在下载列表中查看。

5.4.3.2　机构关联

读者登录后,首先需要将"CNKI 全球学术快报"与学校图书馆机构账户进行关联,关联方式如下。

(1)位置关联

关联时读者需在学校地理范围内,系统会自动识别读者位置信息,通过认证后关联。

(2)IP 关联

此方式适用于以 IP 自动登录方式使用的图书馆知网用户,关联时读者需要在校园网 IP 范围内登录。

5.4.3.3　检索

步骤:用户注册→用户登录→首页→检索框。

CNKI 全球学术快报能够为用户提供各种类型文献的浏览、搜索和下载阅读服务。检索分为快速检索和高级检索,此外用户还可以在文献、报刊、博硕士论文、会议文献、外文文献等常用分类中进行限定范围内检索。检索时可以设置不同类型的检索词,比如篇名、关键词、作者和主题等检索词。

快速检索:在文献分类下,输入关键词进行快速检索,检索结果可以进行二次筛选和排序。

高级检索:关键词之间可以是"与""或""非"的关系,根据输入的条件进行精确检索,检索结果可以筛选、排序,如图5-15所示。

图5-15 高级检索

5.4.3.4 资料库

步骤:用户注册→用户登录→首页→资料库。

资料库主要功能是可以对文献包括文献的标注进行收藏、阅读和编辑,还可以在同一账号下进行云阅读。

5.4.3.5 个性化定制

步骤:用户注册→用户登录→首页→我的图书馆→点击"+"按钮。

个性化定制推送文献是根据用户选择的分类标签,实时为用户推送相关领域的最新信息资源。用户可以在学术快报、会议、项目、学科和期刊这五大类中进行个性化定制,定制完成后在首页就可以看到自己感兴趣的最新资讯。

5.4.3.6 个人中心

步骤:用户注册→用户登录→首页→个人。

个人中心实现了个人信息管理的多样化,同一个账号也可以在多台设备终端中实现云同步。在个人管理中心,不仅可以关联机构,免费阅读、下载机构购买的文献,还可以查看个人评论、个人点赞和个人阅读过的历史资讯。

此外,用户还可以设置自己账号的相关信息,包括手机号、机构关联和修改密码等常规信息。同时 CNKI 全球学术快报的一些辅助功能,例如使用帮助、开启关闭消息通知、开启关闭屏幕常亮等,全部都可以在此进行设置操作。

【思考题】

1. 超星数字图书馆有哪几种检索途径？

2. 图书检索有几种方式？OPAC 有哪些功能？

3. 科技查新的意义是什么？

第6章　中文科技文献信息数据库

6.1　中国知网(CNKI)数据库

6.1.1　中国知网(CNKI)数据库简介

国家知识基础设施(national knowledge infrastructure, NKI)的概念由世界银行《1998年度世界发展报告》提出。中国知网,全称中国知识基础设施工程(China national knowledge infrastructure, CNKI),是以实现全社会知识资源传播共享与增值利用为目标的信息化建设项目,由清华大学、清华同方发起,始建于1999年6月。

CNKI工程集团经过多年努力,采用自主开发并具有国际领先水平的数字图书馆技术,建成了世界上全文信息量规模最大的"CNKI数字图书馆",并正式启动建设《中国知识资源总库》及CNKI网格资源共享平台,通过产业化运作,为全社会知识资源高效共享提供最丰富的知识信息资源和最有效的知识传播与数字化学习平台。CNKI工程的具体目标,一是大规模集成整合知识信息资源,整体提高资源的综合和增值利用价值;二是建设知识资源互联网传播扩散与增值服务平台,为全社会提供资源共享、数字化学习、知识创新信息化条件;三是建设知识资源的深度开发利用平台,为社会各方面提供知识管理与知识服务的信息化手段;四是为知识资源生产出版部门创造互联网出版发行的市场环境与商业机制,大力促进文化出版事业、产业的现代化建设与跨越式发展。

CNKI系列数据库包括中国期刊全文数据库、中国优秀硕士学位论文全文数据库、中国博士学位论文全文数据库、中国重要会议论文全文数据库、中国重要报纸全文数据库等多个大型全文数据库。其中,中国期刊全文数据库(CAJD)是世界上最大的连续动态更新的中国学术期刊全文数据库,是"十一五"国家重大网络出版工程的子项目,是《国家"十一五"时期文化发展规划纲要》中国家"知识资源数据库"出版工程的重要组成部分。以学术、技术、政策指导、高等科普及教育类期刊为主,内容覆盖自然科学、工程技术、农业、哲学、医学、人文社会科学等各个领域。收录国内学术期刊8 000种,全文文献总量5 400万篇。产品分为十大专辑:基础科学、工程科技Ⅰ、工程科技Ⅱ、农业科技、医药卫生科技、哲学与人文科学、社会科学Ⅰ、社会科学Ⅱ、信息科技、经济与管理科学。十大专辑下分为168个专题。

6.1.2 常用检索方式

CNKI为用户提供文献检索、知识元检索、引文检索以及出版物检索四种基础分类检索功能,提供初级检索、高级检索、专业检索、作者发文检索、句子检索等检索方式,同时提供跨库检索和单库检索功能,每种数据库进行单库检索时根据具体类型的不同,检索方式有所变化。

6.1.2.1 初级检索

CNKI主页界面上端提供初级检索功能,又称一框式检索,如图6-1所示。初级检索是默认在"跨四库"中进行检索的,即在学术期刊、博硕士学位论文、会议论文和报纸四个数据库中对检索词进行检索。

图6-1 CNKI初级检索界面

点击数据库前"□"可以自定义选择数据库类型,若呈"☑"状态,则表示选中该数据库。用户可根据需要选择不同检索字段(表6-1),在其中进行检索。初级检索方式采用智能检索技术,自动切分词组和句子,快速响应用户检索需求,实现精确检索。因初级检索结果较为宽泛,查准率不够高,有时需采用初级检索的二次检索功能(图6-2)。

表6-1 CNKI检索字段说明

字段名称	字段说明
主题	检索篇名(也作"题名")、关键词、摘要中出现检索词的文献
关键词	检索关键词中出现检索词的文献
篇名	检索篇名中出现检索词的文献
全文	检索全文(包括主题、关键词、篇名、正文、作者等全部内容)中出现检索全文的文献
作者	检索某作者发表的文献

表 6-1（续）

字段名称	字段说明
单位	检索某单位发表的文献
摘要	检索摘要中出现检索词的文献
被引文献	检索被其他文献引用的文献
中图分类号	按照《中国图书馆分类法》中的学科分类号检索文献
文献来源	按照文献出版来源名称(如期刊名)检索文献

图 6-2 初级检索的二次检索功能

6.1.2.2 高级检索

点击 CNKI 首页初级检索框右侧的高级检索,直接进入高级检索界面,如图 6-3 所示。高级检索提供多项双词逻辑组合检索、双词频控制的检索功能,查准率高,该检索方式适用于专指性强的课题检索。"多项"是指用户可根据需要通过点击检索项左侧的"+"或"-"来自由增加或减少检索项;"逻辑组合"是指每一检索项之间可使用逻辑与、逻辑或、逻辑非进行项间组合;"双词"是指每组检索项提供两个输入框供输入两个检索词,两个检索词之间也可进行逻辑组合。

图 6-3 CNKI 高级检索界面

用户根据需要通过多项双词逻辑组合制定检索策略,在此基础上再输入其他检索限定条件,如作者、作者单位、发表时间、文献来源、支持基金等完成高级检索。

6.1.2.3　专业检索

进入高级检索界面后,点击上方"专业检索"可进入专业检索界面,如图 6-4 所示。专业检索比高级检索功能更强大,但需要检索人员根据系统的检索语法编制检式式进行检索。该检索方式适用于熟练掌握检索技术的专业检索人员。

图 6-4　CNKI 专业检索界面

专业检索中支持多个检索字段的检索,用大写英文字母表示,如 SU 代表主题、TI 代表题名、KY 代表关键词等,可在检索框下面提示查找或进入检索框右侧的"专业检索使用方法"查询。专业检索使用的运算符有逻辑与(AND)、逻辑或(OR)、逻辑非(NOT)、字符串(str)、自然数(N)、数值(value);条件运算符有"="" % "" $ "" # ""/SUB""/SEN""/NEAR""/PREV""/AFT""/PRG",可对检索条件进行详细说明。此外,可用"( )"符号将表达式按照检索目标组合起来,用以改变运算优先顺序;截词符号"?"代表一个字符,"*"代表任意字符。

需要注意的事项:

(1)所有符号和英文字母都必须使用英文半角字符。

(2)所有运算符(包括"AND""OR""NOT")前后需要空格,但"="和"%"例外。

(3)"AND""OR""NOT"运算符大小写均可,但其他运算符字母均要求大写。

(4)使用"同句""同段""词频"时,需用一组西文单引号将多个检索词及其运算符括起,如"流体#力学"。

6.1.2.4　其他检索

1.作者发文检索

通过作者姓名、单位等信息,查找作者发表的全部文献及查看文献被引用及下载情况。

2.句子检索

通过输入两个关键词,查找同时包含两个检索词的句子和(或)段落。

3. 出版物检索

出版物检索主要针对想了解期刊来源的用户。检索某个期刊的文献,包括期刊的来源类别、期刊名称等组合检索。在初级检索页面点击输入框右侧的"出版物检索",即可进入出版物检索页面,如图 6-5 所示。

图 6-5　出版物检索页面

6.1.3　检索结果的输出

CNKI 检索结果界面左侧提供检索结果的文献类型、资源类型、学科分类、文献来源、关键词等数据统计结果,用户可根据需求对其进行选择。

检索结果右侧提供分组浏览功能,用户可按需要选择主题、发表年度、研究层次、作者、机构和基金等分组情况。同时 CNKI 可通过发表时间、被引次数、下载次数对文献检索结果等进行排序,也可查看中文文献、英文文献的检索结果,以及所检出的文献的总数。此外,显示的界面还提供文献管理功能,可对选中的文献进行参考文献的导出和计量可视化分析。

以上共同的检索结果输出以后,CNKI 具体文献的检索结果有列表、摘要和全文三种输出形式。

6.1.3.1　列表输出

执行检索后,检索结果首先以列表形式显示,每页默认显示 20 篇文献(可自行修改为 10 篇或 50 篇),每篇文献提供题名、作者、来源期刊、发表时间、数据库、被引次数、下载量等信息,如图 6-6 所示。

图 6-6　CNKI 检索结果—列表输出界面

6.1.3.2　摘要输出

在列表输出界面可点击切换到摘要,即可查看摘要输出界面,每页默认显示 20 篇文献(可自行修改为 10 篇或 50 篇),每篇文献提供题名、作者、来源期刊、发表年份、数据库、摘要、被引频次、下载频次、发表时间等信息,如图 6-7 所示。

图 6-7　CNKI 检索结果—摘要输出界面

6.1.3.3　全文输出

用户可在列表或摘要输出界面,点击进入选中文献的详情页,如图 6-8 所示。CNKI 提供了 CAJ 和 PDF 两种全文输出格式,CAJ 格式需要安装 CNKI 自有的全文浏览器 CAJ Viewer 来阅读,而 PDF 格式可通过通用的 Adobe Acrobat Reader 来阅读。另外 CNKI 也提供 HTML 在线阅读功能,用户可在线阅读后,根据需要选择是否对选中文献进行下载保存。

每一篇文献具有唯一的详情页,详情页提供题名、作者、作者单位、摘要、关键词、分类号、来源期刊、发表年份、期刊 ISSN 码、下载频次、引文网络、参考引证图谱、参考文献等信息。

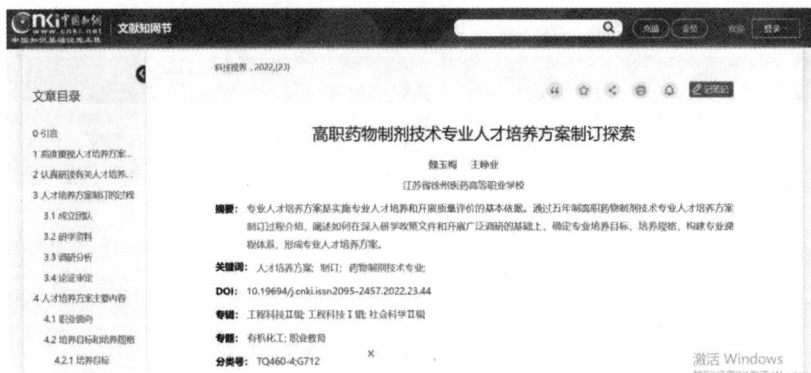

图 6-8　CNKI 检出文献详情页

6.1.3.4　参考文献的输出

利用 CNKI 文献管理功能,可快速输出参考文献。点击需要导出参考文献前的"□",使其呈"☑"状态,即表示选中文献,点击题名上方的"导出/参考文献"或右下角弹框"已选文献"→"导出/参考文献",即弹出文献管理中心页面,如图 6-9 所示,用户可根据需要选择格式引文。

图 6-9　CNKI 文献管理中心—文献输出界面

6.1.4　检索训练

训练一:初级检索

采用初级检索方式,检索作者为"丁立"的期刊文章一共有多少篇。

步骤:登录 CNKI 主页,在上方检索框前选择检索项"作者",输入检索词"丁立",点击检索。

训练二:高级检索

采用高级检索方式,检索作者"孙芸"发表在《中国医院药学杂志》上,且题目中含有

"姜黄素"的期刊文章。

　　步骤:选择单库—期刊数据库检索,进入高级检索界面,选择检索项"篇名",输入检索词"姜黄素",在检索项"作者"处输入"孙芸",在检索项"来源期刊"处输入"中国医院药学杂志",点击检索。

　　训练三:专业检索

　　采用专业检索方式,检索"钟南山"作为第一作者发表的有关"非典"方面的文章,写出检索式。

　　步骤:进入专业检索界面,在检索框输入检索式"FI＝钟南山 and(TI＝非典 OR AB＝非典)",点击检索。

6.2　维普信息资源数据库

6.2.1　维普资讯中文期刊服务平台简介

　　维普资讯中文期刊服务平台(http://qikan.cqvip.com/)是由重庆维普资讯有限公司开发的维普网(www.cqvip.com)旗下的产品之一,也称"中文科技期刊数据库"。该数据库诞生于 1989 年,累计收录期刊 15 000 余种,现刊 9 000 余种,文献总量 6 800 余万篇。目前该数据库被纳入国家长期保存数字战略计划,成为中国学术文献资源保障体系的重要组成部分。

6.2.2　常用检索方式

　　维普资讯中文期刊服务平台为用户提供初级检索、高级检索、检索式检索三种检索方式。

6.2.2.1　常用检索方式

　　维普资讯中文期刊服务平台主页界面上端提供初级检索功能,如图 6-10 所示。初级检索是默认在全部期刊资源中进行检索的,用户可根据需要通过左侧检索框的检索字段,在任意字段、题名或关键词、摘要、作者、第一作者、机构、分类号、参考文献、作者简介、基金资助、栏目信息等字段中进行选择,确定检索字段后,在文本框输入检索词进行检索。用户选择任意字段输入检索词,系统默认在全文中进行检索。初级检索一般适用于简单课题的检索。

图 6-10　维普资讯中文期刊服务平台初级检索界面

6.2.2.2　高级检索

点击维普资讯中文期刊服务平台首页初级检索框右侧的高级检索,直接进入高级检索界面,如图 6-11 所示。高级检索提供多项逻辑组合检索的检索功能。"多项"是指用户可根据需要通过点击检索项右侧的"+"或"-"自由增加或减少检索项,系统默认提供三组检索框;"逻辑组合"是指每一组检索项之间可使用逻辑与、逻辑或、逻辑非进行项间组合。

图 6-11　维普资讯中文期刊服务平台高级检索界面

用户根据需要通过多项逻辑组合制定检索策略,然后进行限定条件的选择,如"时间限定"限定期刊文献出版的年份区间,以及更新时间,如一个月内、三个月内、半年内、一年内和当年内;以及期刊范围和学科范围的选择,点击检索即完成高级检索。

高级检索界面还提供同义词扩展功能,在字段后的文本框内输入检索词,点击"同义词扩展",可以查看检索词所对应的所有同义词。

6.2.2.3　检索式检索

进入高级检索界面后,点击上方"检索式检索"可进入检索式检索界面,如图 6-12 所示。维普的检索式检索相当于 CNKI 或万方数据库的专业检索,用户根据系统的检索语法编制检索式进行检索,适用于熟练掌握检索技术和检索语言的专业检索人员。

图 6-12　维普资讯中文期刊数据库检索式检索界面

　　检索式检索中检索框上方提供检索说明,提示使用的运算符有逻辑与(AND/and/ *)、逻辑或(OR/or/+)和逻辑非(NOT/not/-),可用"( )"符号将表达式按照检索目标组合起来,用以改变运算优先顺序。检索字段 U=任意字段、M=题名或关键词、K=关键词、A=作者、C=分类号、S=机构、J=刊名、F=第一作者、T=题名、R=文摘。用户可以根据检索课题,自行编写检索式,然后对时间跨度、期刊范围和学科范围进行限定,即可进行检索。

　　维普资讯中文期刊服务平台的检索式检索提供"查看更多规则"的功能,对于初次接触或者还没有熟练掌握检索式的用户,可以通过这个功能掌握查看更多正确编写检索式的方法,更快、更准确地找到所需文献。

6.2.3　检索结果的输出

　　维普资讯中文期刊服务平台的检索结果界面左侧提供二次检索,如图 6-13 所示,即在结果中检索。该功能提供了对复杂课题进一步检索的方法。在左侧选择检索字段,输入检索词,可以选择在结果中检索或者在结果中去除,前者相当于"逻辑与"的组合检索,后者相当于"逻辑非"的组合检索。

图 6-13　维普资讯中文期刊服务平台二次检索界面

检索结果页面左侧二次检索下方还可对检索结果的年份、学科、期刊收录、主题、期刊和作者进行二次选择,缩小检索范围。

在检索结果页面中部展示检索结果,可通过相关度、被引量和时效性对文献检索结果进行排序。该界面同样提供文献管理功能,可对选中的文献进行参考文献的导出以及结果分析,在部分文献信息下方可对文献进行在线阅读、下载 PDF 的操作。

以上共同的检索结果输出以后,维普资讯中文期刊服务平台具体文献的检索结果有文摘、详细、列表和全文四种输出形式。

6.2.3.1 文摘输出

执行检索后,检索结果默认以文摘形式显示,每页显示 20 条结果(可自行修改为 50 条或 100 条),每篇文献提供题名、作者、来源期刊、发表时间、页码和页数、摘要、关键词等信息,如图 6-14 所示。

图 6-14　维普资讯中文期刊服务平台检索结果—文摘输出界面

6.2.3.2 详细输出

用户可根据需要,从文摘形式输出切换到详细形式输出。每页默认显示 20 条结果(可自行修改为 50 条或 100 条),每篇文献提供题名、作者、机构、出处、发表时间、页码和页数、文摘、关键词、分类号等信息,如图 6-15 所示。

6.2.3.3 列表输出

用户也可根据需要,从文摘形式输出切换到列表形式输出。每页默认显示 20 条结果(可自行修改为 50 条或 100 条),每篇文献提供题名、作者、出处、发表年份等信息,如图 6-16 所示。

图 6-15　维普资讯中文期刊服务平台检测结果—详细输出界面

图 6-16　维普资讯中文期刊服务平台检测结果—列表输出界面

6.2.3.4　全文输出

用户可在检索结果界面,直接点击文献标题进入选中文献的详情页,如图 6-17 所示。

维普文献全文输出格式为 PDF 格式,可通过通用的 Adobe Acrobat Reader 来阅读,但不是全部文献都提供全文下载。同时,维普也提供在线阅读功能,用户可在线阅读后,根据需要再选择是否对选中文献进行下载保存。

每一篇文献具有唯一的详情页,详情页提供题名、摘要、作者、作者单位、来源期刊、发表年份、卷(期)、页数、页码、基金、关键词、分类号以及相关文献等信息。

图 6-17　维普资讯中文期刊服务平台文献详情页

6.2.3.5　参考文献的输出

利用维普资讯中文期刊服务平台的导出功能,可快速输出参考文献。在检索结果界面点击需要导出参考文献前的"□",使其呈"☑"状态,即表示选中文献,点击第一篇文献上方的"导出题录"即弹出导出题录输出界面,如图 6-18 所示,用户可根据需要选择格式引文,如文本、查新格式、参考文献、XML 等。

图 6-18　维普资讯中文期刊服务平台导出题录输出界面

6.2.4　检索训练

训练一:初级检索

采用初级检索方式,检索题名或关键词含"心律失常"的期刊文章。

步骤:登录维普资讯中文期刊服务平台主页,在上方检索框选择检索项"题名或关键词",输入检索词"心律失常",点击检索。

训练二:二次检索

在训练一的检索结果基础上,检索刊名为《中国药房》的期刊文章。

步骤:在训练一的检索结果界面左侧二次检索区域,选择刊名,输入检索词"中国药房",点击"在结果中检索"即可。

训练三:高级检索

采用高级检索方式,检索作者"屠呦呦"发表的主题关于"青蒿素"的期刊文章。

步骤:点击初级检索界面检索框右侧的"高级检索",进入高级检索页面,选择检索项"题名或关键词",输入检索词"青蒿素",在第二行检索项"作者"处输入"屠呦呦",两个检索项之间逻辑关系为"逻辑与",点击检索。

训练四:检索式检索

采用检索式检索方式,检索作者"屠呦呦"发表的主题关于"青蒿素"的期刊 文章。

步骤:进入检索式检索界面,在检索框输入检索式"A＝屠呦呦 AND M＝青蒿素",点击检索。

6.3　万方信息资源数据库

6.3.1　万方数据知识服务平台简介

万方数据资源系统是由中国科技信息研究所、万方数据集团公司联合开发的网上数据库联机检索系统。万方数据知识服务平台整合数亿条全球优质知识资源,集成期刊、学位、会议、科技报告、专利、标准、科技成果、法规、地方志、视频等十余种知识资源类型,覆盖自然科学、工程技术、医药卫生、农业科学、哲学政法、社会科学、科教文艺等全学科领域,实现海量学术文献统一发现及分析,支持多维度组合检索,适合不同用户群研究。

万方数据知识服务平台具有中国学术期刊数据库、中国学位论文数据库、中外标准数据库、国内外文献保障服务数据库、NSTL 外文文献数据库和科技报告数据库等多个数据库,特色的资源库有中国地方志数据库、中国机构数据库和科技专家数据库。

其中,学术期刊数据库是万方数据的重要组成部分,资源包括中文期刊和外交期刊。其中中文期刊共 8 000 余种,核心期刊 3 200 种左右,涵盖了自然科学、工程技术、医药卫生、农业科学、哲学政法、社会科学、科教文艺等各个学科;外交期刊主要来源于外文文献数据库,收录了 1995 年以来世界各国出版的 20 900 种重要学术期刊。

6.3.2　常用检索方式

万方数据库为用户提供初级检索、高级检索、专业检索等检索方式,同时提供跨库检索和单库检索功能。此外,万方数据库还提供万方检测、万方分析、万方选题等许多其他服务功能。

6.3.2.1 初级检索

万方数据库主页界面上端提供初级检索功能,如图 6-19 所示。初级检索是默认在跨库(囊括全部资源类型)中进行检索的,用户可根据需要通过检索框上方的期刊、学位、会议、专利、科技报告、成果、标准、法规、地方志、视频的选择来实现不同资源类型(单库)和范围的检索。

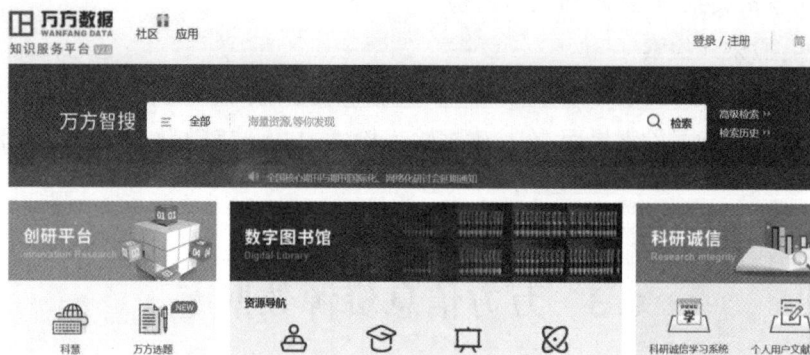

图 6-19 万方数据库初级检索界面

点击检索框,出现可检索字段的选择,用户可根据需要在题名、作者、作者单位、关键词、摘要中进行选择,确定检索字段后,输入检索词,进行检索。用户也可直接输入检索词,系统默认在全文中进行检索。

6.3.2.2 高级检索

点击万方数据库首页初级检索框右侧的高级检索,直接进入高级检索界面,如图 6-20 所示。高级检索提供多项多词逻辑组合检索的检索功能。"多项"是指用户可根据需要通过点击检索项左侧的"+"或"-"自由增加或减少检索项;"逻辑组合"是指每一组检索项之间可使用逻辑与、逻辑或、逻辑非进行项间组合;"多词"是指每组检索项可在对应的检索框内输入多个检索词,检索词之间可进行逻辑组合。

用户首先对文献类型范围进行选择,然后根据需要通过多项多词逻辑组合制定检索策略,最后输入限定条件"发表时间"的范围,完成高级检索。由于不同的文献类型所具有的特征不同,所以选择不同文献类型万方数据库提供的检索字段也会有所不同,选择的文献类型越多,可选择的检索字段越多。

高级检索还提供检索历史的查阅,保留登录系统后 30 天的检索记录,用户可对检索历史进行清除、导出、订阅、删除的操作。

图 6-20　万方数据库高级检索界面

6.3.2.3　专业检索

进入高级检索界面后,点击上方"专业检索"可进入专业检索界面,如图 6-21 所示。万方数据库的专业检索同样需要检索人员根据系统的检索语法编制检索式进行检索,适用于熟练掌握检索技术和检索语言的专业检索人员。

图 6-21　万方数据库专业检索界面

专业检索中支持多个检索字段的检索,用中文字符直接表示,其中使用的运算符有逻辑与(and/ *)、逻辑或(or/+)、逻辑非(not/^),特别注意的是,不同的数据库布尔逻辑运算符的符号有所不同。可用"( )"符手号将表达式按照检索目标组合起来,用以改变运算优先顺序,其中运算符的优先级为( )>not>and>or,运算符建议使用英文半角输入形式。此外,双引号("　")标识精确检索,引号中词作为整体进行检索,用户可根据需要选择精确或模糊检索。

万方数据库的专业检索还提供"教你如何正确编写表达式"的功能,对于初次接触或者还没有熟练掌握检索技术的用户,可以通过这个功能掌握正确编写检索式的方法,更快、更准确地找到所需文献。

6.3.2.4　其他功能

1. 万方数据文献相似性检测服务

万方数据文献相似性检测服务采用科学先进的检测技术,实现海量学术文献数据全文比对,为用户提供精准翔实的相似性检测结果,呈现多版本、多维度的检测报告。同时,万方数据文献相似性检测服务也为科研管理、教育教学、出版发行、人事管理等各领域的学术个体或学术机构提供学术成果相似性检测服务。

2. 万方分析

万方分析为用户提供主题、学者、机构、学科、期刊、地区六个维度的统计分析,可视化展示结果,进行个性化对比分析和智能化文献推荐。主题分析主要探究主题领域知识脉络变化,用数据支持主题研究;学者分析主要追踪专家学者科研动向,把握研究前沿及未来风向;机构分析主要掌握教育院所科研发展现状,用数据助力机构科研管理;学科分析目的是洞悉学科领域发展态势,用数据指引学科发展建设;期刊分析旨在了解期刊论文指标变化,揭示期刊影响力及发展趋势;地区分析用以把握省市地区学术发展状况,用数据赋能区域学术合作。

3. 万方科研选题评估分析

万方选题的功能主要是利用数据挖掘算法、知识关联技术深度挖掘中外文海量学术资源,揭示学科研究热点与新兴研究前沿,帮助科研人员快速把握选题方向、客观评估选题价值,为科研立项、论文选题等科研过程提供专业化支撑服务。

6.3.3　检索结果的输出

万方数据库检索结果界面左侧提供检索结果的资源类型、学科分类、年份、语种、来源数据库、作者、机构等的数据统计结果,用户可根据需求对其进行选择。检索结果右侧提供研究趋势和相关热词的查看。

在检索结果中部展示检索结果,可通过相关度、出版时间、被引次数对文献检索结果进行排序,也可选择检出文献的获取范围,以及显示所检出的文献的总数。此外,显示的界面同样提供文献管理功能,可对选中的文献进行参考文献的导出以及结果进行分析,也可单独在每篇文献信息下方对文献进行在线阅读、下载、导出参考文献、收藏以及分享的操作。

以上共同的检索结果输出以后,万方数据库具体文献的检索结果有摘要、题录和全文三种输出形式。

6.3.3.1　摘要输出

执行检索后,检索结果默认以摘要形式显示,每页显示 20 条结果(可自行修改为 30

条或 50 条),每篇文献提供题名、作者、数据库、来源期刊、发表时间、摘要、关键词等信息,如图 6-22 所示。

图 6-22　万方数据库检索结果-摘要输出界面

6.3.3.2　题录输出

用户可根据需要,从摘要形式输出切换到题录形式输出。每页默认显示 20 条结果(可自行修改为 30 条或 50 条),每篇文献提供题名、作者、数据库、来源期刊、发表时间、被引频次、下载频次等信息,如图 6-23 所示。

图 6-23　万方数据库检索结果-题录输出界面

6.3.3.3　全文输出

用户可在摘要或题录输出界面,点击进入选中文献的详情页,如图 6-24 所示。万方数据库文献全文输出格式为 PDF 格式,可通过通用的 Adobe Acrobat Reader 来阅读。同时,万方数据库也提供在线阅读功能,用户可在线阅读后,根据需要再选择是否需要对选中文献进行下载保存。

图 6-24　万方数据库检出文献详情页

　　每一篇文献具有唯一的详情页,详情页提供题名、作者、作者单位、摘要、关键词、分类号、来源期刊、发表年份、卷(期)、所属期刊栏目、在线出版日期、页数、页码、相关文献、媒体资源等信息。

6.3.3.4　参考文献的输出

　　利用万方数据库的导出功能,可快速输出参考文献。单独获取某一篇文献的参考文献信息,直接点击文献下方的"导出"按钮,弹出参考文献格式界面,由于文献导出默认展示"导出文献列表"页面,用户需自行选择点击"参考文献格式"界面,获取参考文献。

　　若要快速获取多篇参考文献,点击需要导出参考文献的文献前"□",使其呈"☑"状态,即表示选中文献,点击第一篇文献上方的"导出"或任意一篇文献下方的"导出"按钮,即弹出参考文献格式界面,如图 6-25 所示,用户可根据自己需要选择格式引文。

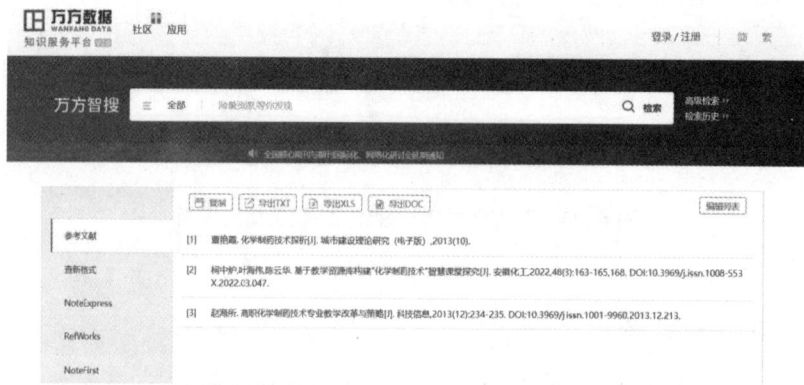

图 6-25　万方数据库参考文献输出界面

6.3.4　检索训练

训练一:初级检索

采用初级检索方式,检索题名含"白背三七"的期刊文章。

步骤:登录万方数据库主页,在上方检索框选择检索项"题名",输入检索词"白背三七",点击检索。

训练二:在结果中检索

在训练一的检索结果基础上,检索同时关键词为"化学成分"的期刊文章。

步骤:在训练一的检索结果界面检索框下方,找到"结果中检索"前的"关键词"对应的检索框,输入"化学成分",点击检索。

训练三:高级检索

采用高级检索方式,检索作者"丁立"发表的主题关于"药物制剂"的期刊文章。

步骤:进入高级检索界面,文献类型选择"期刊论文",检索项选择"主题",输入检索词"药物制剂",在检索项"作者"处输入"丁立",点击检索。

训练四:专业检索

采用专业检索方式,检索作者"丁立"发表的主题关于"药物制剂"的期刊文章。

步骤:进入专业检索界面,在检索框输入检索式"作者:(丁立)＊主题:(药物制剂)",点击检索。

【思考题】

1. 检索国内期刊文献资源有哪些?

2. 利用中国知网(CNKI)检索最新发表的 10 篇关于"人工智能"方面的学术论文,并注明发表时间及刊物名称。

3. 利用维普期刊全文数据库检索"信息资源开发与利用的十个热点问题"的文章,并写明检索步骤、标明作者及刊名。

4. 万方数据资源的数字化期刊、学位论文的检索途径有哪些?

第7章 标准文献检索

7.1 国内标准及其检索

7.1.1 标准文献概述

7.1.1.1 标准、标准文献

1. 标准

标准是科学技术和经济管理研究工作成果的一种表现形式,是生产科研活动中对产品、工程及其他技术基础上的质量、品种、检验方法及技术要求等所做的统一规定,是有关方面共同遵守的技术依据和准则。

1983 年我国的国家标准(GB 3935.1—83)对标准定义为:"为重复性事物和概念所做的统一规定。它以科学、技术和实践经验的综合成果为基础,经有关方面协商一致,由主管机关批准,以特定形式发布,作为共同遵守的准则和依据。"

2. 标准文献

标准文献一般是指由技术标准、管理标准及其他具有标准性质的类似文件所组成的特种科技文献体系。广义的标准文献是指包括除标准原始文件以外的一切标准化的书刊、目录和手册等。狭义的标准文献是指"标准""规范""技术要求"等。

构成标准文献有 3 个条件:

(1)标准是经过有关方面的共同努力所取得的成果,它是集体劳动的结晶;(2)标准必须经过一个公认的权威机构或授权单位的批准认可;(3)标准必须随着科学技术的发展而更新换代,即不断地进行补充、修订或废止。

标准文献是反映标准的技术文献,是一种重要的科技情报源,它反映了一个国家、一个部门、一个地区、一个行业的生产、技术和管理水平。世界上现有几十万件国际标准和国家标准,每年还以较快的速度增长。因此,积极采用标准和了解标准,对一个国家的进步和发展起着重要的作用。

7.1.1.2 标准文献的类型

1. 按使用范围划分

(1)国际标准是指国际间通用的标准。如:国际标准化组织标准(ISO)、国际电工委

员会标准(IEC)等。(2)区域标准是经世界某一地区的若干国家标准化机构协商一致颁布的标准。如:全欧标准(EN)、欧洲计算机制造商协会标准(ECMA)等。(3)国家标准是指一个国家的全国性标准化机构颁布的标准。如:我国国家标准(GB)、美国国家标准(ANSI)、英国国家标准(BS)等。(4)专业标准是指某一专业团体对其所采用的零部件或原材料、完整的产品及有关工艺设备所制定的标准。如:美国材料与试验协会标准(ASTM)、美国石油学会标准(API)。(5)企业标准由公司企业自己规定的统一标准,在该公司企业内施行。如:美国波音飞机公司标准(BAC)。

2.按标准内容划分

(1)基础标准是标准的标准,一般包括术语、符号、代号、机械制图、公差与配合等;(2)产品标准规定产品的品种、系列、分类、参数、尺寸、技术要求、试验等;(3)方法标准包括工艺要求、过程、要素、工艺说明等,还包括使用规程;(4)辅助产品标准包括工具、模具、量具、夹具、专用设备及其部件的标准等;(5)原材料标准包括材料分类、品种、规格、牌号、化学成分、物理性能、试验方法、保管验收规则等。此外还有安全标准、卫生标准、环保标准、管理标准和服务标准等。

3.按标准成熟程度划分

(1)法定标准也称正式标准,是指具有法律性质的必须遵守的标准;(2)推荐标准是制定和颁布标准的机构建议优先遵循的标准;(3)试行标准指内容不够成熟,尚有待在使用实践中进一步修订、完善的标准;(4)标准草案指审批前由草拟者或提出机构供讨论并征求有关方面修改意见的标准稿件。

标准文献除了以标准命名外,还常以规范、规程、建议等名称出现。国外标准文献常以 Standard(标准),Specification(规格、规范),Rules(规则),Instruction(指令),Practice(工艺),Bulletin(公报)等命名。标准文献与一般的科技文献不同,主要表现在以下几个方面:首先,发表方式不同。它是各级主管标准化工作的权威机构主持制定和颁布的,通常以单行本形式发行,一项标准一册;其次,检索工具不同,查找技术标准主要靠专门的工具——标准目录;再次,分类体系不同,一般采用专门的技术分类体系;最后,性质不同,它是一种具有法律性质或约束力的文献,有生效、未生效、试行、失效等状态之分,未生效和失效过时的标准没有使用价值。

7.1.1.3 标准文献的分类

1.国际标准文献的分类

1991 年 ISO 组织完成了国际标准分类法的编制工作,《国际标准分类法》(简称 ICS)是由信息系统和服务委员会(INFCO)制定的,它主要用于建立国际标准、区域性标准、国家标准及其他标准文献的目录结构,并作为国际标准、区域性标准和国家标准的订购系统的基础,也可用作数据库和图书馆中标准及标准文献的分类。ICS 的制定将促进信息和有关工具(如目录、选择清单、数据库等)的协调,以及国际标准、区域性标准、国家标准及其他标准文献的传播。

ICS 是在 1992 年由 INFCO 通过、理事会批准的。ISO 从 1994 年开始在其标准上采用 ICS 分类法。目前,ICS 的最新版本(第 4 版)已正式出版。1996 年,ISO 中央秘书处对 ICS 的使用进行了调查,调查范围包括所有 ISO 成员和 6 个国际和区域性标准组织。在返回调查表的 79 个 ISO 成员中,有 52 个采用 ICS;23 个准备采用;4 个因能力所限,不准备采用。在 6 个国际和区域性标准组织中,有 5 个采用了 ICS,1 个准备采用。另外,有 34 个成员将 ICS 翻译成了 26 种文字,有 24 个成员正式出版了 ICS。

ICS 采用三级分类,第一级由 41 个大类组成,第二级分为 405 个二级类目,第三级为 884 个三级类目,分类法采用数字编号,第一级和第三级采用双位数,第二级采用三位数表示,各级类目之间以实圆点(中文版采用短横线)相隔。

我国自 1995 年开始对 ICS 进行分析,将其与中国标准分类法进行了对照,于 1996 年出版了 ICS 的中文版,该版本是在 ICS 的结构下,根据我国国情适当补充而形成的。目前,与 ICS 第四版相对应的 ICS 中文版即将出版,该中文版中仍增加了一些适合我国国情的条目。至今为止,我国在标准分类上仍采用 ICS 与中国标准分类法并行的办法,随着我国标准化工作与国际的接轨,ICS 将最终取代中国标准分类法。

2. 我国标准文献的分类

《中国标准文献分类法》(试行本)自 1984 年 8 月试行以来,经过四年的试用,基本可行。在此基础上进行了修订补充,已审查通过《中国标准文献分类法》(正式本),自 1990 年 1 月 1 日起施行。并以技监局标发〔1989〕411 号文件颁发通知。其分类体系结构以专业划分为主,由一级类目和二级类目组成:一级类目设有 24 个大类,分别用英文大写字母来表示,先从人类基本生产活动排序,后划分工业生产和人类生活需要,其大类序列如下:

A	综合	N	仪器、仪表
B	农业、林业	P	建筑
C	医药、卫生、劳动保护	Q	建材
D	矿业	R	公路与水路运输
E	石油	S	铁路
F	能源、核技术	T	车辆
G	化工	U	轮船
H	冶金	V	航空、航天
J	机械	W	纺织
K	电工	X	食品
L	电子技术、计算机	Y	轻工、文化与生活用品
M	通信、广播	Z	环境保护

7.1.1.4 标准文献的作用

(1)通过标准文献可了解各国经济政策、技术政策、生产水平、资源状况和标准水平;(2)在科研、工程设计、工业生产、企业管理、技术转让、商品流通中,采用标准化的概念、术语、符号、公式、量值、频率等有助于克服技术交流的障碍;(3)国内外先进的标准可供推广研究、改进新产品、提高工艺和技术水平借鉴;(4)它是鉴定工程质量、检验产品、控制指标和统一试验方法的技术依据;(5)可以简化设计、缩短时间、节省人力、减少不必要的试验、计算,能够保证质量、减少成本;(6)进口设备可按标准文献进行装备、维修配置某些零件;(7)有利于企业或生产机构经营管理活动的统一化、制度化、科学化和文明化。

7.1.2　国内标准概述

7.1.2.1　国内标准概况

我国的标准化工作从 1956 年制定全国统一的国家标准开始,1978 年 5 月国家标准总局成立和 1979 年 7 月"中华人民共和国标准管理条例"的颁布,标志着我国标准化工作进入了一个新的发展时期。1978 年 9 月中国标准化协会(CAS),加入了国际标准化组织(ISO),并参加了其中的 103 个技术委员会。1975 年参加了国际电工委员会(IEC)。信息产业部代表中国于 1978 年参加了国际电信联盟(ITU)。中国曾任 ISO 理事会、技术管理局、IEC 执委会和管理局的成员。中国每年派出几百名专家出席 ISO、IEC 组织的各种技术会议,并与许多国家进行了标准化交流和学习,承办 10 多个 ISO、IEC 技术委员会会议。

从国际标准化组织 ISO 和国际电工委员会 IEC 的国际标准转化情况来看,ISO/IEC现有标准 16 745 项,已转化为我国国家标准的 6 300 余项,转化率近 38%。其中比较突出的行业有:煤炭行业对应的 ISO 国际标准 66 项,转化率为 97%;电力行业对应的 IEC国际标准 181 项,转化率为 81%;机械行业对应的 ISO/IEC 国际标准 4 417 项,转化率为52%,其中电工行业对应的 IEC 国际标准 1 372 项,转化率为 64%;汽轮机、低压电器、电气传动等标准的转化率达到 100%。

从我国参与国际标准制修订方面来看,由我国起草的 10 多项国际标准已由 ISO/IEC批准发布,另有 20 多项我国起草的国际标准草案已提交国际标准化组织。我国有 20 种标准样品列入国际标准化组织标准样品委员会(ISO/REMCO)的标准样品推荐目录。

7.1.2.2　我国标准的等级及编号

1. 标准的等级

我国的标准分为国家标准、行业标准、地方标准和企业标准。

(1)国家标准对全国经济、技术发展有重大意义,必须在全国范围内统一和实施的标准。(2)行业标准是指行业的标准化主管部门发布的在某一行业范围内统一和实施的标准。(3)地方标准是指在没有国家标准和国家标准不能满足需要的情况下,依据某地区的特殊情况在该地区范围内统一的标准。目前地方标准很少,绝大部分都下放给企业。(4)企业标准是指由企业或上级有关机构批准发布的标准,是为了不断提高产品质量、强化竞争能力、适用企事业单位的标准。

2. 标准编号

根据规定,我国国家标准及行业标准的代号一律用两个汉语拼音大写字母表示,编由标准代号+顺序号+批准年代组成。

(1)国家标准。其代号有 3 种:

①GB ××××—××　　　　强制性国家标准

②GB/T ××××—××　　　　推荐性国家标准

③GB/ * ××××—××　　　　降为行业标准而尚未转化的原国家标准

(2)行业标准。用该行业主管部门名称的汉语拼音首字母表示,机械行业标准用 JB 表示,轻工行业标准用 QB 表示等等。例如 QB1007—90 是指轻工行业 1990 年颁布的《罐头食品净重及固形物含量的测定标准》。

(3)地方标准。由"DB"(地方标准代号)加上省域、市域编号,再加上专业类号(以字母表示)及顺序号和标准颁布年份组成地方标准编号。例如 DB/3204—G24—87,其中"32"表示江苏省,"04"表示常州市。

(4)企业标准。其代号规定以 Q 为分子,以企业名称的代码为分母表示,在 Q 前冠以省、市、自治区的简称汉字。例如:京 Q/JB1—79 是指北京机械工业局 1979 年颁布的企业标准。

注:由于历史原因和现状,部标准与专业标准、行业标准还会共存一段时间。

7.1.3　我国标准文献的检索

7.1.3.1　书本式标准文献检索工具

利用书本式标准文献检索工具查找国内标准文献,主要可采用分类途径和标准号途径。

(1)《中华人民共和国国家标准目录及信息总汇 2009》(上、下)。该书由国家标准化管理委员会编,由中国标准出版社出版。该书收录截至 2008 年年底批准、发布的全部现行国家标准信息,同时补充被代替、被废止国家标准目录及国家标准修改、更正、勘误通知等相关信息。分上、下册出版,内容包括四部分:国家标准专业分类目录,被废止的国家标准目录,国家标准修改、更正、勘误通知信息以及索引。第一部分国家标准专业分类目录,按中国标准文献分类法(CCS)编排,收录截至 2008 年底前批准、发布的现行国家标准信息,条目共 22 918 项。该书目录中列出了 CCS 大类的代号(字母)及正文所在页码,在本部分的每大类前,设页列出该大类的二级类目分类号及类名。本部分的"类号"指 CCS 的分类号。"代替标准"中的国家标准,其属性按照国家标准清理整顿的结果及《中华人民共和国强制性国家标准目录》信息整理。

（2）《2009最新工业行业国家标准和行业标准目录》（以下简称《目录》）。该书由机械科学研究总院中机生产力促进中心多位专家遴选编纂而成，不仅权威、规范、科学，而且全面、系统、简洁、实用，符合国情，具有一定前瞻性。《目录》收录截至2008年底以前批准发布的现行有效工业行业国家标准和行业标准信息46 000余条，由16个部分构成。在编排上按行业排列。其中第1部分按企业标准体系表的形式编排，其他部分按企业标准体系中产品标准排列，为了便于查阅，索引部分先按国家标准（GB）、机械行业标准（JB）排列，再按其他行业的汉语拼音字母顺序排列，在同一行业中按标准编号由小到大顺序排列。

（3）《中华人民共和国强制性国家标准目录2005》。2005年版强制性国家标准目录载入截至2004年12月底前批准发布的现行强制性国家标准，共3 043项。该书目录正文部分按中国标准文献分类法（CCS）编排，中文目录在前，英文目录在后。书后附有中英文目录标准顺序号索引。正文部分的"类号"指CCS的分类号；"代替标准"中的国家标准，不论是强制性或推荐性，标准代号均用"GB"表示。按照新的采用国际标准管理办法，我国标准与国际标准的对应关系除等同（IDT）、修改（MOD）外，还包括非等效（NEQ）。非等效（NEQ）不属于采用国际标准。以前采用国际标准和国外先进标准代号：idt（等同采用）；eqv（等效采用）；neq（非等效采用）。该书目录将定期出版，需与每年出版的《中华人民共和国国家标准目录及信息总汇》配合使用，查询现行的国家标准目录信息。

（4）《中国国家标准汇编》。该汇编是一部大型综合性国家标准全集，自1983年起，按国家标准顺序号以精装本、平装本两种装帧形式陆续分册汇编出版。它在一定程度上反映了中华人民共和国成立以来标准化事业发展的基本情况和主要成就，是各级标准化管理机构，工矿企事业单位，农林牧副渔系统，科研、设计、教学等部门必不可少的工具书。收录我国每年正式发布的全部国家标准，分为"制定"卷和"修订"卷两种编辑版本。"制定"卷收录上年度我国发布的、新制定的国家标准，顺延前年度标准编号分成若干分册，封面和书脊上注明"20××年制定"字样及分册号，分册号一直连续。各分册中的标准是按照标准编号顺序连续排列的，如有标准顺序号缺号的，除特殊情况注明外，暂为空号。"修订"卷收录上年度我国发布的、被修订的国家标准，视篇幅分设若干分册，但与"制定"卷分册号无关联，仅在封面和书脊上注明"20××年修订-1，-2，-3，"字样。"修订"卷各分册中的标准，仍按标准编号顺序排列（但不连续）；如有遗漏的，均在当年最后一分册中补齐。个别非顺延前年度标准编号的新制定的国家标准没有收录在"制定"卷中，而是收录在"修订"卷中。自1996年起，《中国国家标准汇编》仅出版精装本。

（5）《中国国家标准分类汇编》该汇编收录截至1992年发布的各类标准。按专业分类，共计15卷，每卷分若干分册。一级类设为卷，每个二级类内按天标准，按要列。例如：机械卷（1）有26分册，电工卷（K）有16分册，电子与信息技术卷（L）有26分册。

（6）《中国标准化年鉴》由中华人民共和国国家技术监督局（原由国家标准局）编辑

出版,1985 年创刊,以后逐年出版一本,内容包括我国标准化事业的现状、国家标准分类目录和标准号索引三部分。

7.1.3.2 万方数据资源系统的标准信息数据库

该库收录了包括中国国家标准、建设标准、建材标准、行业标准、国际标准、国际电工标准、欧洲标准,以及美、英、德、法国国家标准和日本工业标准共 14 个数据库 25 万多条记录。

此外万方数据资源系统还推出《中国标准全文数据库》,收录了我国发布的全部国家标准、某些行业的行业标准,以及电气和电子工程师技术标准,并可以下载全文。此外,在检索界面左侧的数据库列表中还有中外标准数据库,收录了国家技术监督局、建设部情报所提供的中国国家标准、建设标准、建材标准、行业标准、国际标准、国际电工标准、欧洲标准,以及美、英、德、法国国家标准和日本工业标准等,在勾选此库后可检索到收录标准的文摘信息。

万方数据为标准检索提供了标准类型、标准号、标题、关键词、发布单位、起草单位、中国标准分类号、国际标准分类号等检索项,且提供高级检索查询。

7.1.3.3 我国常用标准机构服务网站

我国标准化组织机构的专业网站有很多,常用的有以下几种。

(1)中国标准服务网(http://www.cssn.net.cn/)

中国标准服务网是国家级标准信息服务门户,是世界标准服务网(www.wssn.net.cn)的中国站点。中国标准化研究院标准馆负责网站的标准信息维护、网员管理和技术支撑。中国标准服务网以种类齐全、信息权威、更新及时、服务快捷为服务宗旨。

中国标准服务网的标准信息主要依托于国家标准化管理委员会、中国标准化研究院标准馆及院属科研部门、地方标准化研究院(所)及国内外相关标准化机构。中国标准化研究院标准馆收藏有 60 多个国家、70 多个国际和区域性标准化组织、450 多个专业学(协)会的标准以及全部中国国家标准和行业标准共计约 60 多万件。此外,还收集了 160 多种国内外标准化期刊和 7 000 多册标准化专著,与 30 多个国家及国际标准化机构建立了长期、稳固的标准资料交换关系,还作为一些国外标准出版机构的代理,从事国外和国际标准的营销工作。每年投入大量经费和技术人员,对标准文献信息进行收集、加工并进行数据库和信息系统的建设、维护与相关研究。

网站采用网员制服务形式,非网员用户只能查到相关的题录信息。只有填写相关信息进行缴费注册后才能浏览到全文信息。

该网站提供三种检索方式,即标准模糊检索、标准分类检索和标准高级检索。标准模糊检索需先选择按"标准号"检索还是按"关键词"检索,然后再输入检索条件。检索条件可以是单个词,也可以是多个词,多个词之间应以空格分隔,空格分隔的多个词之间是逻辑与的关系,即检索结果中必须同时满足包含有输入的以空格为分隔的词。检索条件不区分大小写;标准分类检索又分为按"国际标准分类"和"中国标准分类"两种。用户可点击自己感兴趣的分类,点击后页面会显示当前类别下的明细分类,直到显示该分类下的所有标准列表;标准高级检索与前两种检索方式相比,标准高级检索提供了可输入多种条件、不同条件进行组合的检索方式,用户能够更准确地查找所需的标准。

检索实例:利用中国标准服务网站,检索关于"航空燃料"的标准。

打开 IE 浏览器,进入 http://www.cssn.net.cn/网站,选择主页面上的标准检索,则打开中国标准服务网主页的标准检索界面,点击高级检索则进入中国标准题务网高级检索界面。

按照给出的查询标准条件和查询界面提示,选择"中文标题"栏输入"航空燃料",并选择相关的逻辑关系,核对无误后,按"检索"按钮进行检索,得到查询结果,再打开标准号的链接,就可得到关于此标准的摘要信息。

(2)中国标准化研究院网站(http://www.cnis.gov.cn/)

中国标准化研究院(中国标准研究中心)是国内唯一的国家级标准化研究机构,是我国重要的标准化研究和开发基地,对发展和开拓中国的标准化科学事业肩负着重要的责任。中国标准研究中心是在原中国标准化与信息分类编码研究所、中国技术监督情报研究所和国家质量技术监督局管理所的基础上,经国家质量技术监督局同意并报中央编办批准,于 1999 年 10 月 12 日组建,同年 12 月 27 日正式挂牌成立。中国标准研究中心设有质量与环境研究室、基础标准化研究室、术语标准化研究室、能源与资源标准化研究室、信息技术标准化研究室、信息分类编码标准化研究室、计算机辅助技术标准化研究室、技术监督理论研究室和情报研究室 9 个研究部门;设有生产许可证审查中心、全国组织机构代码管理中心、中国物品编码研究中心、国家质量技术监督局信息中心和标准馆。丰富的标准信息为用户提供了极大的方便。

(3)国家标准频道(http://www.chinagb.org/)

国家标准频道网是国内最大的标准专业网站,提供中国国家标准、行业标准、地方标准,以及国际标准、外国标准的全方位咨询服务,包括标准信息的免费在线查询、标准有效性的确认、标准文献翻译、标准培训、企业立标等各种相关服务。

还提供了丰富多彩的标准新闻资讯,设有标准要闻、WTO/TBT、标准与商品、标准公告、标准论坛、质量认证、BBS 等版块和国际、国内及行业标准动态、质量抽查公告、质检公告、世贸通告与预警、标准与生活、标准知识、标准乐园等众多栏目,世界贸易风云、与标准有关的国内外重要新闻、与百姓生活息息相关的热点话题、权威专家的言论等等,都可一览无余。

中国国家标准咨询服务网的 BBS 版块,更拉近了访问者与网站的距离,访问者需要标准方面的服务,有与标准有关的建议、看法、意见,标准趣闻、生活经验,都可在这尽情交流和发挥。

7.2　国际标准及其检索

国际标准是由国际标准化组织采用的标准或在某些情况下由国际标准化团体采用的技术规范。国际标准包括国际标准化组织(ISO)和国际电工委员会(IEC)制定的标准及国际标准化组织认可的其他27个国际组织制定的一些标准。

7.2.1　国际标准化组织(ISO)及其标准文献检索

7.2.1.1　*概况*

国际标准是由国际标准化组织(International Organization for Standardization,简称ISO)统一颁布的标准。国际标准化组织的前身是国家标准化协会国际联合会和联合国标准协调委员会。1946年10月,25个国家标准化机构的代表在伦敦召开大会,决定成立新的国际标准化机构,定名为ISO。大会起草了ISO的第一个章程和议事规则,并认可通过了该章程草案。1947年2月23日,国际标准化组织正式成立。其宗旨是在全世界促进标准化及有关活动的发展,以便于国际物资交流和服务,并扩大知识、科学、技术和经济领域中的合作。国际标准化组织是世界上最大的国际标准化机构,是非政府性国际组织,每个国家只能有一个团体被接纳为成员。

ISO总部设在瑞士日内瓦。国际标准化组织有25个始创成员国,成员团体148个,其中正式成员97个,通讯成员36个,注册成员15个。全体大会是ISO的最高权力机构,其组织机构还包括理事会、政策制定委员会、技术管理局、中央秘书局、标准物质委员会。国际标准化组织下设225个技术委员会(TC),目前仍在工作的有188个,600多个分技术委员会(SC),2 000多个工作组(WG)。

中国是ISO始创成员国之一,也是最初的5个常任理事国之一。由于"中华民国"政府未按章交纳会费,1950年被ISO停止会籍。1978年9月中国以中国标准化协会名义参加ISO,1985年改由中国国家标准局参加,1989年又改由中国国家技术监督局参加。2001年机构改革后,国家标准委代表中国组织参加该组织的活动。2008年10月16日,在阿联酋迪拜召开的第31届国际标准化组织大会上,我国正式成为ISO常任理事国。这是我国自1978年加入ISO以来首次进入国际标准化组织高层的常任席位,它标志着我国标准化工作实现了历史性的重大突破。

ISO标准每5年重新修订审定一次。使用时要注意选用最新标准版本。

ISO标准号的结构形式为:标准代号+顺序号+年份,如:ISO3347—1976表示1976年颁布的有关木材剪应力测定的标准。

ISO标准的分类按制定标准的技术委员会(TC)的名称设立类目。现分为146个大类,分类号由字母加数字组成。

7.2.1.2　国际标准检索工具

《国际标准化组织标准目录》是检索 ISO 标准的主要工具。由国际标准化组织(ISO)编辑出版,由中英文对照标准条目、索引和附录组成。条目为全书的主题,每条标准包括:标准号、发布日期、中文名称、英文名称、版本号、TC/SC 号和国际标准分类号(ICS)。索引包括标准序号索引和 TC 索引。附录包括截至上一年 12 月底的国际标准化组织公布的全部撤销标准号、发布日科技文献检索与利用(第 6 版)期、撤销日期、制定该标准的TC 号及被替代的标准号和发布日期。每年还出版 4 期补充目录。ISO 目录主要包括 5个部分:

(1)技术委员会序号目录(Technical Committee Order)

(2)作废标准目录(Withdrawals)

(3)标准号序表(List in Numerical Order)

(4)国际十进分类号/技术委员会序号索引(UDC/TC Index)

(5)主题索引(Subject Index)

1993 年以后,ISO 目录使用国际标准分类表(International Classification for Standards,ICS)。

家用和商用设备、文娱、体育其主要内容调整为:

(1)主题分类目录(List of Standards Classified Subject),它实际上是目录的正文部分,按 ICS 标准分类表编排。(2)字顺索引(Alphabetical Index),该索引采用文中关键词(Keyword-in-Context,KWIC)对标题中除禁用词外的每个词都进行排检。若利用字顺索引检索,则在 3 个检索词下都可以检索到该标准,由给出的页码和标准号可以在分类目录中查到其他的信息。(3)标准序号索引(List in Technical Committee Order),该索引是根据标准号顺序排列,包括标准号、TC 号、标准在分类目录中的页码。(4)技术委员会序号目录(Technical Committee Order),该目录先按 TC 归类,再按标准号顺序排列。(5)作废标准目录(Withdrawals),该目录列出已作废标准的标准号,按序排列,并列出所属技术委员会序号及作废年份,最后标出现行标准的标准号及制定年份。(6)《ISO 技术规则》由国际标准化组织编辑出版,年刊,报道 4 000 多份可视为国际标准的文件和已达到委员会草案(CD)阶段和国际标准草案(DIS)阶段的全部文件。

7.2.1.3　国际标准化组织网站

ISO 官方网站"ISO 在线"于 1975 年开通,网站设置了 12 个栏目,包括 ISO 简介、ISO的成员、ISO 的技术工作、ISO 的联系方式、标准和世界贸易、世界标准服务网络、ISO 标准目录、ISO 9000 和 ISO 14000、新闻与商务等。

"ISO 标准目录"栏目包含有 ISO 国际标准数据库,该库收录了有关基础科学、社会科学、自然科学、农业、医学、土木工程、环境工程等方面计 2 万余条国际标准的题录,包括已发布的 ISO 标准信息、ISO 作废标准和其他 ISO 出版物以及订购信息;另外,"ISO 9000 和 ISO 14000"栏目专门介绍基于 ISO 9000 系列标准的质量管理和质量认证的详细出版信息,以及基于 ISO 14000 系列标准的环境管理方面的信息。

"ISO 在线"有英、法两种语言版,其英文版网址是 http://www. iso. org/iso/en/ISOOnline. frontpage。

7.2.1.4 检索方法

ISO 国际标准数据库有"基本检索""扩展检索"和"分类检索"三种方式,其中"基本检索"只需在其主页上部"Search"后的检索框内输入检索要求,然后点击"GO"按钮即可。在 ISO 主页上部选项栏中最左侧的"ISO Store"处单击进入该栏目,再点击"Search and Buy Standards",则进入"分类检索"界面。该页面列出 ICS 的全部 97 个大类,通过层层点击分类号,最后就可检索出该类所有标准的名称和标准号,点击"标准号",即可看到该项标准的题录信息和订购标准全文的价格。

为了既快又准地找到所需标准,提高检索效率,应采用"扩展检索"方式。单击 ISO 主页上部选项栏中"GO"右侧的"Extended, Search",即进入"扩展检索"界面。"扩展检索"界面的上部为"检索区",在其下面的 2 个区域内分别点选不同的选项,可对检索范围和检索结果的排序方式进行限定。"检索区"内设置了若干检索字段,用户可检索其中某个字段,也可进行多字段组合检索,此时系统默认在字段间做"与"运算。

(1)关键词或词组(Find Keyword or Phrase)

该字段供用户输入单词或词组进行检索,而词组必须置于双引号("")中;如果在该字段中一次输入 2 个或以上检索词,系统默认各词之间以"OR"算符相连;若希望检索结果中同时含有所输入的全部检索词,应在检索词之间加上"AND",例如:copper and coating;如果在输入的某个检索词使用了"NOT"算符,则检索结果中不会出现含有这个检索词的记录。该字段支持截词检索,采用"x"为截词符,例如:输入 electroplatx,可检出含有 electro-plated、electroplating 等词的标准文献。选中本字段下方"Titles""Abstracts"或"Fulltext or standards"前面方框中的 1 个或多个,可指定在标准名称、摘要或全文中进行检索。

(2)标准号(ISO Number、ISO partnumber)

ISO 标准的编号由"ISO+标准顺序号+制定或修改年份"构成。如:ISO 9001—2000。按标准号检索时,输入标准顺序号即可,如检索前述标准只需输入 9001。若检索标准中的某一部分,例如 ISO 9000 第 4 部分,可在 ISO Number 后输入 9000,再在 ISO partnumber 后输入 4,也可直接在 ISO Number 后输入 9000-4。

需要一次检出多项标准时,应分别情况处理:如果待检标准号是连续的,可输入起、止标准号,中间以":"相连,例如 1:400;如果标准号是间断的,应将待检标准号分别输入,中间以","分隔,例如 9000,14001,14004;如果标准号既有连续的,又有间断的,则应将上述方法结合使用,例如 1:400,9000,14001,14004。

（3）文献类型（Document type）

点击该字段的下拉菜单，可以选择检索的文献类型，如：International Standard（标准）、Guide（指南）、Technical Specification（技术准则）等。

（4）国际标准分类号（ICS）

在该字段输入 ICS 分类号，可检索出相应类别的标准。采用在标准号字段检索时相似的方法，可一次检出多个类别的标准，如：87.020；87.060；87.100。

（5）阶段代码（Stagecode、Datecurrent stagereached）

该字段供用户使用"阶段代码"进行检索。

（6）技术委员会（Committee、Subcommittee）

该字段供用户按技术委员会分类进行检索。点击该字段的下拉菜单，选择需要检索的技术委员会的英文代码，如 TC107（金属和其他无机覆盖层技术委员会），便可检索出该技术委员会所在学科领域的全部标准。若对某技术委员会下设的分技术委员会进行检索，应先选定技术委员会代码，然后输入分技术委员会的编号，如：先在"Committee"下拉菜单中选定 TC207，再在"Subcommittee"中输入 5。

ISO 系统执行用户的检索指令后，将反馈检索结果的清单，包括标准号和标准名称，单击标准号则会显示标准的订购信息，点选电子（PDF 格式）文档或印刷文本，以及文献的语种（英文或法文），便可获得所需标准。

7.2.2 国际电工委员会（IEC）及其标准文献检索

7.2.2.1 概况

国际电工委员会（International Electrotechnical Committee，IEC）是非政府性国际组织，是联合国社会经济理事会的甲级咨询机构，正式成立于 1906 年 10 月，是世界上成立最早的专门国际标准化机构，网址是 http://www.iec.ch。

凡要求参加 IEC 的国家，应先在其国内成立国家电工委员会，并承认其章程和议事规则。被接纳为 IEC 成员后，该电工委员会就成为这个国家委员会，代表本国参加 IEC 的各项活动。每一个国家只能有一个组织作为该国 IEC 国家安全委员会，参加 IEC 的各项活动。1957 年 8 月我国加入了 IEC，1980 年我国首次进入执行委员会，1982 年 1 月以中国标准化协会作为我国国家委员会，参加 IEC 的各项活动，后又改用国家标准局、国家技术监督局的名义参与 IEC 的活动。1990 年首次承办 IEC 全体大会（第 54 届），2002 年承办了 IEC 第 66 届大会。

IEC 的宗旨是促进电气、电子工程领域中标准化及有关问题的国际合作，增进国际间的相互了解。为此，IEC 出版包括国际标准在内的各种出版物，并希望各成员国在本国条件允许的情况下，在本国的标准化工作中使用这些标准。

IEC 的组织机构主要由理事会、执行委员会、认证管理委员会、专门委员会和若干技术委员会组成。理事会是最高权力机关,由 IEC 主席、副主席、前任主席和秘书长组成(后两者无表决权)。

IEC 下设技术委员会(TC)、分技术委员会(SC)和工作组(WG)。每一个技术委员会负责一个专业的技术标准编制工作,其工作范围由执行委员会指定。截至 1998 年底,IEC 共有 TC104 个,SC143 个,WG3 个,共制定标准 6 000 多个。

IEC 标准的标准号构成:

IEC+顺序号+制定(修订)年份

例如:IEC434(1973)为飞机上的白炽灯的 IEC 标准。

IEC 网站提供电力、电子、电信和原子能方面的工程技术信息。

7.2.2.2 检索工具及其检索

IEC 标准的主要检索工具是《国际电工委员会标准目录》(*IEC Catalogue of Publications*),该目录为年刊,由 IEC 中央办公室以英法文对照的形式编辑出版。它由两大部分组成:(1)标准序号目录(Numerical List of IEC Publications)。该目录按标准号顺序排列。不仅包括现行标准,而且包括作废标准,现行标准用黑体印刷,废弃标准均给出替代标准。(2)主题索引(Subject Index),按主题词字顺排列,主题词分两级。*IEC Catalogue of Publications* 对应的中文版检索工具是《国际电工标准目录》,该目录正文按 IEC 技术委员会(TC)号排列,后附有标准序号索引,其检索方法与 *IEC Catalogue of Publications* 相仿。

7.3 有关国家标准检索

7.3.1 美国国家标准

7.3.1.1 概况

美国国家标准(http://www.ansi.org)是由美国国家标准协会(American National Standards Institute, ANSI)颁布的标准。该协会建于 1918 年,和其他国家不同,协会本身很少制定标准,大部分是该协会从本国 72 个专业团体所制定的专业标准中择取对全国具有重要经济意义的标准,经 ANSI 各专业委员会审核后作为国家标准,并给出 ANSI 标准代号及分类号,目前 ANSI 标准有 1 万余件。

7.3.1.2 美国国家标准分类

ANSI 标准采用字母与数字相结合的混合标记分类法,目前共分为 18 个大类,每个大类下再细分若干个小类,并用一个字母标记一个大类,用数字表示小类。

7.3.1.3　美国国家标准号的构成

1. ANSI 自行制定的国家标准号构成:

ANSI+分类号+小数点+序号+年份

例如:ANSIK 61.1—81

2. 专业标准经审批后提升为国家标准,标准号构成:

ANSI+断开号+原专业标准号+制定年份+(修订年份)

例如:ANSI/AWWAB406—87

7.3.1.4　检索工具

(1)《美国国家标准协会目录》(*ANSI Catalogue*) 该目录由美国国家标准协会编辑出版,每年出版一次。目录列举了现行美国国家标准,内容包括两个主要部分,即"主题目录"(List by Subject)和"标准序号目录"(Listing by Designation)。在各条目下列出标准主要内容,标准制定机构名称、代码和价格,可供读者从主题和序号途径查找。

(2)《95 美国国家标准目录》(中文版)中国标准化综合研究所编,科学文献出版社出版,不定期。报道了截至 1994 年底的美国国家标准,按标准号编排。

7.3.2　日本工业标准

7.3.2.1　概况

日本工业标准(Japanese Industrial Standards,JIS),网址为 http://www.jsa.or。

JIS 是由成立于 1949 年的日本工业标准调查会(Japanese Industrial Standards Committee,JISC)负责制定,由日本标准协会发行。现行 JIS 标准近万件,每隔 5 年审议一次。

日本工业标准为国家级标准,除药品、食品及其他农林产品另制定专业技术规范或标准外,内容涉及各个工业领域,包括技术术语及符号,工业产品的质量、形状及性能;试验、分析与测量,设计、生产、使用及包装运输等方面。

日本工业标准采用字母与数字相结合的混合标记分类法,用一个字母表示一个大类,共 17 个大类,大类下面用数字细分为 146 个小类。标准号的构成:

标准代号(JIS)+字母类号+数字类号+标准序号+制定年份

例如:JISD 68 02—90(自动输送车辆的安全标准)。

7.3.2.2　检索工具

(1)《日本工业标准总目录》(JIS 总目录)由日本标准协会编辑出版,每年出一版。

供读者从分类途径和主题途径进行检索。

（2）《日本工业标准年鉴》（*JIS Yearbook*）由日本标准协会出版，它实际上是一本英文版的年度总目录。我国有不定期的中文译本。

7.3.3　英国标准

7.3.3.1　概况

英国标准（British Standard，简称 BS，网址为 http://www.bsi-global.com/index.xalter），由创建于1901年的英国标准学会（British Standards Institution，简称 BSI）负责制定。英国标准（BS）在国际上有较大影响，因为英国是标准化先进国家之一，并为英联邦国家采用，所以英国标准受到国际上的重视。英国标准5年复审一次，现行标准近万件。

BS 标准的标准号构成：

标准代号（BS）+顺序号+分册号+制定（修订）年份

例如：BS6912pt.2—93（土方机械安全）

7.3.3.2　检索工具

（1）《英国标准学会目录》（*BSI Catalogue*）年刊，该目录由英国标准学会编辑发行。刊登现行英国标准及其他英国标准协会的出版物。

（2）《英国标准目录》1992（中文版）按《中国标准分类法》分类编排，共收录标准11 000 余条，是检索英国标准的必备工具，由目录和索引两部分组成，供读者从分类标准号途径进行检索。

7.3.4　德国国家标准

7.3.4.1　概况

德国标准化学会的主要工作是从事制定德国标准（DIN）。东德西德统一后，DIN 标准已取代了东德国家标准（TFL），成为德国统一的标准。网址为 http://www.beuth.de。

DIN 标准号构成：

DIN+顺序号+年份

例如：DIN13208—85

7.3.4.2　检索工具

（1）*DIN-Katalog for Teehnische Regcln* 德英对照，每年出版一次，目录正文按专业分类编排，目录后附有顺序号索引和德文、英文的主题索引。

(2)《德国标准目录 1990》(中文版)北京技术监督情报研究所出版。该目录分 75 个大类,在目录前有中文分类表,方便读者查阅。

7.3.5　法国标准

7.3.5.1　概况

法国标准包括正式标准(NF)、试行标准(EXP)、标准化参考文献(RE)和标准分册(FD)。一般而言,法国标准是自愿采用的,但约有 200 条标准是强制性的。网址为 http://www.afnor.fr/portail.asp。

NF 标准号构成:

$$NF+字母类号+数字小类号+顺序号+年份$$

例如:NF A45313—1984

7.3.5.2　检索工具

(1) *Catalogue des Normes Francaises* 每年出版 1 次,报道法国现行标准,其正文按大类首字母顺序排列。

(2)《法国标准目录》(中文版)由中国科学技术情报研究所出版。

7.3.6　其他标准

7.3.6.1　电气与电子工程师协会(IEEE)(http://standards.ieee.org/)

IEEE 标准组织提供美国电气电子工程师学会和英国电气工程师学会出版的近 900 种标准的全文信息。用户可以检索、浏览、下载或打印与原出版物版面完全相同的文字、图表、图像和照片的全文信息。IEEE 于 1963 年由美国电气工程师学会(AME)和美国无线电工程师学会(IRE)合并而成,是美国规模最大的专业学会,由 17 万名从事电气工程、电子工程和有关领域的专业人员组成,分设 10 个地区和 206 个地方分会,设有 31 个技术委员会。IEEE 提供的标准内容包括电气与电子设备、试验方法、元器件、符号、定义以及测试方法等。

7.3.6.2　美国印刷电路协会(IPC)(http://www.ipc.org/)

美国印刷电路协会由 300 多家电子设备与印刷电路制造商,以及原材料与生产设备供应商等组成,下设若干技术委员会。IPC 主要制定与发展规格、标准,它还积极参加 IEC 的电子元件标准的制定。IPC 的一些标准已为美国国家标准所采用,其网站提供 IPC 标准等其他产品的目录,IPC、ANSI 标准和规格的制定及批准的程序文献,IPC 标准化的地位论述、标准文件、手册的免费下载服务。

7.3.6.3　国际电信联盟(ITU)(http://www.itu.ch/)

国际电信联盟于 1865 年 5 月在巴黎成立,1947 年成为联合国的专门机构。ITU 是世界各国政府的电信主管部门之间协调电信事务的一个国际组织,它研究制定有关电信业务的规章制度,并提出推荐标准。

7.3.6.4　美国材料与试验协会(ASTM)(http://www.astm.org/)

美国材料与试验协会成立于 1896 年,在美国及国外设有许多分会,拥有会员 33 669 个,其中近 17 155 名会员在其各个委员会中担任技术专家工作,他们代表 81 540 个参加单位。ASTM 下设 138 个技术委员会,每个委员会又下设 5~10 个小组委员会。ASTM 主要致力于制定各种材料的性能和试验方法的标准。从 1973 年起,扩大了业务范围,开始制定关于产品、系统和服务等领域的试验方法标准。标准包括标准规格、试验方法、分类、定义、操作规程以及有关建议。

【思考题】

1. 构成标准文献的条件有哪些?
2. 标准文献与一般科技文献的主要区别是什么?
3. 请分别写出下列标准编号的含义:
(1)GB/T 5976-2006 钢丝绳夹;
(2)GB 50090-2006 铁路路线设计规范。

第8章　特种文献检索

8.1　专利文献检索

8.1.1　专利基础知识

8.1.1.1　专利与专利权

1. 专利的基本概念

专利的英文名称"Patent"源自拉丁文。它是由"Letters Patent"演变而来的,原意为"皇家特许证书",是指由皇室颁发的一种授予某一特权的证书。

广义上讲,人们现在所讲的"专利"一词包括 3 个方面的含义:

(1)从法律角度可理解为专利权,即专利申请人就某一项发明创造向专利局提出专利申请,依照专利法审查合格后,由专利局向专利申请人授予在规定期限内对该发明创造享有的专有权。

(2)从技术角度理解,是指受法律保护的技术,也就是受专利法保护的发明创造。比如某单位引进或实施某项专利,指的是某单位引进或实施了被授予专利权的某项发明创造。

(3)从文献角度理解,是指记录发明创造内容的专利文献。比如说"查专利"意即查阅专利文献。狭义上讲,"专利"即专利权。

专利权是一种产权或财产权。这种产权的所有者可以使用和处理其财产,别人未经专利权人许可,不得制造、使用和销售该项发明创造,否则就侵犯专利权,将受到法律的制裁。财产分为动产、不动产和知识产权。知识产权是一种无形财产,是指人的创造性智力活动成果依照知识产权法享有的权利。知识产权包括著作权和工业产权两个部分。著作权是文学、艺术、科学技术作品的原创作者依法对其作品所享有的一种民事权利;工业产权是指人们在生产活动中对其取得的创造性的脑力劳动成果依法取得的权利。

按《保护工业产权巴黎公约》的规定,"工业产权"一词中的"工业"泛指工业、农业、交通运输、商业等。专利权是工业产权中最重要的组成部分,除专利权外,工业产权还包括商标、服务标志、厂商名称、货源标志、原产地名称等。知识产权与有形财产获得方式不同。著作权是从作品完成之时起自然产生的,归作者所有,产权由作者支配,可以继承和转让。在我国,著作权的期限是到作者去世后 50 年。工业产权则需要由国家管理机关确认和批准才能成立。

2. 专利权的特点

专利权是工业产权的重要组成部分,是一种无形财产,它与有形财产的产权相比较,有其独特的特点。

(1)专有性

专有性也称独占性、排他性。即专利权人对其发明创造所享有的独占性的制造、使用、销售的权利,其他任何单位或个人未经专利权人许可不得为生产经营目的而制造、使用、许诺销售、销售、进口其专利产品或者使用其专利方法,以及使用、许诺销售、销售、进口依照该方法直接获得的产品。而且专利权是唯一的,对同样内容的发明创造,国家只授予一次专利权。在规定的专利保护期限内,任何单位或个人要想实施他人专利,必须与专利权人签订实施许可证合同,否则就是侵犯专利权。

(2)地域性

专利的地域性是指一个国家依照本国专利法授予的专利权,仅在该国法律管辖范围内有效,对其他国家没有任何约束力,外国对其专利权不承担保护的义务。如果一项发明创造只在我国取得专利权,那么专利权人只在我国享有专有权或独占权,若有人在其他国家和地区生产、使用或销售该发明创造,则不属于侵权行为。

(3)时间性

所谓时间性,是指专利权人对其发明创造所拥有的法律赋予的专有权只在法律规定的时间内有效,期限届满后,专利权人对其发明创造不再享有制造、使用、销售的专有权,其发明创造成为社会的公共财产,任何单位或个人均可无偿使用。

专利权的期限,各国专利法保护期限长短不一,一般来说,发明专利自申请日或批准日起为 15~20 年,实用新型和外观设计专利为 5~10 年。我国专利法规定的专利权期限自申请日起计算,发明专利为 20 年,实用新型和外观设计专利为 10 年。

3. 专利的类型

从被保护的发明创造的实质内容来看,专利的种类包括发明专利、实用新型专利和外观设计专利。

(1)发明专利

发明是专利法保护对象之一。"发明"的含义究竟是什么?广义的发明是指以前没有过的东西,即一切创造的新事物或新的制作方法。专利法所规定的发明是狭义的概念。按照我国专利法的规定,发明是指对产品、方法或者其改进所提出的新的技术方案。所谓的产品是指工业上能够制造的各种新制品,包括有一定形状和结构的固体、液体、气体之类的物品;所谓的方法是指对原料进行加工,制成各种产品的方法,如药品的制造方法等。

专利法所说的发明是一种解决技术问题的方案。这种方案一旦付诸实践,便可解决技术领域中的某一具体问题,单纯的设想或愿望不是专利法意义上的发明。

此外,发明与发现字面上虽然差不多,却是两个完全不同的概念。发现是对自然规律或本质的揭示,而发明是对揭示的自然规律或本质的具体应用,是自然界中原来并不存在的东西。例如发现卤化银由于受光和放射线照射而分解成金属银,发现卤化银具有感光性是属于发现,而把该发现用作测定放射线照射量的手段或者制造照相材料则属于发明。

（2）实用新型专利

与发明专利相比,实用新型专利也被称为"小发明"。它是对产品的形状、构造或者其结合所提出的适于实用的新的技术方案。

实用新型专利的保护范围要比发明专利窄得多。发明专利对所有新的产品和方法都给予保护,而实用新型专利只保护有一定形状和结构的产品。如果是无确定形状的产品,如气态、液态、粉末状颗粒状物质或材料,以及工艺、方法等技术发明则不属于实用新型专利的保护范围。

实用新型专利比发明专利在技术水平的要求上要低一些,大都是一些比较简单或改进性的技术发明。根据《中华人民共和国专利法》(以下简称《专利法》)第二十二条第三款的规定,发明必须有"突出的实质性特点和显著的进步",而实用新型只需有"实质性特点和进步"。

（3）外观设计专利

外观设计是指对产品的形状、图案或者其结合以及色彩与形状、图案的结合所做出的富有美感并适于工业应用的新设计。

与发明和实用新型以技术方案本身为保护对象不同,外观设计注重的是产品的形状、图案、色彩或者组合,它是对产品的装饰性或艺术性的外表设计。一件外观设计专利只用于一类产品,若有人将其用于另一类产品上,不视为侵犯外观设计专利权。

对于 3 种专利在实际生活中的应用,我们可以举例来说明。例如,当电子表刚问世时,它与原有的机械表相比是一种完全不同的技术,就是发明。如有人将电子表增加了秒表、报时、计算器等其他功能,就是实用新型。如果把电子表做成圆形、方形等外观形状或对其色彩进行设计,则可称为外观设计。

以上 3 种类型专利,发明与实用新型是主要的,占到专利的 90% 以上。发明专利的技术水平最高,但实用新型也不容忽视。实用新型的技术水平不一定很高,但其经济价值却不一定小。在我国,实用新型专利的申请量最大。

4. 授予专利权的条件

授予专利权的发明和实用新型,必须具备新颖性、创造性、实用性,也称专利"三性"。

（1）新颖性

新颖性是指申请专利的发展或实用新型必须是新的、前所未有的。我国《专利法》规定:"新颖性是指该发明或者实用新型不属于现有技术;也没有任何单位或者个人就同样的发明或者实用新型在申请日以前向国务院专利行政部门提出过申请,并记载在申请日以后公布的专利申请文件或者公告的专利文件中。"

（2）创造性

创造性也称非显而易见性。我国《专利法》规定："创造性,是指与现有技术相比,该发明具有突出的实质性特点和显著的进步,该实用新型具有实质性特点和进步。"

（3）实用性

实用性是指申请专利的发明或者实用新型能够制造或者使用,并且能够产生积极效果。实用性要求发明或实用新型必须具有多次再现的可能性。

新颖性、创造性、实用性是一项发明创造获得专利权的必要条件。并不是只要符合专利"三性"的发明创造都可获得专利权。对于违反国家法律、社会公德或者妨害公共利益的发明创造,不授予专利权。

8.1.1.2 专利制度

专利制度就是依据专利法,以授予发明创造专利权的方式来保护、鼓励发明创造,促进发明创造的推广应用,推动科学技术进步和经济发展的一种法律制度。专利制度的核心是专利法。

从专利制度的产生和发展来看,它是社会科技和经济发展到一定阶段的产物。专利制度是以科技和经济的发展为前提的,反过来又为科技和经济的发展服务。目前世界上已有175个国家和地区建立并实行了专利制度。

1. 专利制度的特点

（1）法律保护

专利制度的核心是专利法,专利法的核心是专利权的保护。专利权是一种财产权、专有权,对这种无形财产所拥有的专有权不是自然产生的,是由国家主管机构依照专利法的规定,经审查合格后授予的。发明人、设计人依法取得这种权利后,其发明创造的专有权就受到法律的保护。

（2）提出申请

获得专利权必须由申请人提出专利申请。因此,专利制度的一个特点是专利申请制,即专利权的获得并非国家自动给予的,也不是自然产生的。

在实行专利制度的国家,绝大多数采取先申请原则,少数采取先发明原则。先申请原则是指就同一个发明创造有两个或两个以上的单位或个人分别提出专利申请,专利权授予第一个提出专利申请的人。先申请原则是为了鼓励发明人尽早提出申请,保护为公共利益而尽早公开自己发明创造的人。先发明原则是指就同一发明创造有两个或两个以上的单位或个人分别提出专利申请,专利权授予第一个实际做出发明创造的申请人。先发明原则目前只有美国和菲律宾两个国家实行。

（3）科学审查是指对提出专利申请的发明创造进行形式和包括发明创造的定义、新颖性、创造性、实用性等专利实质条件的审查。世界上绝大多数国家对发明专利都实行审查制,对实用新型专利和外观设计专利只进行形式审查。

(4)公开通报

"公开性"是专利制度的一个重要特征。"公开性"是指任何单位或个人在申请专利时,将其发明创造的主要内容写成详细的说明书提交给专利局,经审查合格后,由专利局将发明创造内容以专利说明书的形式向世界公开。技术公开有利于发明创造的推广使用,避免重复研究。据统计,新技术约有90%最先出现于专利文献中。专利制度的公开性打破了技术封锁,促进了技术的公开交流,推动了社会技术与经济的发展。

(5)国际交流

各国专利法虽然只在本国范围内有效,但随着专利制度的国际化发展,各国技术往来就可以采取互惠的办法。实行了专利制度,有专利保护,就可以消除技术拥有方因输出技术得不到保护的顾虑,促进相互间的技术交流与合作。我国专利制度的实行,为我国对外开展技术交流与合作创造了良好的环境和条件。

2.专利申请与审查

(1)专利申请文件

一项发明创造完成之后,并不能自动获得专利权,还必须由申请人向专利局提交专利申请文件。各国专利法对专利申请文件的形式和内容都有比较严格的规定。我国专利法规定,申请发明或实用新型专利的申请文件包括请求书、说明书及其摘要、权利要求、附图等文件;申请外观设计专利的申请文件包括请求书以及外观设计的图片或者照片等文件。

请求书是申请人请求专利局授予其发明创造专利权的书面文件。请求书是以表格的形式由专利局统一印制的,申请人可以根据情况按照规定要求,有选择地填写表上的项目。

说明书是专利申请文件中最长的部分,它的目的是具体说明发明或者实用新型的实质内容。说明书起着公开发明或者实用新型的作用。它要求对发明或者实用新型做出清楚完整的说明,使任何一个具有该专业一般技术水平的技术人员能够根据说明书的内容实现该发明或者实用新型,必要时应当有附图。

摘要是发明或者实用新型说明书的简明文摘。它包括发明或者实用新型的名称,所属技术领域,需要解决的技术问题,主要技术特征和用途。它要求短小精悍,全文不得超过200字。

权利要求书是专利申请文件的核心部分。专利制度的特征之一就是给予专利权人一定时间内对其发明创造的独占权,而确定这一权利范围,主要是依据权利要求书所表述的发明或实用新型的技术特征范围。因此,权利要求书是确定专利保护范围的重要法律文件。

权利要求书与说明书有着密切的关系。我国《专利法》规定:"权利要求书应当以说明书为依据,清楚、简要地限定要求专利保护的范围",说明书中叙述过的发明或者实用新型的技术特征,只有在权利要求书中体现出来,才能得到专利保护,如果说明书阐明的关键技术特征在权利要求书中没有反映出来,就不能得到专利保护。而权利要求书中说明的发明或者实用新型的技术特征,必须在说明书中找到依据,才能成为有效的权利要求,在说明书中没有公开的发明或者实用新型内容,不能成为权利要求而得到保护。

(2)专利申请的审查和批准

专利局接受专利申请后,须依照《专利法》规定的程序进行审查,对符合《专利法》规定的申请才授予专利权。世界各国对专利申请案的审批制度,主要有以下3种形式。

①形式审查制

形式审查制又称登记制,专利局只对申请文件是否齐备,文件的格式是否符合规定要求,是否交纳了申请费等,只进行形式上的条件审查,而不涉及发明的技术内容。只要形式审查合格后,即授予专利权。形式审查的优点是审批速度快,专利局不需要设置庞大的审查机构及大量文献资料。缺点是批准的专利质量不能保证,专利纠纷与诉讼案多。

②实质审查制

实质审查制又称完全审查制。专利申请案经形式审查合格后,还要进行实质审查,即审查该发明的内容是否具备新颖性、创造性、实用性,以确定是否授予专利权。经过实质审查批准的专利,质量较高,可以减少专利争议和诉讼。但实质审查要花费较多的人力和时间,往往造成申请案的积压。

③延迟审查制

延迟审查制也称请求审查制或早期公开、延迟审查制。专利申请经形式审查合格后,不立即进行实质审查,而是先将申请文件予以公开,并给予临时保护,自申请日起一段时间内,待申请人提出实质性审查请求后,专利局才进行实质审查。逾期不提出请求的,该申请被视为撤回。实行延迟审查制可以加快专利信息交流,减轻专利局的审查工作量。因为延迟审查期间可以淘汰一部分不成熟或者实用价值不大及另有新技术代替的专利申请。

我国对发明专利申请采用延迟审查制,对实用新型和外观设计专利申请采取形式审查制。

发明专利申请经实质审查没有发现驳回理由的,专利局应当做出授予发明专利权的决定;实用新型和外观设计专利申请经初步审查没有发现驳回理由的,专利局应当做出授予实用新型或者外观设计专利权的决定。

8.1.2 专利文献及其分类

8.1.2.1 专利文献

广义的专利文献是各国专利局及国际专利组织在审批专利过程中产生的官方文件及其出版物的总称。作为公开出版物的专利文献主要有专利说明书、专利公报、专利索引等。狭义的专利文献仅指专利说明书。

1. 专利文献的特点

(1)数量庞大,内容广泛

全世界约 90 多个国家、地区和组织用约 30 种官方文字每年出版专利文献 100 万件以上,约占世界每年科技出版物的 1/4。目前,全世界专利文献累计已达 6 000 万件以上。这数以千万计的文献汇集了极其丰富的科技信息,从日常生活用品到尖端科技,几乎涉及了人类生产活动的所有技术领域。据世界知识产权组织统计,世界上每年发明创造成果的 90%~95% 能在专利文献中查到,许多发明成果仅仅出现于专利文献中。专利文献是许多技术信息的唯一来源。

(2)反映最新科技信息

由于世界上绝大多数国家在专利保护中遵循先申请原则,促使发明人在发明构思基本完成时便迫不及待地向专利局提出申请,以防同行抢先申请专利。国外调查表明,2/3 的发明是在完成后 1 年内提出专利申请的,而专利申请早期公开制度的实行使得发明在提出申请半年或 1 年内便可公开,从而使专利文献对科技信息的传播速度进一步加快,使之能够及时反映最新技术的发展与变化。

(3)著录规范,便于交流

各国对专利说明书的著录格式要求基本相同。专利文献的著录项目统一使用国际标准代码标注,使用统一的分类体系,即国际专利分类法,对说明书内容的撰写要求也一致。这就大大方便了人们对世界各地的专利说明书的阅读和使用。

(4)经审查的专利技术内容可靠

实行审查制的专利局都有严格的审批制度,经过实质审查的专利文献,其技术内容须符合新颖性、创造性、实用性,因此比较可靠。

专利文献也存在某些不足之处。比如保留技术秘密(know how),不透露技术关键点,诸如机械、电路图只给出示意图而没有具体数值;化学配方只给出最佳配比范围等。重复量大,每年 100 多万件专利文献出版物中,重复比例约占 60%。各国专利法都规定"一发明一申请",因此,整体设备往往被分成各种零部件,人们很难从一件文献中获取完整的技术资料。

2. 专利说明书

专利说明书是专利文献的主体。专利说明书由扉页和正文两部分组成。

扉页著录项目包括全部专利信息特征。有表示法律信息的特征,如专利申请人、申请日期、申请公开日期、审查公告日期、批准专利的授权日期、专利号等;有表示专利技术信息的特征,如发明创造的名称,发明所属技术领域的专利分类号,发明创造技术内容摘要和典型附图等。

正文包括序言、发明细节描述和权项 3 部分。序言通常指出发明或实用新型名称、所属技术领域、发明背景和目的。发明细节内容包括技术方案、效果、最佳实施方式和实例,并用附图加以说明。附图为原理图或示意图,一般不反映真实的尺寸比例。权项是专利申请人要求法律保护的范围。权项部分我国以权利要求书的形式单独公布。

8.1.2.2 国际专利分类法

专利制度实施以来,随着各国专利文献数量的不断增加,许多国家为了管理和使用这些专利文献,相继制定了各自的专利分类体系,但在编制原则、体系结构、标识方式和分类规则等方面存在较大差异,这对检索同一技术主题在世界范围内的专利文献很不方便。随着专利制度的国际化发展,从20世纪50年代开始,人们逐步认识到需要一个国际统一的专利分类法。

国际专利分类法(Internation Patents Classification,IPC)是根据欧洲理事会16个成员国于1954年12月在巴黎签订的"关于发明专利国际专利欧洲协定"而制定的。1968年2月诞生了第一版《国际专利分类法》,并于1968年9月1日起公布生效。IPC诞生后,许多非欧洲理事会国家也全部或部分采用,其在国际专利信息活动中的使用价值也随着时间的推移愈加明显。1971年3月24日,在世界知识产权组织和欧洲理事会共同主持下的保护工业产权巴黎联盟成员国外交会议上,签订了"关于国际专利分类法的斯特拉斯堡协定"即("IPC"协定,该协定于1975年生效),确定由世界知识产权组织负责执行国际专利分类协定的各项业务。

至今已有70多个国家和4个国际组织采用这种分类方法。国际专利合作条约(PCT)、欧洲专利公约(EPC)及我国等国家和组织从一开始就采用IPC。美国和英国目前虽然仍用本国专利分类法,但在专利文献上同时标注与本国专利分类相应的国际专利分类号。

1.国际专利分类法的分类原则

各国的专利分类法主要有两种原则,一是按功能分类,二是按应用分类。国际专利分类法则综合这两种分类原则的优点,确定采用按功能分类为主,功能与应用相结合的原则,既考虑发明的功能,又兼顾发明的实际应用,而以发明的功能为主。

所谓功能分类,是指发明(指任何技术对象,包括有形的或无形的,如方法体、物质等)的性质或其功能,与其使用在哪一个特定技术领域无关,或无视使用范围。这类发明属功能发明,按功能分类。如阀门龙头,其结构特征或内在功能仅仅是开或关,与它们应用于哪一个工业领域(部门),如用在水管上还是煤气管道上是无关紧要的。又如一种化合物的内在性质是由它的化学结构决定而不是由它的各种可能的用途决定时,则分在功能分类的位置上。

所谓应用分类,是指具有特殊用途或应用的发明,或发明的构成与其特殊的使用范围有关,在技术上受使用范围的影响,则这类发明属于应用发明,按应用分类。如一种化合物用于肥料,或用于洗涤,就把它们分在肥料或洗涤的应用位置上。可是如果发明的内容中只略提及其某种特殊用途,而发明的实质是其内在功能,则应按功能分类。如果发明的技术主题既与该发明的本质特征或功能有关,又与该发明的特殊应用有关,则应尽可能地既按功能又按应用进行分类。

2. 国际专利分类表及其结构

国际专利分类表中的内容包括了与发明专利有关的全部技术内容,其分类方法是以等级层叠形成,将发明的技术内容按部、大类、小类、大组、小组,以及小组中的小圆点的个数逐级分类,组成一个完整的分类体系。

部(Section)是分类系统的一级类目,分为 8 个部,用大写字母 A～H 表示。部下面还有分部(Sub-Section),分部只有类目,不设类号,是"部"下的一个简单标题划分。下面是 8 个部和相应分部的类目名称,见表 8-1。

表 8-1　国际专利分类表部与分部类目名称

部	分部
A 人类生活必需品	农业,食品与烟草,个人和家庭用品,健康与娱乐
B 作业、运输	分离和混合,成型,印刷,运输
C 化学,冶金	化学,冶金
D 纺织,造纸	纺织和其他类不包括的柔性材料,造纸
E 固定建筑物	建筑物,挖掘;采矿
F 机械工程,照明,加热,武器,爆破	发动机与泵,一般工艺,照明与加热,武器,爆破
G 物理	仪表、核子学
H 电技术	

大类(Class)是分类系统的二级类目,类号由部的字母符号加两位阿拉伯数字组成。小类(Subclass)是分类系统的三级类目,类号由大类号加上一个大写英文字母组成。大组(Group)是分类系统的四级类目,类号由小类号加上 1 至 3 位阿拉伯数字(通常 3 位数字为奇数),然后是一条斜线"/",斜线后再加两个零表示。小组(Subgroup)是分类系统的五级或五级以上类目,类号是在大组的类号斜线"/"后换上"00"以外的至少两位阿拉伯数字组成。

由此可见,一个完整的国际专利分类号由部、大类、小类、大组、小组的符号结合构成,类号的结构特点是字母-数字-字母-数字相间。

小组的等级随组号后的小圆点"·"的数目递增而递增,第五级为一个小圆点(·),第六级为两个小圆点(··)等。

由于国际专利分类法使用等级层叠结构,因此下一级类目的技术内容必然包含在上一级类目的技术内容之中。

以分类号 B64C25/30 为例。说明各级类目之间的等级结构关系。

部	B	作业;运输
大类	B64	飞行器;航空;宇宙航行
小类	B64C	飞机;直升机
大组	B64C25/00	起落装置

一级小组	25/02 ·	起落架
二级小组	25/08 · ·	非固定的;如可抛弃的
三级小组	25/10 · · ·	可收放的;可折叠的或类似的
四级小组	25/18 · · · ·	操作机构
五级小组	25/26 · · · · ·	操纵或锁定系统
六级小组	25/30 · · · · · ·	应急动作的

所以分类号 B64C25/30 的内容是指飞机或直升机上的起落装置,是一种可收放或折叠的,用于应急的操纵或锁定系统。

从上例可以看出,不是所有小组都处于同一等级,小组的组号数字不能表明小组的等级水平,而是取决于组号后小圆点的多少。分类等级中的主题名称是按照小组编号及小圆点的递减顺序往前逐级组合确定。如小组 25/30 的组名应由较高组号 25/26、25/18、25/10、25/08、25/02 逐级隶属来确定。小圆点除表示等级细分外,还有代替紧挨着它的上一级组的组名,避免重复的作用。

《国际专利分类表》第 7 版共 9 册,即《使用指南》和 8 册《部分类表》。《使用指南》指出 IPC 的产生、发展与作用,阐述分类表的编制指导思想、分类体系及特点,规定分类结构、分类原则、使用方法、标识方法、术语含义,并简明通过具体例子说明如何使用分类表对专利文献进行分类和检索。《部分类表》按部以等级逐级展开,对技术内容充分细分。

8.1.3 中国专利文献及其检索

8.1.3.1 中国专利说明书的种类

自我国于 1985 年 4 月 1 日《专利法》实施以来,每年专利申请数量在不断增加,2018 年的专利申请量就有约 432 万件。在专利申请受理后的审查程序的不同阶段,出版了大量专利说明书。

根据我国现在实行的专利审查制度,审查程序的不同阶段分为 3 种类型说明书:

1. 发明专利申请公开说明书

专利局对发明专利申请进行初步审查后出版这种说明书。

2. 发明专利说明书

专利局对发明专利申请进行实质性审查并批准授权后出版这种说明书。

3. 实用新型专利说明书

专利局对实用新型专利申请进行初步审查并批准授权后出版这种说明书。

1993 年 1 月 1 日以前,我国实行授权前的异议程序,因此出版经实质审查的《发明专利申请审定说明书》和经初步审查的《实用新型专利申请说明书》,经异议后如无重大修改,一般不再出版《发明专利说明书》和《实用新型专利说明书》。

8.1.3.2 中国专利说明书的编号

中国专利说明书的编号体系包括：

申请号——在提交专利申请时给出的编号；

专利号——在授予专利权时给出的编号；

公开号——对发明专利申请公开说明书的编号；

审定号——对发明专利申请审定说明书的编号；

公告号——对实用新型专利申请说明书的编号；

   对公告的外观设计专利申请的编号；

授权公告号——对发明专利说明书的编号；

    对实用新型专利说明书的编号；

    对公告的外观设计专利的编号。

中国专利说明书的编号体系,由于 1989 年和 1993 年两次做了修改及专利申请数量地不断增长而分成四个阶段。1985—1988 年为第一阶段,1989—1992 年科技文第二阶段。1993—2004 年 6 月 30 日为第三阶段。2004 年 7 月 1 日以后为第四阶段。

1985—1988 年,这一阶段中国专利说明书的编号采用了申请号、专利号、公开(告)号、审定号共用一套号码的方式,见表 8-2。

表 8-2 1985—1988 年的编号体系

专利种类	编号名称	编号
发明	申请号（专利号）	88 1 00001
实用新型		88 2 10369
外观设计		88 3 00457
发明	公开号	CN 88 1 00001A
	审定号	CN 88 1 00002B
实用新型	公告号	CN 88 2 10369U
外观设计	公告号	CN 88 300457S

从表中所列的示例可以看出,3 种专利申请号都是由 8 位数字组成,前 2 位表示申请年份,88 指 1988 年,第 3 位数字表示专利种类,1 代表发明,2 代表实用新型,3 代表外观设计。后 5 位数字代表当年内该类专利申请的序号。专利号与申请号相同。公开号、审定号、公告号是在申请号前面冠以字母 CN,后面标注大写英文字母 A、B、U、S。CN 是国别代码,表示中国。A 是第一次出版的发明专利申请公开说明书,B 是第二次出版的发明专利审定说明书,U 是实用新型专利申请说明书,S 是外观设计公告。

1989—1992 年,这一阶段的中国专利说明书的编号体系有了较大变化,见表 8-3。

表 8-3　1989—1992 年的编号体系

专利种类	编号名称	编号
发明		89 1 03229. 2
实用新型	申请号(专利号)	90 2 04457. X
外观设计		91 3 01681. 4
发明	公开号	CN 103001A
	审定号	CN 103001B
实用新型	公告号	CN 203001U
外观设计	公告号	CN 203001S

　　3 种专利申请号由 8 位数字变为 9 位。前 8 位数字含义不变,小数点后面是计算机校验码(它可以是一位数字或英文字母 X,读者在使用时可不予考虑)。公开号审定号、公告号分别采用了 7 位数字的流水号编排方式。

　　1993—2004 年 6 月 30 日,伴随修改后的《专利法》的实施,中国专利说明书的编号又有了新的变化,见表 8-4。

表 8-4　1993—2004 年 6 月 30 日以来的编号体系

专利种类	编号名称	编号
发明		93105342. 1
实用新型	申请号(专利号)	93200567. 2
外观设计		93301329. X
发明	公开号	CN 1087369A
	授权公开号	CN 1020584C
实用新型	授权公开号	CN 2013635Y
外观设计	授权公开号	CN 3012543D

　　申请号的编排方式没有变化,专利号仍与申请号相同,发明专利说明书的编号也没有变化。发明专利说明书、实用新型专利说明书、外观设计专利公告的编号都称为授权公告号。它们分别沿用原审定号和公告号的编号序列,只是发明专利授权公告号后面标注字母改为 C,实用新型和外观设计授权公告号后面的标注字母分别改为 Y 和 D。

　　由于中国专利申请量的急剧增长,原来申请号中的当年申请的顺序号部分只有 5 位数字,最多只能表示 99 999 件专利申请,在申请量超过 10 万件时,就无法满足要求。于是,国家知识产权局不得不在 2003 年 10 月 1 日起,开始启用包括校验位在内的共有 13 位(其中的当年申请的顺序号部分有 7 位数字)的新的专利申请号及其专利号。

　　为了满足专利申请量的急剧增长的需要和适应专利申请号升位的变化,国家知识产权局制定了新的专利文献号标准,从 2004 年 7 月 1 日起启用新标准的专利文献号,见表 8-5。

3 种专利的申请号由 12 位数字和 1 个圆点以及 1 个校验位组成,按年编排,如 200 310 102 344.5。其前 4 位表示申请年代,第 5 位数字表示要求保护的专利申请类型: 1 代表发明,2 代表实用新型,3 代表外观设计。第 6 位至 12 位数字(共 7 位数字)表示当年申请的顺序号,然后用一个圆点分隔专利申请号和校验位,最后一位是校验位。

表 8-5　2004 年 7 月 1 日以来的编号体系

专利种类	编号名称	编号
发明	申请号(专利号)	200310102344.5
实用新型		200320100001.1
外观设计		200330100001.6
发明	公开号	CN 1 00378905 A
	授权公开号	CN 1 00378905 B
实用新型	授权公开号	CN 2 00364512 U
外观设计	授权公开号	CN 3 00123456 S

自 2004 年 7 月 1 日开始出版的所有专利说明书文献号均由表示中国国别代码 CN 和 9 位数字以及 1 个字母或 1 个字母加 1 个数字组成。3 种专利按各自的流水号序列顺排,逐年累计;最后一个字母或 1 个字母加 1 个数字表示专利文献种类标识代码。3 种专利的文献种类标识代码如下所示:

发明专利文献种类标识代码

A	发明专利申请公布说明书
A8	发明专利申请公布说明书(扉页再版)
A9	发明专利申请公布说明书(全文再版)
B	发明专利说明书
B8	发明专利说明书(扉页再版)
B9	发明专利说明书(全文再版)
C1—C7	发明专利权部分无效宣告的公告

实用新型专利文献种类标识代码

U	实用新型专利说明书
U8	实用新型专利说明书(扉页再版)
U9	实用新型专利说明书(全文再版)
Y1—Y7	实用新型专利权部分无效宣告的公告

外观设计专利文献种类标识代码

S	外观设计专利授权公告
S9	外观设计专利授权公告(全部再版)
S1—S7	外观设计专利权部分无效宣告的公告
S8	预留给外观设计专利授权公告单行本的扉页再版

8.1.3.3 中国专利检索工具

1.《专利公报》

中国专利公报是中国专利局的官方出版物,专门公布和公告与专利申请、审查、授权有关的事项和决定。专利公报是查找中国专利文献,检索中国最新专利信息和中国专利局业务活动的主要工具书。

中国专利公报分为《发明专利公报》《实用新型专利公报》和《外观设计专利公报》3种。自1990年起,3种公报均为周刊。

《发明专利公报》的主体是报道申请公开、申请审定(1993年1月1日前)、专利权授予和专利事项变更的内容及索引。申请公开部分,著录每一件专利申请的IPC分类号、申请号、公开号、申请日、优先权、申请人、发明人、发明名称、摘要及附图等内容,也就是说明书扉面上的内容。款目按IPC号字母数字顺序编排。申请审定和专利授权部分无文摘,其他著录项目除个别变动外,与申请公开部分相同。这3部分分别编制了IPC索引、申请号索引和申请人(专利权人)索引,以及公开号(公告号)/申请号对照表,提供从国际专利分类、申请人(专利权人)和公开号(公告号)检索中国专利的途径。

此外,在《发明专利公报》的专利事务部分,还通报实质审查,申请的驳回与撤回、变更、专利权的继承和转让、强制许可、专利权的无效宣告和终止等事项。《实用新型专利公报》和《外观设计专利公报》只有申请公告(1993年1月1日前),专利权授予和专利事务等部分以及相应的索引。编排体例与《发明专利公报》相似。

2.《中国专利索引》

《中国专利索引》是《专利公报》中索引的年度累积本,分为分类年度索引和申请人、专利权人年度索引两个分册。各分册都包括发明专利、实用新型专利和外观设计专利3部分。

分类年度索引的款目按IPC顺序排列。检索者根据检索课题所属的国际专利分类号,可由此索引查出有关专利的公开号(公告号)、申请人(专利权人)、发明名称及《专利公报》刊登的卷期号。

申请人、专利权人年度索引按申请人或专利权人姓名或译名的汉语拼音字母顺序排列。检索者根据申请人或专利权人的姓名或译名,可由索引检索出其专利申请的公开号(公告号)、IPC号、发明名称及《专利公报》刊登卷期号。

根据年度索引的检索结果,可以在《专利公报》中找到文摘或者向专利说明书收藏单位索取专利说明书。

8.1.3.4 中华人民共和国国家知识产权局网站

1.基本概况

中华人民共和国知识产权局网站(https://www.cnipa.gov.cn/),如图8-1所示,是国家知识产权局建立的政府性官方网站,是国家知识产权局对国内外公众进行信息报道、信息宣传、信息服务的窗口。该网站提供多种与专利相关的信息服务。

图 8-1　中华人民共和国国家知识产权局网站

2. 专利数据库

（1）数据库概况

国家知识产权局网站中的专利数据库收录了 1985 年 9 月 10 日以来公布的全部中国专利信息，包括发明、实用新型和外观设计专利的著录项目及摘要，并可浏览到各种说明书全文及外观设计图形，是检索中国专利的权威数据库。该数据库每周三更新一次。

进入国家知识产权网站，在主页右方有"专利检索"和"其他检索"栏目。在"专利检索"栏目下提供一个检索对话框以便快速检索，下拉菜单提供包括申请（专利）号、申请日、公开（告）号、申请（专利权）人、发明（设计）人、名称、摘要、主分类号等 8 种检索字段供检索者选择。点击"高级检索"按钮，进入专利数据库检索界面，如图 8-2 所示。

（2）检索入口

数据库提供 16 个检索字段，分别是申请（专利）号、名称、摘要、申请日、公开（公告）日、公开（公告）号、分类号、主分类号、申请（专利权）人、发明（设计）人、地址、国际公布、颁证日、专利代理机构、代理人和优先权。

检索时可选择一个或多个检索字段，在对话框中输入相应的检索词，有些检索字段还允许进行复杂的逻辑运算。各检索字段之间全部为逻辑"与"运算。

①分类号

专利申请案的分类号可由《国际专利分类表》查得，键入字符数不限（字母大小写通用）。

分类号可实行模糊检索，模糊部分位于分类号起首或中间时应使用模糊字符"%"，位于分类号末尾时模糊字符可省略。

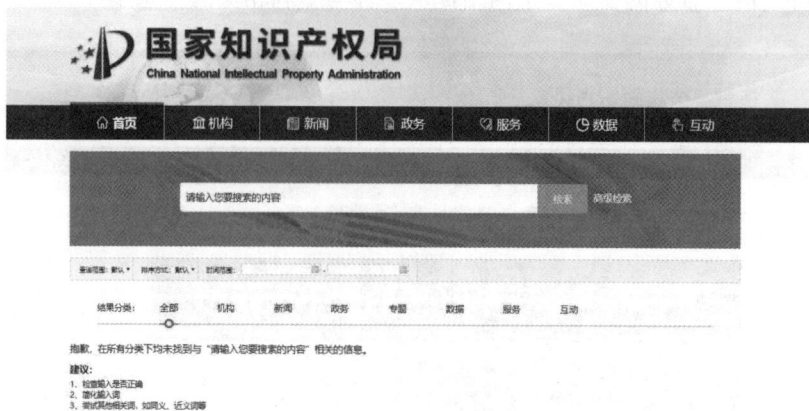

图 8-2　中国专利数据库检索界面

②申请(专利)号

申请(专利)号由 8 位或 12 位数字组成,小数点后的数字或字母为校验码。

申请(专利)号可实行模糊检索。模糊部分位于申请号起首或中间时应使用模糊字符"%",位于申请号末尾时模糊字符可省略。

③公开(告)日

公开(告)日由年、月、日三部分组成,各部分之间用圆点隔开;"年"为"月"和"日"为 1 或 2 位数字。公开(告)日可实行模糊检索。模糊部分可直接略去(不用模糊字符),同时略去字符串末尾的圆点。

④公开(告)号

公开(告)号由 7 位数字组成。

公开(告)号可实行模糊检索。模糊部分位于公开号起首或中间时应使用模糊字符"%",位于公开(告)号末尾时模糊字符可省略。

⑤申请(专利权)人

申请(专利权)人可为个人或团体,键入字符数不限。

申请(专利权)人可实行模糊检索。模糊部分位于字符串中间时应使用模糊字符"%",位于字符串起首或末尾时模糊字符可省略。

申请(专利权)人还可实行组合检索。组合检索的基本关系有两种:"and"(逻辑与)关系和"or"(逻辑或)关系。必须同时满足的若干检索要求,相互间为"and"关系;必须至少满足其中之一的若干检索要求,相互间为"or"关系。

⑥发明(设计)人

发明(设计)人可为个人或团体,键入字符数不限。

发明(设计)人可实行模糊检索。模糊部分位于字符串中间时应使用模糊字符"%",位于字符串起首或末尾时模糊字符可省略。

⑦地址

地址的键入字符数不限。

地址可实行模糊检索。模糊部分位于字符串中间时应使用模糊字符"%",位于字符串起首或末尾时模糊字符可省略。

⑧专利名称

专利名称的键入字符数不限。

专利名称可实行模糊检索,模糊检索时应尽量选用关键字,以免检索出过多无关文献。模糊部分位于字符串中间时应使用模糊字符"%",位于字符串起首或末尾时模糊字符可省略。

⑨专利摘要

专利摘要的键入字符数不限。

专利摘要可实行模糊检索,模糊检索时应尽量选用关键字,以免检索出过多无关文献。模糊部分位于字符串中间时应使用模糊字符"%",位于字符串起首或末尾时模糊字符可省略。

⑩主分类号

同一专利申请案具有若干个分类号时,其中第一个称为主分类号。

主分类号的键入字符数不限(字母大小写通用)。

主分类号可实行模糊检索。模糊部分位于主分类号起首或中间时应使用模糊字符"%",位于主分类号末尾时模糊字符可省略。

⑪申请日

申请日由年、月、日三部分组成,各部分之间用圆点隔开;"年"为4位数字,"月"和"日"为1或2位数字。

申请日可实行模糊检索。模糊部分可直接略去(不用模糊字符),同时略去字符串末尾的圆点。

⑫颁证日

颁证日由年、月、日三部分组成,各部分之间用圆点隔开;"年"为4位数字,"月"和"日"为1或2位数字。

颁证日可实行模糊检索。模糊部分可直接略去(不用模糊字符),同时略去字符串末尾的圆点。

⑬专利代理机构

专利代理机构的键入字符数不限。

专利代理机构可实行模糊检索。模糊部分位于字符串中间时应使用模糊字符"%",位于字符串起首或末尾时模糊字符可省略。

⑭代理人

专利代理人通常为个人。

专利代理人可实行模糊检索。模糊部分位于字符串中间时应使用模糊字"%",位于字符串起首或末尾时模糊字符可省略。

⑮优先权

优先权信息中包含表示国别的字母和表示编号的数字。

优先权可实行模糊检索。模糊部分位于字符串中间时应使用模糊字符"%",位于字符串起首或末尾时模糊字符可省略。

⑯国际公布

（3）检索过程

在检索界面输入框的上方有"发明专利""实用新型专利""外观设计专利"3种选择。检索时首先根据需要选择检索范围,缺省时将在所有专利范围内进行索。然后在检索界面中选择检索字段的对话框中输入检索条件,所有检索条件输入完备,点击输入框下面的"检索"按钮,系统将执行检索并进入检索结果显示页。

（4）检索结果显示输出

①专利题录、摘要信息显示

在检索结果显示页,根据检索条件,列出该检索式在相应数据库中命中的记数。检索结果按发明、实用新型、外观设计专利的顺序显示专利申请号及专利名信息。点击相应的专利类型可直接进入命中的相应类型专利的显示页面。每页显示10条记录。在显示页的下方,可以查看目前所在页码及总页数,还可以快速跳转到指定页码或直接回到检索结果的首页、上一页、下一页。点击任一条记录的专利名称项,将进入专利题录和摘要信息显示页。

②专利说明书全文显示

在题录、摘要显示页的左侧列出专利申请号、申请公开说明书全文总页数。点击说明书页码的链接,就可以看到该专利说明书的全文。

专利说明书全文为TIF格式文件,查看全文应安装相应的浏览器。在数据库检索界面下方有全文浏览器安装工具条。也可以使用操作系统自带的图像浏览软件或其他可阅读TIF格式文件的软件阅读说明书全文。

8.1.3.5　国内其他专利数据库

1. CNKI专利数据库

CNKI专利数据库收录1985年中国专利法实施以来公开的中国发明、实用新型、外观设计专利的题录、文摘信息。登录CNKI镜像站的中国专利数据库,数据库提供初级检索、高级检索两种检索方法。在初级检索界面左侧的检索字段选择下拉式菜单提供16个检索字段,分别是发明名称、发明人、法律状态、通信地址、申请人、申请号、公告号、审定公告号、申请日、公告日、审定公告日、授权日、授权公告日、代理人、代理机构地址、文摘。在检索对话框中输入相应的检索词即可获得相应专利的文摘信息。高级检索界面提供6个检索对话框,每个对话框同样提供16个检索字段选择,各对话框之间可进行"与""或""非"的布尔逻辑运算。用户也可以按照分类逐级获得所需的专利信息。

2.万方数据资源系统专利数据库

万方数据预系统专利数据库收录 1985 年中国专利法实施以来公开的中国明、实用新型、外观设计专利的题录、文摘信息。登录万方数据资源系统专利数据库,在检索界面上方提供发明专利、实用新型专利、外观设计专利及全选 4 种数据库选择。数据库提供 3 个检索对话框,每个对话框提供包括全文、专利名称、申请人、明人、通信地址、申请号、申请日期、审定公告号、审定公告日、分类号、主权项、文摘、代理机构、机构地址、代理人等检索字段选择,各对话框之间可进行"与""或""非"的布尔逻辑运算。

3.中国专利信息网

中国专利信息网(http://www.patent.com.cn)由国家知识产权局专利检索咨询中心于 1997 年 10 月开发建立,是国内最早通过互联网向公众提供专利信息服务的网站。该网站的中国专利数据库收录了 1985 年以来公开的全部中国发明、实用新型和外观设计专利的题录和文摘信息。可通过简单检索、逻辑检索、菜单检索 3 种方法检索题录(包括法律状态)、文摘和权利要求信息,并浏览和打印发明、实用新型专利全文扫描图形。数据库每 3 个月更新 1 次。访问该网站需先进行用户注册。

4.中国知识产权网

中国知识产权网(http://www.cnipr.com)是由国家知识产权局专利文献出版社于 1999 年 10 月创建的知识产权信息与服务网站。数据库收录了 1985 年中国专利法实施以来公开的全部中国发明、实用新型和外观设计专利,设有发明、实用新型、外观设计专利数据库和法律状态数据库。该数据库提供"基本检索"和"高级检索"两种方法。数据库每周三更新。

8.1.4　国外专利文献及其检索

8.1.4.1　欧洲专利局网站

欧洲专利局网站(http://ep.espacenet.com/)是由欧洲专利局、欧洲专利组织成员国及欧洲委员会共同研究开发的专利信息网上免费检索系统。该网站提供了自 1920 年以来世界上 80 多个国家公开的专利题录数据库及 20 多个国家的专利说明书。该网站是检索世界范围内专利信息的重要平台。该系统中各数据库收录专利国家的范围不同,各国收录专利数据的范围、类型也不同。

1.数据库收录范围

EPO 各成员国数据库,收录欧洲各成员国最近 24 个月公开的专利。EP 数据科技文献检索与利用(第 6 版)库,收录欧洲专利局最近 24 个月公开的专利。WO 数据库,收录世界知识产权组织最近 24 个月公开的专利。以上数据库使用原公开语言检索近两年公开的专利,提供有专利全文扫描图像。在此之前的专利文献可通过世界范围专利数据库检索。

世界范围专利数据库,收录 80 个国家专利。在世界范围专利数据库所收录专利的国家中,收录题录、摘要、全文扫描图像、IPC 及 Ecla 分类信息的只有英、德、法、美少数几个国家,大部分国家只收录题录数据而未提供全文扫描图像。

2. 数据库检索方法

通过网址进入页面,如图 8-3 所示。该页面左侧列出了以下几种检索方法:快速检索(Quick Search)、高级检索(Advanced Search)、号码检索(Number Search)和欧洲专利分类检索(Classification Search)。可检索以下 3 个数据库收录的专利信息:世界范围专利数据库、欧洲专利数据库和世界知识产权组织数据库。

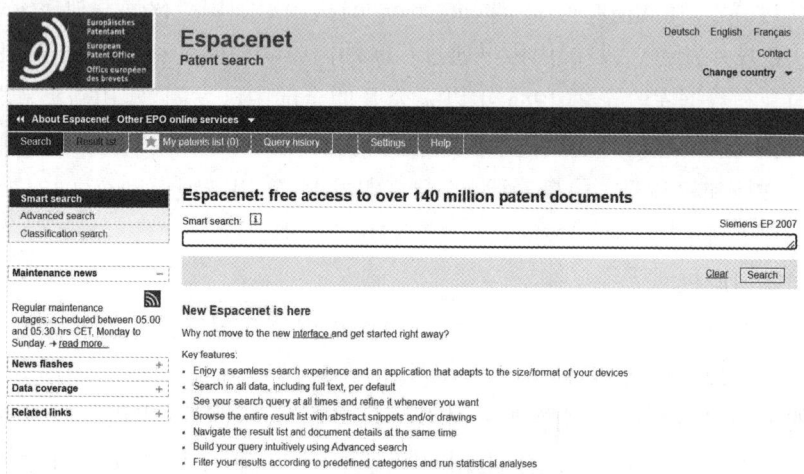

图 8-3　欧洲专利局数据库主页页面

(1)快速检索

点击 Quick Search 按钮,进入快速检索界面,如图 8-4 所示。

在快速检索界面上提供了下拉式菜单选择数据库,可选择在世界范围专利、欧洲专利局专利、世界知识产权组织专利 3 个数据库中检索。

检索结果列出命中专利的名称、发明人、申请人、公开日期、公开号、IPC 及 EC 分类号等信息。点击专利名称即可查看该专利的详细信息。选中专利名称右侧的"in my patent list",所选记录将保存在"my patent list"中(可存放 20 条记录)。点击"my patent list"链接,可查看被保存的专利信息。

点击命中记录的专利名称,进入检索结果题录显示页面。该显示页面上方有获取题录(Bibliographic date)、参考文献 HTML 格式专利说明书(Description)、参考文献 HTML 格式权利要求书(Claims)、最初申请说明书的图形和 INPADOC 法律状态信息(INPADOC LEGAL status)的链接。

(2)高级检索

高级检索界面,如图 8-5 所示,提供了专利名称(keywords in title)、专利名称或摘要(keywords in title or abstract)、公开号(publication number)、申请号(application number)、优先权号(priority number)、公开日(publication date)、申请人(applicant)、发明人(inventor)、欧洲专利分类(European classification)、国际专利分类(IPC)等 10 个检索字段,各检索字段之间为逻辑"与"的关系。用户可根据需求在相应的对话框中输入检索词,点击"search"按钮得到检索结果。检索结果及其显示格式与快速检索结果相同。

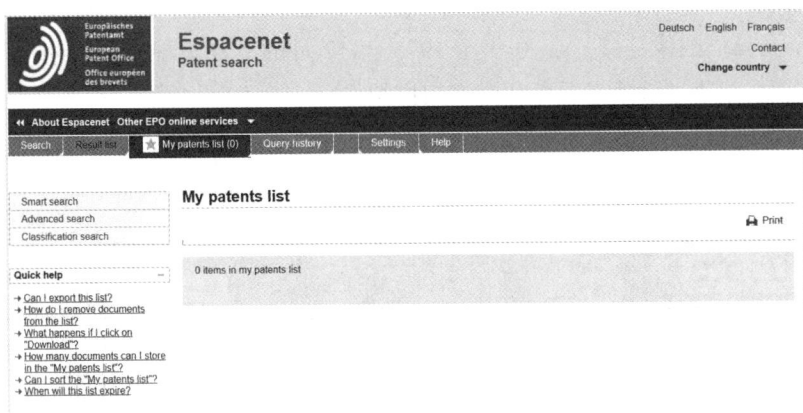

图 8-4 欧洲专利局数据库快速检索界面

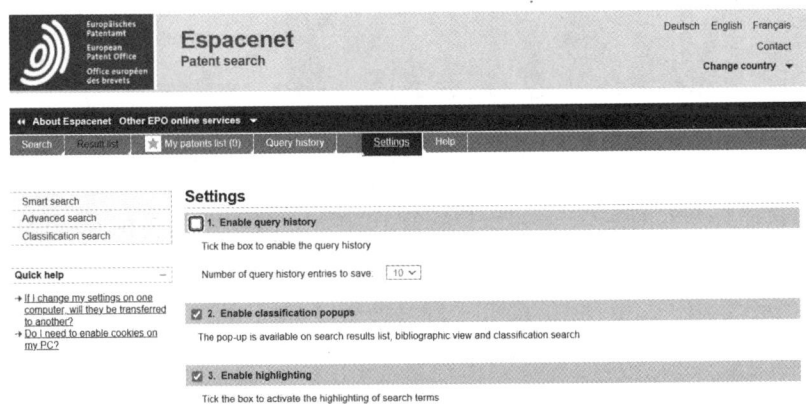

图 8-5 欧洲专利局数据库高级检索界面

(3)号码检索

该检索界面专门提供从公开号途径检索专利信息。其特色是选中对话框下面的"including family"选项,将同时检索出该专利的同族专利信息。

(4)分类检索

分类检索界面提供了欧洲专利分类的浏览及通过关键词检索欧洲专利分类信息的功能。其使用方法与中国专利数据库的分类检索相似。

8.1.4.2 美国专利商标局网站

美国专利商标局网站(http://www.uspto.gov/)是美国专利商标局建立的政府性官方网站,收录美国自 1970 年实施专利法以来至最近一周的所有美国专利。其中,1976 年1 月至目前的专利提供全文检索功能,可获得 HTML 格式的专利说明书及权利要求书,并提供专利全文扫描图像链接。1970 年至 1975 年 12 月的专利只能通过专利号和美国专利分类号检索,并通过链接查看专利全文扫描图像。

1. 数据库检索方法

点击网站首页左侧"Patent"下的"Search",进入数据库检索主页面,如图 8-6 所示。

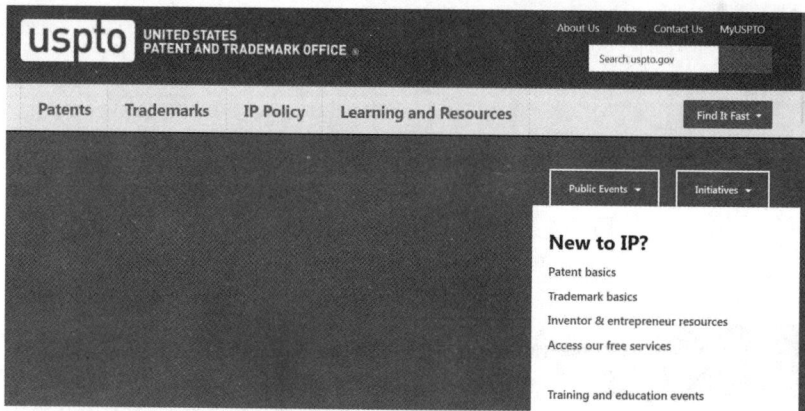

图 8-6 美国专利商标局专利检索主页面

检索主页面分左右两部分,左侧检索的是 1970 年以来授权的美国专利信息,侧检索条是 2001 年以来公开的美国专利申请。左右两侧均提供 3 种检索方法:快速检索(Quick Search)、高级检索(Advanced Search)和专利号检索(Patent NumbeSearch)。

(1)快速检索

点击"Quick Search"按钮,进入快速检索界面,如图 8-7 所示。

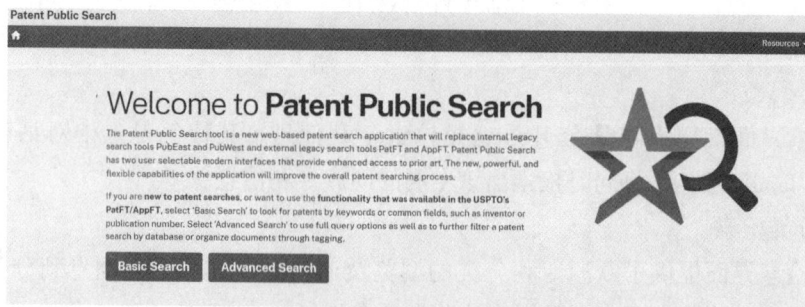

图 8-7 美国专利数据库快速检索界面

检索界面提供两个对话框,在对话框 Terml 和 Term2 中输入检索词,两者之间的逻辑关系有 AND、OR、ANDNOT,由下拉式菜单控制。检索字段选择下拉式菜单提供包括全文、专利名称、文摘、专利号、申请号、权利要求、说明书、美国专利分类法、国际专利分类法、发明人、代理人、审查人、申请日、出版日、国外优先权等多达 30 个检索字段,年代选择下拉式菜单选择检索时间范围。点击 Search 即可获得检索结果,一次可显示 50 条记录。点击记录中下划线部分,即可获得专利全文,检索结果可打印或下载。

（2）高级检索

点击"Advanced Search",进入高级检索界面。

检索界面提供一个对话框,在对话框中一次输入检索式,点击"search"即可完成检索。检索式支持布尔逻辑组配和短语表达,逻辑组配用"AND""OR""AND NOT"表示。如:tennis AND（racqunet OR racket）、television OR（cathode AND tube）、meedle ANDNOT（（record AND player）OR sewing）,短语用""表示,如"bawling balls"。检索式中用符号"/"限定检索词所在字段。限定字段代码有 31 种,在检索界面中有详细的列表可供参考。如发明名称字段代码 TTL,TTL/（nasal or nose）或 TTL/nasal or TTL/nose 代表检索词限定于发明名称中,发明人字段代码 IN,IN/Dobbs 代表发明人为 Dobbt 的所有专利等。

（3）专利号检索

点击"Patent Number Search",进入专利号检索界面。

检索界面提供一个对话框,在对话框中输入专利号,点击"search"即可完成检索。因美国专利分为发明、外观设计、植物、重颁、防卫等类型,对话框下面给出各种专利的专利号表达方式。

2. 检索结果显示

检索结果一次可显示 50 条记录。点击记录下划线部分,即可得到该项专利 HTML 格式的说明书全文。

点击 HTML 格式说明书全文页面上部的"Image"按钮,即可得到该项专利的图像格式说明书全文,如图 8-8 所示。该格式文件与纸质载体说明书完全一致。下载图像格式的美国专利说明书全文需在本地机上安装 TIFF 软件。

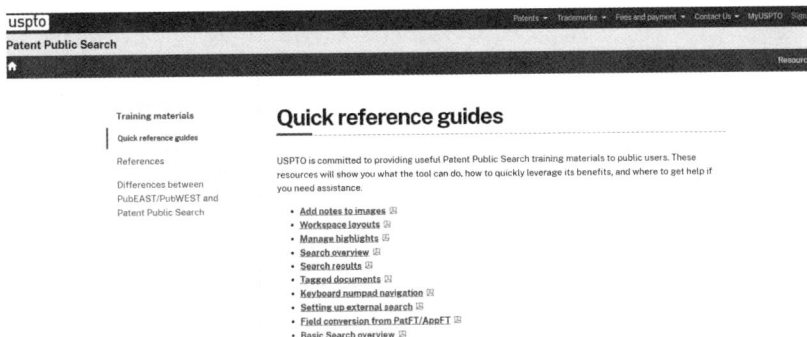

图 8-8 美国专利图像格式快速指南

8.1.4.3 其他国外专利数据库

1. 世界知识产权数字图书馆网站(http://www.wipo.int/pctdb/en/)

世界知识产权数字图书馆(Intllectual Property Digital Library,IPDL)由世界知识产权组织于 1998 年建立,主要收录 PCT 国际专利公报数据库、PC 际专利全文图形数据库、马德里快报数据库、海牙快报数据库、健康遗产测试数据和专利审查最低文献量科技期刊数据库。根据系统中信息类型不同,有的每天更新,有的每周更新,有的每月更新。

2. 加拿大专利数据库网站(http://patentsl.ic.gc.ca/pntro-e.html)

该网站是由加拿大国家知识产权局建立的政府官方网站,可通过英语、法语免费检索加拿大专利信息。该数据库收录了 1920 年以来的加拿大专利说明书文本及扫描图形信息。

1978 年 8 月 15 日以前授权的专利未收录文摘和权利要求信息,只能通过专利号、标题、发明人、分类号进行检索。

3. 澳大利亚知识产权局网站(http://ipaustralia.gov.au)

该网站提供澳大利亚 1975 年以来公开的专利申请的免费检索。点击网站主页上的"Search Database",系统提供 4 个数据库:新专利方案数据库(New Patent Solution Datebase)、专利主机题录数据库(Patents mainframe bibliographic datebase)、澳大利亚公开专利数据库(AU Published Patent Date Searching)和专利说明书全文数据库(Patent specifications)。

4. 日本特许厅工业产权数字图书馆(http://www.jpo.go.jp)

该网站提供 1976 年以来公开的日本专利及 1993 年 1 月以来日本专利的法律状态信息。专利信息每月更新,专利法律状态信息每两周更新。通过关键词、公开号等字段进行检索。数据库支持英、日两种语言检索。英文界面提供日本专利的英文摘要信息,日文界面提供日本专利说明书全文信息。

5. 韩国专利数据库网站(http://kipris.or.kr/english/index)

该网站由韩国知识产权信息中心于 1998 年开始建立,于 2000 年 1 月开始通过互联网向公众提供免费专利检索服务。数据库提供韩国专利、商标等知识产权的韩文信息,并提供美国、日本、欧洲专利的英文摘要信息。首次访问该数据库的用户需要进行用户注册。

8.2 会议论文文献检索

8.2.1 概述

学术会议是科学工作者进行学术交流,相互学习,相互接触,彼此沟通学术思想,提高学术水平的重要场所。会议文献是学术会议的副产品,是各种学术会议上所发表的论文、报告、演讲等的统称。其主要特点是直接迅速,时效性强,反映新成果较快,质量较高,专业性较突出,往往代表着某一学科或专业领域的最新学术研究成果。它传递新产生的但尚未成熟的研究信息,基本反映了该学科或专业当时的学术水平、动态和发展趋势。因此,会议文献是重要的科技信息来源之一。会议文献的发表时间有先有后,出版形式多种多样。按出版时间的先后,大致有 3 种。

8.2.1.1 会前文献(Preconference Literature)

会前文献一般是指在会议进行之前预先印发给与会代表的论文、论文摘要或论文目录。这类资料包括会议通知书、程序单、会议论文预印本(Preprints)、会议论文摘要(Advance Abstracts)、议程和发言提要(Program and Summary)以及会议近期通信或预告(Current Program/Forthcoming Conference/Future Meeting)等。

8.2.1.2 会间文献(Literature Generated During the Conference)

会间文献又称会中资料。包括开幕词、闭幕词以及其他讲话、会议记录、会议决议、行政事务和情况报道性文献等。有些论文预印本和论文摘要在开会期间发给与会者,也成为会间文献。其中,会议决议是会中重要材料,有的会后立即发表,有的送交有关学会鉴定,许多还在期刊上发表。

8.2.1.3 会后文献(Post Conference Literature)

会后文献也称会后出版物(Post Meeting Publication)。会后文献主要是指会议结束以后正式出版的会议论文集,是会议文献的主要组成部分。会后文献的名称形形色色,常见的有:会议录(proceeding)、会议论文集(symposium)、学术讨论论文集(colloquium papers)、会议论文汇编(transactions)、会议记录(records)、会议报告集(reports)、会议文集(papers)、会议出版物(publications)、会议辑要(digest)等。

8.2.2 国内会议文献的检索

8.2.2.1 《中国学术会议文献通报》

《中国学术会议文献通报》是由中国科技信息研究所和中国农业大学主办,科技文献出版社出版,1982 年创刊,双月刊。每期以题录、简介或文摘形式报道该所收藏的国内学术会议论文近 2 000 篇,内容涉及数理科学和化学、医药卫生、农业科学、工业技术、交通运输、环境科学及管理科学,按中图法分类组织文献,由目次、摘要构成,可通过分类和主题途径进行检索,是检索国内会议文献信息的主要工具。目前,《中国学术会议文献通报》已建成数据库,可通过中国科技信息研究所的联机系统进行检索。

8.2.2.2　CNKI中国重要会议论文全文数据库(CPCD)

CNKI中国重要会议论文全文数据库(CPCD)由清华同方光盘股份有限公司制作,收录1953年以来我国各级政府职能部门、高等院校、科研院所、学术机构等单位的会议论文集,截至2019年3月,累计收录会议论文全文近236万篇,内容涵盖理科(数理化天地生)、工程科学、农林、医药卫生、电子技术、信息科学、文学、历史、哲学、经济、政治、法律、教育等各个方面。该库有网络和光盘两种版本,网上数据每日更新,光盘数据每季度更新。

该数据库提供简单检索、高级检索与二次检索。使用者可通过高级检索从论文题名、作者、摘要、关键词、作者机构、引文、全文、会议名称、会议录名称、主办单位、会议地点等途径进行检索,并可选择检索不同的分数据库、结果时间范围以及每页显示的记录条数。CNKI注册用户可下载全文,一般用户可检索到论文题名、作者、摘要、作者机构、会议名称、会议时间、会议录名称和编者等相关信息。如图8-9所示。

图8-9　CNKI中国重要会议议论文全文数据库检索界面

8.2.2.3　万方数据资源系统中国学术会议文献数据库(CCPD)

万方数据资源系统(CCPD),由中国科学技术信息研究所开发,通过万方数据中心(www.wanfangdata.com.cn)向全国用户提供检索服务。CCPD收录有国家级学会、协会、研究会组织召开的全国性学术会议论文,内容范围覆盖自然科学、工程技术、农林、医学、人文社科等领域,是国内收集学科最全面,数量最多的会议论文数据库,属国家级重点数据库,是了解国内学术动态必不可少的帮手。该数据库目前分为两大系统。

中国学术会议文献数据库主要资源包括中文会议和外文会议,中文会议收录始于1982年,截至2019年7月收录论文共计538万多篇,年收集4 000多个重要学术会议,年增20万篇全文,每月更新;外文会议主要来源于外文文献数据库,收录了1985年以来世界各主要学协会、出版机构出版的学术会议论文,共计766万多篇(部分文献有少量回溯),每年增加论文约20余万篇,每月更新。其内容涵盖自然科学、工程技术、医药卫生、农林、交通以及人文社科、教育、经济等各学科领域,以国家级学会、协会、研究会组织、部委、高校召开的全国性学术会议论文为主。

万方数据资源系统具有强大的检索功能,提供了多种访问全文的途径:可按会议分类浏览、会议论文检索、会议名录检索。如图 8-10 所示。

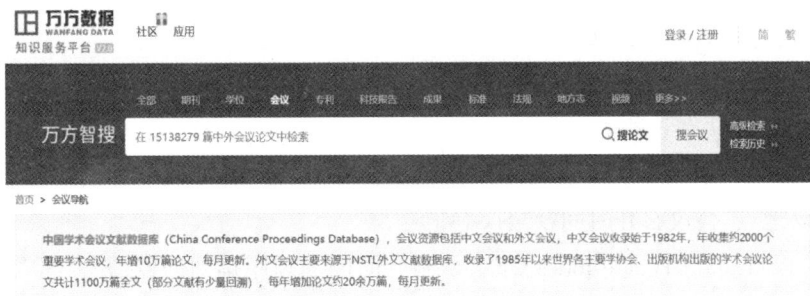

图 8-10　万方数据资源系统中国学术会议论文全文数据库检索界面

常用的检索方法有普通检索、高级检索、分类检索、字典检索和全库浏览。会议论文的检索字段有全文、论文题名、作者、会议名称、会议时间、主办单位、母体文献、分类号、关键词、文摘。会议名录的检索字段有全文、主办单位、会议名称、会议地点、会议时间、母体文献、出版单位、分类号。服务方式可将数据库资源备份到用户本地,用户可以随时随地无限制地多次下载和使用,并且可以根据需要自由选择数据库进行组合或集团购买。

8.2.3　国外会议文献的检索

8.2.3.1　《世界会议》(WM)

《世界会议》(WM)由美国世界会议情报中心(世界会议数据集中公司)编辑,专门预报两年内将要在全世界 100 多个国家和地区召开的学术会议消息。其报道的学术会议涉及自然科学、工程技术、医学和社会学等多个领域。共分 4 辑,按季度报道。

World Meetings:*United States and Canada*1963 年创刊,预报美国和加拿大两国当年或次年将要召开的各种世界性会议。

World Meetings:*Outside United States and Canada*1968 年创刊,预报美国和加拿大以外其他国家和地区召开的各种学术会议。

World Meetings:*Medicine*1978 年创刊,预报两年内医学方面的世界会议。

World Meetings:*Social & Behavioral Science*,*Human Services & Management* 1971 年创刊,预报两年内将要召开的社会科学、行为科学、教育与管理方面的国际会议。

World Meetings 每辑的编辑方法、著录格式、索引类型基本相同,均由正文和索引两部

分构成。

1. 正文部分(main entry section)

按会议登记号顺序编排,著录有会议名称,会议地点,主办单位,参加人数,截止日期,论文出版情况,联系人等会议基本信息。正文前附有关键词索引、日期索引、会议地点索引、出版物索引、论文截止期限索引,正文之后附有主办单位索引。可根据索引查找会议登记号,再按登记号查阅正文。

2. 索引部分(index)

《世界会议》共有 6 种索引:

(1)关键词索引(keyword index) 按会议名称和内容的关键词或词组字顺排列而成,著录有会议地点、会议召开时间及会议登记号。

(2)会议日期索引(date index)按会议召开时间的顺序排列而成,并列出会议召开地点、关键词及会议登记号。

(3)会议地点索引(location index)按会议召开地点的国名和城市名称字顺排列,其后列出关键词、会期及会议登记号。

(4)会议文集索引(publication index)按会议关键词或词组字顺排列,著录有出版情况及会议登记号。

(5)会议截止日期索引(deadline index)按向会议提交论文全文或摘要截止期限的时间顺序排列,著录有主要关键词及会议登记号。

(6)会议主办单位索引(sponsor directory and index)按会议主办单位的名称字顺编排,其后列出会议主持者、主办单位地址和该单位近两年内将要举办的各种会议的登记号。

3. 检索途径与方法

《世界会议》提供关键词、会议日期、会议地址、出版物、截止日期、主办单位等 6 种检索途径。利用《世界会议》检索最新国际会议消息时,首先选择所需分册,然后通过每一个检索途径,都能得到会议登记号,再根据登记号,即可在正文中找到所需要的会议款目。

8.2.3.2 《会议论文索引》(CPI)

美国《会议论文索引》(CPI),1973 年创刊,双月刊。1981 年由美国剑桥科学文摘社(CSA)编辑出版,是查找全世界刚召开不久或即将召开的学术会议的重要检索刊物,属一种题录式报道工具,主要报道化学、物理、地球科学、工程技术以及生命科学、医学等方面的会议文献,每年报道量约为 12 万篇。

CPI 由会议文献题录与索引两部分组成。正文部分收录的内容包括航天学与工程、动植物学、生物化学、普通生物学、化学与化工、建筑与机构工程、临床医学、电子工程、实验医学、一般工程技术、地球科学、材料科学与工程、数学与计算机科学、跨学科文献、药物学、物理学与天文学、核动力工程、专题资料等 17 个学科。CPI 将每一大类的文献题录按顺序号编排,每一会议文献的著录格式包括世界会议登记号(年代+季度代号+顺序号),会议名称,会议召开地点与日期,主办会议单位名称,订购情况的说明,论文题目等。

CPI 除正文题录之外,还有按专业排列的会议名称索引(conference locator)、主题索引(subject index)和著者索引(author index)。提供了主题、著者、会议日期、会议议题等 4 种检索途径。

目前,CSA 已经开发了自己的网络平台,网址为 http://www.csa.com,其中收录了 1982 年以来的会议文献。该网站提供多库检索及相关因特网资源的浏览,可以记录检索历史,保存检索策略,每日更新,可帮助用户及时了解最新的研究成果。

目前国内已经有多所大学引进该数据库,可通过校园网进入 CSA 系统进行检索。

8.2.3.3 《科技会议录索引》(ISTP)

《科技会议录索引》(ISTP),是一种综合性的科技会议文献检索刊物,为世界著名的三大检索工具之一,由美国费城科学信息情报所(ISI)编辑出版。1978 年创刊,月刊。年报道量约 1 万个会议、论文约 15 万篇,约占全世界出版会议录的一半。该检索工具收录包括自然科学、技术科学以及历史与哲学等,覆盖的学科范围广,收录会议文献齐全,而且检索途径多,出版速度快,已成为检索全世界正式出版的会议文献的主要的和权威的工具。

1. 正文

ISTP 的全部内容分为 7 个部分(Section),主要由正文(会议录目录)和 6 种辅助索引组成。其中会议录目录是 ISTP 的主体部分,按会议录顺序号编排。

2. 索引

ISTP 主要有 6 种索引,提供了 6 种检索途径,即分类途径、主题途径、会议主办单位途径、会议地址途径、著者/编者途径、机构途径。

(1)类目索引(category index)按会议内容的学科主题字顺排列,每期约分 200 个类目,每个类目下列出会议名称和会议录顺序号。

(2)著者/编者索引(author/editor index)按论文著者或会议录编者的姓名字顺排列,每一条目下列出著者或编者的姓名、会议录顺序号和论文的起始页码。

(3)会议主办单位索引(sponsor index)按照会议主办者、主持者的缩写名称字顺排列,参加排列的会议主办者可多达 10 个单位。每一条目包括:主办单位、会议地点和会议录顺序号。

(4)会议地址索引(meeting location index)按照会议召开地点的所在国国名字顺排列,国名下再按城市名称排列。

(5)轮排主题索引(permuterm subject index)该索引的主题词选自论文篇名,是表达文章主题内容的一些"实质"性的词语。主题词有两级,即主题词和副主题词,它们共同构成一篇会议文章的主题。编排顺序是主题词+副主题词,即先按主题词,再按副主题词顺序排列。

(6)团体机构索引(corporate index)该索引包括地理索引和机构索引两部分。

地理索引按论文第一著者的工作单位所在国家的名称字顺排列,同一国家,再按城市名称的字顺排列,同一城市,再按机构(公司、院校等)名称字顺排列。

3. 网络版概况

ISI Proceedings(WOSP)是美国科学情报研究所(ISI)基于 ISI Web of Knowledge 检索平台开发的网络书目数据库产品,包括科学技术会议录索引(ISTP)和社会科学及人文科学会议录索引(ISSHP)两个子库。WOSP 汇集了世界上最新出版的会议录资料,包括专著、丛书、预印本以及来源于期刊的会议论文,是唯一能够通过阿络检索国际著名会议、座谈会、研讨会以及其他各种会议中发表的会议录论文的学科数据库。和印刷版相比,它增加了会议论文的摘要信息和社会科学及人文科学会议录索引部分。

ISI Proceedings 可通过 ISI Web of Knowledge 平台进行检索,相关文献可以直接链接到 Web of Science。

《世界会议》预报未来两年内即将召开的国际会议和重要会议的消息,因此它只是一种消息性检索工具;《会议论文索引》报道已经召开或即将召开的会议消息以及在会议上宣读的论文(题录性质);《科技会议录索引》则是一种详尽收集会后发表的会议文献的检索工具。因此,这 3 种检索刊物在检索的时间性和信息的稳固性、可靠性方面都有所不同。

8.2.3.4 OCLC 检索系统中的有关会议数据库

1. 国际学术会议论文索引数据库(PapersFirst)

该数据库收录世界范围内各类学术会议上发表的学术论文的索引信息,每两周更新一次。其内容覆盖了自 1993 年以来在"大英图书馆资料中心"会议文库中所收集的所有大会、专题讨论会、博览会、讲习班、学术报告会上以及其他会议上所发表的论文。可查阅各领域最新会议文献,还可以通过 FirstSearch 获取联机订购服务,向"大英图书馆"订购在本数据库中收录的会议文献的论文。

2. 国际学术会议录索引数据库(ProceedingsFirst)

ProceedingsFirst 是 PapersFirst 的相关库,收录了世界范围内举办的各类学术会议上发表的论文的目次表。可通过该库检索"大英图书馆资料提供中心"的会议录。此外,还可根据所列出的某一学术会议所提交的论文了解各次会议的概貌和当时的学术水平。PapersFirst 数据库中的每条记录对应着 ProceedingsFirst 数据库中的某个会议记录,可以根据其记录中的数据库号在 ProceedingsFirst 中检索出该会议完整的目次表。

8.2.3.5 其他会议文献检索工具

1.《在版会议录》(Proceedings in Print)

《在版会议录》由美国《在版会议录》公司出版,1964 年创刊,双月刊,报道美国国内外举办的科技会议及其出版的会议录,其后附有"会议录著者索引""主题索引""举办单位索引"3 种索引。

2.《在版会议录指南》(*Directory of Published Proceedings*)

《在版会议录指南》由美国英特多克公司(Liter Dok)出版,共分 3 辑,主要报道世界各国学术会议名称、日期、地点、主办单位、会议文献主题及出版形式,其后附有 4 种索引,分别是著者索引、主题索引、会议地址索引和主办单位索引。

8.3　学位论文检索

8.3.1　学位论文简介

学位论文(thesis or dissertation)是高等学校或科研机构的学生毕业前为获得学位而撰写的学术性研究论文。学位论文是学生在导师的指导下经过选题、开题、调研、写作、高等学校或科研机构的专家团评审答辩合格后才能获得通过,其在写作格式、参考文献、装订等方面都有严格要求。依据《中华人民共和国学位条例》对学位级别的规定,学位论文根据所申请的学位不同,亦可分为学士论文、硕士论文和博士论文三种。

学士论文一般选择所学专业领域中某重要问题的一个侧面或难点为研究对象,要求对所研究课题有一定的独立见解,能够综合运用所学知识和技能解决问题。硕士论文强调具有独创性,要求学生对研究课题有新的见解,具备一定的理论深度和较高的学术水平,研究成果有更强的实用价值和更高的科学价值,还要求学生具备从事科研工作或担负专门技术工作的能力。博士论文要求学生具有较高的科研水平,能够选取前人没有研究过的课题,在所选学科领域提出独创性的见解和有价值的科研成果。因此,学位论文的学术质量是有保障的。学位论文除少数出版外,多数不公开发行,复本数量少,一般由学位授予单位收藏,此外各个国家也指定专门机构收藏。

国内学位论文指定收藏机构有国家图书馆、中国科学技术信息研究所和中国社会科学院图书馆,国家图书馆负责全面收藏我国社会科学、人文科学和自然科学等方面的博士学位论文,中国科学技术信息研究所负责收藏我国自然科学领域的硕士以上学位论文,中国社会科学院图书馆负责收藏我国人文社会科学方面的硕士以上学位论文。国外学位论文指定收藏机构有英国的不列颠图书馆、日本国立国会图书馆、美国 UMI 公司学位论文复制收藏中心等。

通常电子版学位论文可通过学位论文数据库或相关网站等方式检索,纸质版学位论文可通过图书馆、情报资料中心、图书馆联盟等学位论文收藏机构的馆藏目录进行检索,可通过下载、借阅或是原文传递等方式获得全文。学位论文作者拥有论文的知识产权,并保留出版发行的权力,因此学位论文利用有版权限制,通常规定如纸质版论文复制不得超过全文的 1/3、电子版全文只能查看正文的前 24 页、论文仅限于个人或学术研究使用、禁止出版或用于商业目的侵权行为等。

8.3.2 国内学位论文检索

8.3.2.1 中国知网学位论文全文数据库

中国知网学位论文全文数据库(CDMD)收录了 1984 年以来全国 430 余家博士培养单位的博士学位论文和 719 家硕士培养单位的优秀硕士学位论文,内容覆盖基础科学、工程技术、农业、医学、哲学、人文、社会科学等多个领域,截至 2018 年 3 月,数据已超 364 万篇,每个工作日更新。

数据库提供题名、作者、学科专业名称、学位授予单位、导师、关键词、摘要、中图分类号、参考文献等多种检索途径,并可进行组配检索。通过"全部/博士/硕士"选项,可检索相应级别的学位论文。通过学位授予单位和学科专业等导航功能可进行学位论文浏览,检索结果可按主题、学位授予年度、被引次数、下载次数等方式排序,如图 8-11 所示。一般用户可免费检索到作者、题名、文摘等信息,授权用户可在线阅读或下载 PDF 格式的全文。

图 8-11 中国知网学位论文全文数据库检索

8.3.2.2 万方中国学位论文全文数据库

万方中国学位论文全文数据库(http://c.wanfangdata.com.cn/Thesis.aspx)收录了中国科技信息研究所提供的自 1980 年以来我国理、工、农、医、人文社科等各个领域的硕士、博士研究生学位及博士后论文全文,截至 2018 年 3 月,数据已达 378 万余篇,年增论文约 20 万篇。用户可通过标题、作者、单位、关键词、摘要等途径检索,可通过"学校所在地""学科、专业目录""论文类型"等进行论文浏览,可免费检索到论文题名、作者、学科专业、授予学位、授予单位、导师、摘要、关键词等内容,检索结果可按"相关度优先""经典论文优先""最新论文优先"等方式进行排序,授权用户可查看或下载 PDF 格式的全文,如图 8-12 所示,万方学位论文数据库高级检索界面,在这里可按标题、作者、关键词等检索途径进行组配检索,从而提高文献查准率。

图 8-12　万方学位论文全文数据库高级检索

8.3.2.3　国家图书馆博士学位论文数据库

国家图书馆博士学位论文数据库（http://read. nlc. cn/allSearch/searchList? searchType = 65&showType = 1&pageNo = 1）是以国家图书馆多年来收藏的博士论文为基础建设的学位论文全文影像数据,提供题名、责任者、关键词等多个检索途径,如图 8-13 所示,截至 2017 年 3 月,数据库论文数量已达 25 万余篇。

图 8-13　国家图书馆博士论文数据库检系

用户可按学位授予机构、学科专业等方式进行论文浏览,可免费查询论文题名、作者等题录信息,登录用户可在线阅读论文正文前 24 页,并可申请原文传递。

8.3.2.4　国家科技图书文献中心中文学位论文文摘数据库

国家科技图书文献中心中文学位论文文摘数据库主要收录了 1984 年以来我国高等学校、科研院所发布的硕士、博士的学位论文及博士后论文,学科涉及自然科学各专业领域,并兼顾社会科学和人文科学。数据库现有中文学位论文 326 万余篇,每季更新,年增论文 6 万余篇。

数据库提供题名、作者、关键词、导师、学位、培养单位、研究专业、授予年、文摘等多种检索途径,可进行组配检索,灵活设置馆藏范围、时间范围等查询条件,还可进行二次检索,查询检索历史、保存检索策略等。数据库可免费查询到学位论文题名、文摘等信息,可在线申请原文传递。

8.3.2.5 CALIS 学位论文中心服务系统

CALIS 学位论文中心服务系统面向全国高校师生提供中外文学位论文检索和获取服务。该系统采用 e 读搜索引擎,检索功能便捷灵活,提供简单检索和高级检索功能,可进行多字段组配检索,也可从资源类型、检索范围、时间、语种、论文来源等多角度进行限定检索。系统能够根据用户登录身份显示适合用户的检索结果,检索结果通过多种途径的分类和排序方式进行过滤、聚合与导引,并与其他类型资源关联,方便读者快速定位所需信息。截至 2017 年 3 月,中文硕博论文数据约 172 万条,数据持续增长中。用户可免费查询到论文作者、题名、导师、摘要、学位级别、关键词、授予单位等信息,可申请文献传递,系统自动将用户带入其所在图书馆服务系统提交文献传递请求。

8.3.2.6 中国科学院学位论文数据库

中国科学院学位论文数据库(http://sciencechina.cn/paper/search_pap.jsp)收录了1983 年以来中国科学院授予的硕士、博士学位论文和博士后出站报告,涵盖数学、物理、化学、地球科学、生物科学、农林科学、工程技术、环境科学、管理科学等学科领域。截至2017 年 3 月,该数据库收录学位论文 11 万余篇,相应的纸本论文收藏于中国科学院文献情报中心。

数据库提供论文名称、作者、指导老师、培养单位、关键词、学位和文摘等多种检索途径,可进行组配检索,或选择按培养单位或按专业浏览论文。检索结果以表格的方式展示,可通过下载、打印或发送电子邮件等方式输出。点击"详细信息"可查看论文题名、作者、关键词、导师、学位、培养单位、研究专业、文摘等信息,点击"NSL 原文传递"或"e 链"可申请原文传递,中国科学院及所属单位用户可预览部分乃至论文全文。

8.3.2.7 中国科学技术信息研究所中文学位论文数据库

中国科学技术信息研究所国家工程技术图书馆是我国工程技术领域科技文献信息资源收藏、开发和服务的核心机构,其中学位论文从 1963 年开始收藏,累计收藏学位论文 349 万余册,年增 20 万余册。用户可按学位授予单位进行检索,亦可按学科和地区进行浏览,可免费查询到论文作者、题名、文摘等信息,可申请原文传递。

8.3.2.8 北京大学学位论文数据库和燕京大学学位论文库

北京大学学位论文数据库主要收藏北京大学 2003 年后的全部学位论文和 1985—

2003 年的部分学位论文题录及电子版全文,部分无全文论文属于延期发布情况,在 1~3 年后会根据授权陆续发布。燕京大学学位论文库(网址同北京大学学位论文数据库)主要收录了燕京大学的学士和硕士论文,涉及学科范围较广,对研究近代中国社会、历史、政治等方面有重要作用,共有论文 2 600 多篇,其中包括许多当代著名学者的论文手稿真迹。数据库基于阿帕比数字资源平台,提供多种检索途径和浏览功能,用户在北京大学校园网内可查看全文。

8.3.2.9　香港大学学位论文数据库

香港大学学位论文数据库收藏 1941 以来香港大学的学位论文(部分有全文,1941 年以前的论文已在第二次世界大战中损毁),覆盖艺术、人文、教育、社会、医学和自然科学领域,以英文为主。用户可免费检索到论文作者、题名、导师等信息,并可开放获取 PDF 格式论文全文,数据库还提供论文使用下载统计功能。用户可选择按学位、专业等对论文进行浏览。

8.3.3　国外学位论文检索

8.3.3.1　ProQuest 学位论文全文数据库

ProQuest 学位论文全文数据库(ProQuest Dissertations&Theses,PQDT,原名 ProQuest Digital Dissertations,PQDD)(http://pqdt.calis.edu.cn)主要收录了来自北美及世界其他地区 2 000 余所知名大学的优秀博硕士论文,涉及理、工、农、医、文等多个学科领域,是学术研究中重要的信息资源。数据库在国内设有 CALIS、上海交通大学、中国科学技术信息研究所三个镜像服务站点,用户可按需选择服务器,截至 2017 年 3 月,中国集团(中国境内参与联合订购该数据库的机构全体)可共享的论文数已达 63 万余篇。

数据库默认进入基本检索界面,选择"高级检索"可进行作者、标题、学科、学校、导师、来源、摘要等多字段组配检索。通过学科导航可按学科专业浏览论文,选择"二级学科""三级学科"、论文发布年度、所授予的学位等可进一步限定和缩小检索范围,可进行二次检索。检索结果可选择按相关度或按出版时间排序,并可选择保存或发送电子邮件等。用户可免费检索到论文题名、作者、学校、学位、学科、摘要等信息,授权用户可查看或下载 PDF 格式的全文。

8.3.3.2　PQDT 博硕士论文文摘索引数据库

PQDT 博硕士论文文摘索引数据库检索界面,该数据库收录了全球 2 000 余所大学理、工、农、医、文等领域近 400 万篇论文摘要及索引信息,是目前使用最广泛的学位论文数据库。

数据库提供基本检索、高级检索、浏览等多种检索方式,进入高级检索可通过作者、标题、学位、学校、导师、摘要等多字段进行组配检索,点击"浏览"可选择按主题(学科)或按地点(国家)进行论文浏览,可通过主题、语言、授予单位等检索结果,可进行二次检索。检索结果可选择按相关性、先远后近或者先近后远等方式进行排序,点击"摘要/索引"可查看论文题名、作者、摘要、学位、专业、导师、学校等信息。检索结果有多种输出方式,"引用"功能可以生成用户引用该论文时的标准引用条目,用户可复制粘贴到自己的文档中使用,"保存"功能可将检索结果保存为"HTML""PDF""XLS"等多种格式的文件,可以选择保存检索封面/标题、目录等,还可选择打印和电子邮件等方式输出检索结果。部分论文可在线预览或下载论文前 24 页,通过 PQDT 全文库链接、CALISe 得文献获取或计购等方式可获取全文,通过 UNICAT 联合目录链接,可进入联合目录服务系统进行文献查询或申请原文传递等。

8.3.3.3 国家科技图书文献中心外文学位论文文摘数据库

国家科技图书文献中心外文学位论文文摘数据库收录了美国 ProQuest 博硕士论文资料库中 2001 年以来的优秀博士论文文摘和索引信息(由中国科技信息研究所提供),学科范围涉及自然科学各专业领域,并兼顾社会科学和人文科学。数据库每年更新,年增约 2 万篇论文,截至 2017 年 3 月,数据量已超 48 万条。

数据库提供题名、作者、关键词、导师、学位、培养单位、研究专业、授予年、文摘等多种检索途径,可以灵活组配检索,可通过限制馆藏、时间等缩小检索范围,可进行二次检索、浏览检索历史、保存检索策略等操作,可免费查询到论文作者、题名、文摘等信息,可申请原文传递。

8.3.3.4 中国科学技术信息研究所外文学位论文数据库

中国科学技术信息研究所是我国工程技术领域科技文献信息资源收藏、开发和服务的核心机构,其国外学位论文从 1983 年开始收集,累计收藏 46 万余册,年增 1 万余册。用户可按论文名称、作者、导师、授予单位进行检索,亦可按学科和地区进行浏览,可免费检索到论文作者、题名、文摘等信息,可申请原文传递。

8.3.3.5 CALIS 学位论文中心服务系统

CALIS 学位论文中心服务系统面向全国高校师生提供中外文学位论文检索和获取服务。截至 2017 年 3 月,外文硕博论文数据约 212 万条,数据持续增长中。用户可查询到论文题名、作者、导师、摘要、学位级别、授予单位等信息,可申请文献传递,系统自动将用户带入其所在图书馆服务系统提交文献传递请求。

8.3.3.6 NDLTD 国际学位论文数字图书馆

NDLTD 国际学位论文数字图书馆(http://search.ndltd.org/)创立于 1996 年,现更名为 Networked Digital Library of Theses and Dissertations,是美国国家自然科学基金支持的一

个国际网上学位论文共建共享项目,致力于知识的开放获取,参与者包括全球数百所大学、美国图书馆协会、Adobe、OCLC、Proquest/UMI 等国际知名组织和机构。截至 2018 年 3 月,学位论文数量已达 461 万余篇,用户可免费查询论文题名、作者、学位、文摘、授予机构等信息,许多论文可免费下载 PDF 格式全文,是查找国外学位论文的一个便利渠道。

8.4　科技报告文献检索

8.4.1　概述

科技报告(scientific and technical reports)是指科研成果的最终报告或在研究过程中的实际记录,一般由科研机构、政府机构所属的科研单位、专业学术团体及高等院校附设的研究所提供。科技报告作为重要的信息来源,可追溯到第二次世界大战期间,当时,各国为了战备的需要,对与国防有关的理论和技术的发展非常重视,设立了专门机构对有关课题进行多方面的研究与试验。这些研究成果都以报告的形式向主管机构汇报或用于交流,便形成了为数众多的技术报告。第二次世界大战后,为了促进经济发展,增强国力,各国持续开展各类科学研究,产生了许多研究成果,促使科技报告数量迅速增长,并扩展到民用工程技术方面,成为一种重要的情报源。

目前,世界上许多国家都出版有自己的科技报告,例如著名的美国政府四大科技报告、英国航空委员会报告(ARC)、欧洲空间组织报告(ESRO)、法国国家航空研究报告(RNEAR)、法国原子能委员会(CEA)等。全世界每年出版的科技报告达上百万份,其中,又以美国的科技报告数量最大,约占总数的 80%。

科技报告按专业名称和内容,可分为科学报告、技术报告、工程报告、调查报告、研究报告、试验报告、生产报告、交流报告等。

按科技报告的形式,可分为报告书、技术札记、备忘录、论文、通报、技术译文等。按科技报告所反映的研究进展,可分为初步报告、预备报告、进展报告、中间报告、终结报告等。

此外,科技报告还可按密级分为绝密报告、机密报告、秘密报告、非密限制发行报告、非密报告、解密报告。

科技报告不同于图书、期刊和其他类型出版物的资料。它通常以单册形式出版,册书不限,篇幅不等,数量难以掌握;由于保密性强,往往内部发行,且在尖端技术领域有一定的密级限制,有的解密公开之后又在期刊上发表;生产技术报告的单位有个人公司,有学术团体,机构编号多,往往一件报告书有好几个号码,给检索带来一定的难度。由于科技报告常常反映前沿科技和正在进行中的研究项目,内容专深、具体,并经主管部门审定,成熟可靠,因此对科技工作者进行科学研究具有重要的借鉴和参考价值。

8.4.2　国内科技报告的检索

8.4.2.1　"国研网"及系列研究报告

国务院发展研究中心信息网(http://www.drcnet.com.cn),简称国研网,是由国科研网公司开发的中国著名的大型经济类专业网站。国务院发展研究中心是直属国务院的政策研究和咨询机构,主要职责是研究国民经济、社会发展和改革开放中的全局性、综合性、战略性、长期性问题,提供政策建议和咨询意见,而国研网则以国务院发展研究中心丰富的信息资源和强大的专家阵容为依托,由国务院发展研究中心专家不定期发布有关中国经济和社会诸多领域的调查研究报告。

目前,国研网公司已推出了"国研报告数据库""宏观经济报告数据库""金融中国报告数据库""行业经济报告数据库""世界经济金融评论报告数据库"和"财经数据库—十余种行业统计数据库"等一系列专业经济信息产品。其中,《国研报告》每年 200 期,100万字左右,不定期出版,网络版每天在线更新,印刷版每月初出版,具有很高的权威性和预见性;《宏观经济报告数据库》是多视角展示中国经济发展的转型氛围和内外部环境的研究报告库,由月度分析报告、专题研究报告、决策参与 3 个子库构成;《金融中国》数据库是对我国金融整体运行状况和政策导向进行深入跟踪研究分析形成的一系列研究报告库,由月度分析报告、季度分析报告、专题研究报告、金融决策参考等系列子数据库组成;《世界经济与金融评论》收录国研网编译的国际知名经济研究机构和媒体(如 IMF、高盛公司、摩根士丹利、野村证券、法国 CDC IXIS、德意志银行、《经济学家》等)的最新研究报告,内容包括这些机构对全球经济、金融形势的分析判断与预测,各国经济发展热点问题的研究评论,以及最新的经济理论研究。这几个库是政府、企业、金融机构领导、决策人士和经济研究人员观察了解国内外经济风云变幻的窗口,均以光盘版、网络版等多种形式出版。

同时,"国研网"提供了从行业、书名、作者和关键词等途径对深度报告进行查询,并提供报告的目录与摘要信息。

8.4.2.2　国防科技报告文摘库

国防科技报告文摘库由中国国防科技信息中心提供的数据建立,从 1978 年至今共收录了 14 万篇该单位收集的科研报告、会议录及译文等,专业范围包括航空、航天、电子、兵器、船舶等科学技术领域。该库提供了 17 个数据项提供检索与显示,分别是:文献号、源记录、载体类型、馆藏单位、文献代码、书号刊号、报告号、题名、责任者、会议项、出版项、母体文献、日期标识、分类标识、主题标识、自由词与文摘。

8.4.2.3　中国航空科技报告文摘数据库

中国航空科技报告是全面系统地反映航空工业科学技术发展水平的系列报告,其内容以航空科技应用和发展研究中取得的成果为主,也反映航空基础科学的理论研究成果。它所涉及的专业包括空气动力学与飞行力学,飞机结构强度,发动机技术,航空电子仪表,电气设备,导航与控制系统,航空武器,航空材料与工艺,试验与测试技术,产业政策与管理等。

中国航空工业发展研究中心下属的信息资源部(http://www.aeroinfo.com.cn)可向用户提供科技查新与科技报告查询服务。其中《航空科技报告文摘数据库》收录了国内航空企事业单位航空科研、生产、管理等方面的技术报告和研究成果的文摘,现收录1981—2003 年数据达 5 000 余条,公开发布的比例约为 50%。1981—1996 年的科技报告提供全文借阅服务。1997 年以后的科技报告只有公开级的全文报告提供借阅服务,内部(索取号后带 N)和密级(索取号后带 M 或 J)的科技报告暂不借阅。

8.4.2.4 中国科技成果数据库(CSTAD)

中国科技成果数据库(CSTAD)为万方数据资源系统,由中国科技信息研究所提供,收录了自 1978 年以来各省、市、部委鉴定后上报国家科委的科技成果及星火科技成果,包括新技术、新产品、新工艺、新材料、新设计等技术成果项目,专业涉及社会科学、自然科学、工业技术、航空航天、交通运输、环境保护等。截至 2019 年 7 月 30 日,CSTAD 收录成果已达 915 199 条,并且每两个月更新一次。

8.4.3 国外科技报告的检索

8.4.3.1 美国政府四大科技报告

美国政府四大科技报告,又叫美国政府研究报告,是美国科技文献的一个重要组成部分。四大科技报告包括:政府系统的 PB 报告、军事系统的 AD 报告、能源系统的 DOE 报告和航空航天系统的 NASA 报告。这些报告是美国政府科学研究、研制、实验和鉴定工作的记录与成果总结,学科内容丰富,涉及工业、农业、能源、交通、国防、军事、航空航天、电子、天文、地球、环境保护、数学、物理、化学、生物、医学、卫生、工程技术等各个领域。

1. PB 报告

美国 1945 年 6 月成立了商务部出版局(Office of the Publication Board),专门负责整理从德国、日本、意大利等战败国夺取的科技资料,并在这些资料上冠以 PB(publication board)字样,即 PB 报告。这批资料编至 10 万号就已编完,之后的 PB 报告,主要涉及美国国内政府科研机构、公司企业、高等院校、研究所以及部分国外科研机构的科技报告。1970 年 9 月起,美国国家技术情报服务局(National Technical Information Service,简称NTIS)负责收集、整理、报道和发行美国研究单位的公开报告,并继续使用 PB 报告号。

PB 报告内容侧重于民用工程方面。如土木建筑、城市规划、生物医学、航空、电子、原子能利用和军械等。

2. AD 报告

AD 报告产生于 1951 年,原为美国军事技术情报局(Armed Servrices TechnicalInformation Agency,ASTIA)的报告文献,有 ASTIA 统一编号,称 ASTIADocuments,即 AD 报告。1963 年 ASTIA 改组为国防科技情报文献中心(Defense Documentation Center for Scientific and Technical Information, DDC),1979 年又改为国防技术情报中心(Defense Technical Information Center,DTIC),继续收藏、报道美国国防研究与发展成果的报告,仍用 AD 编号,但此时 AD 的含义引申为 Accession Document。其公开报告由 NTIS 发行,保密报告和一部分限制发行报告在《技术文献通报》(*Technical Abstracts Bulletin*)半月刊上内部刊登。

AD 报告来源于美国陆海空三军科研单位、公司企业、大专院校,以及国外一些科研机构和国际组织。由于保密,早期的 AD 报告往往加编 PB 字样发行,致使两种报告有交叉现象。自 AD254980 号报告之后,AD 不再以 PB 号码字样出现。AD 报告的编号与本身的密级有着直接的关系,因此其编号较复杂。1975 年之后,AD 报告的编号中加入 A、B、C、D、E 等字母,以表示 AD 报告的性质。

3. DOE 报告

DOE 报告是美国能源部(Department of Energy,DOE)及其所属科研机构、能源情报中心、公司企业、学术团体发表的技术报告文献。

DOE 报告内容包括能源保护、矿物燃料、环境与安全、核能、太阳能与地热能、国家安全等方面。

4. NASA 报告

美国国家航空航天局(National Aeronauticsand Space Administration,NASA)成立于 1958 年 10 月,其前身是美国国家航空咨询委员会(National Advisory Committee for Aeronautics,NACA)。NASA 是专门研究宇宙航行火箭技术的机构。在工作过程中,所属机构或合同用户会产生大量的研究报告,这些科技报告的编号分别冠有 NASA(或 NACA)字样,故称 NASA 报告。

NASA 报告的内容主要包括地球大气层内外飞行问题的研究,宇宙飞船的试验研究,空间开发活动研究等,同时对民用基础学科也有涉及。

8.4.3.2 《美国政府报告通报与索引》(*GRA & I*)

《美国政府报告通报与索引》(*Government Reports Announcements & Index,GRA & I*)是系统地检索美国政府四大科技报告的主要工具。

GRA & I 于 1946 年创刊,现由美国商务部国家技术情报处(National Technical Information Services,NTIS)编辑出版,双周刊,它不仅报道美国的四大科技报告、政府研究机构和合同户的研究报告,也报道收集到的其他国家的科技报告。

1. *GRA & I* 编排及著录格式

GRA & I 每年出版发行一卷,每卷 24 期,每期由使用说明、分类表、文摘和索引 4 个部分组成。每卷汇编出版《美国政府报告通报与索引》。

文摘(正文)部分按照分类编排。1987 年以后采用新的 NTIS 主题分类体系,分为 38 个大类、350 个小类,而且只有类目名称,没有类号。大类及小类均按类名字顺序排列。同一小类下的文摘,1984 年以前按订购号顺序排列,1984 年以后按文摘号顺序排列。

2. *GRA & I* 的索引体系

GRA & I 每期正文后附有 5 种索引:关键词索引、个人著者索引、团体著者索引、合同号/资助号索引、订购号/报告号索引。每卷汇编的 5 种索引与期索引相同,只是在每条文摘号前增加期号,在文摘号后列出价格代码。

(1)关键词索引(keyword index)

1980 年以前该索引为主题索引(subjcn index)。索引中关键词虽为非规范词,但其中许多也选自 NTIS 词表。关键词按字顺编排,同一关键词下按订购号顺序排列。在每一关键词下列出报告篇数、NTIST 购号及文摘号。

(2)个人著者索引(personal author index)

该索引按个人著者姓名字顺排列,在每一著者下列出报告篇数、NTIS 订购号及文摘号。

(3)团体著者索引(corporate author index)

该索引按报告来源机构名称字顺排列,同一机构名称下按报告顺序号排列,每一机构名称下列出报告号、报告篇名、NTIS 订购号及文摘号。

(4)合同号/资助号索引(contract/grant number index)

该索引的合同号/资助号下列出执行本合同的全部报告。在一项合同的执行过程中会产生涉及诸多方面的技术报告,使用该索引都可查出。该索引按合同号/资助号字顺及数字顺序排列,每一合同号下列出执行机构名称、有关报告的 NTIS 订购号及文摘号。

(5)订购号/报告号索引(NTIS order/report number index)

1980 年以前为入藏号/报告号索引(accession/report number index)。该索引将执行机构机构号、NTIS 订购号及主管机构报告等合在一起,按字顺混排。每一报告号或 NTIS 订购号下,列出报告篇名、NTIS 订购号、文摘号及价格码。

3. *GRA & I* 的检索途径与方法

GRA & I 期索引和年度索引的检索方法及途径完全相同,现分别以分类、主题、号码途径介绍 *GRA & I* 的检索方法。以查找有关"换热器制造"的课题为例:

(1)分类表(NTIS Subject Category and Subcategory Structure)

首先分析课题,确定类目,按分类目录字顺查到"manufacturing technology"大类下的有关小类,然后逐篇阅读并选取所需文献。根据选定文摘中 NTIS 订购号,索取报告原文。

(2)关键词索引(keyword index)

分析课题,确定关键词,从课题中选出关键词"heat exchange"。然后按字顺查索引,得到符合课题的文摘号,按文摘号查阅文摘,得到 NTIS 订购号,按 NTIS 订购号索取报告原文。

(3)个人著者索引(personal author index)

按著者姓名字顺查著者索引,得到符合课题的文摘号,按文摘号查阅文摘,得到 NTIS 订购号,按 NTIS 订购号索取报告原文。

(4)团体著者索引(corporate author index)

合同号/资助号索引(contract/grant number index)及 NTIS 订购号/报告号索引(NTIS order/peport number index)3 个索引的使用较简单,故不再赘述。

8.4.3.3 NTIS 数据库(http://www.ntis.gov)

美国政府四大科技报告一直为我国自然科学、工程技术领域的研究人员所重视,从 20 世纪 60 年代起就引进了 NTIS 主办的系统报道美国政府科技报告的主要检索工具《美国政府报告通报与索引》。因特网的应用为我国提供了通过网络来检索、利用美国政府科技报告的便捷方法和途径。

NTIS 是美国商务部国家技术情报服务局(National Technical Information Service)的简称,它是编辑、出版、收集、管理和销售美国政府及其机构生产的科学、技术、工程以及相关的商业信息资料的核心机构,收藏和提供近 300 万件各种形式的信息产品,包括印刷型出版物,缩微胶片,磁带版和声像资料,CD-ROM 光盘版,联机数据及网络数据库等。NTIS 近年来推出了自己的网络平台。该网站提供按学科分类(农业、商业、能源、卫生、军事等)的综合导航服务,同时对其最大型的收藏——科技报告提供免费检索。其数据库收录了自 1990 年以来由美国政府或国际组织机构资助的各研究项目产出的 35 万件印刷出版物和技术报告,内容涉及管理学、行为与社会学、科学技术、工程、建筑和有关的商业领域。用户输入 1~3 个关键词进行检索,输出的检索结果包括命中文献目录(用户可选择按相关度或按字顺排列)及各篇文献的书目著录,含题目、提出单位、机构、著者、文献类型、NTIS 订购号、页数、价格和所属主题分类范畴,内容关键词和原报告号等各项,同时提供联机订购服务。

NTIS 数据库可以通过多个检索系统,如 CSA、IDS、DIALOG 等进行检索。

8.4.3.4 其他国家科技报告的检索

除美国外,世界上其他国家如英、法、德、日等国每年也都发行大量的科技报告,在国际上流通较广的有以下几个国家的科技报告。

1.英国科技报告

英国每年出版大量科技报告,公开发行的可向政府有关部门索取。较著名的有"英国航空委员会"的 BARC 报告,比较系统并有连续编号的以"英国原子能局"的 UKAEA 报告最有代表性,收录范围包括生物、医学、化工、地质、物理、冶金与材料、数学与计算机等学科领域。

2.日本科技报告

多为日本本国的研究成果或调查结果,其报告来源主要是国立、私立研究机构、企业及大学。如国家航空航天研究所的技术备忘录等。

3.其他国家的科技报告

如"联邦德国航空研究报告"(DVR),瑞典的"国家航空研究报告"(FFA),加拿大的"原子能公司报告"(AECL)和法国"原子能委员会报告"(CEA)等。

【思考题】

1.哪些数据库可以检索到专利文献?

2.中国专利的申请审查程序有哪些步骤?

3.会议文献有哪些特征? 请列举国内外会议文献检索工具。

4.学位论文的定义是什么? 其有哪些特点?

第9章　网络信息资源检索

9.1　网络信息资源概述

9.1.1　网络信息资源的概念

信息资源、物质资源与能量资源是构成现代社会经济发展的三大支柱。有效地获取信息资源已成为推动社会经济发展的重要力量。因特网(Internet,国际互联网)的出现与发展是人类文明史上的一个重大事件,对科技进步、经济繁荣和人类发展起着重要的推动作用。

Internet 起源于美国,始于 1969 年,最初称之为 ARPANET,是美国为推行空间计划而建立的,当时只有 4 个主节点,其发展归功于美国国家科学基金会(NSF)的介入,为鼓励大学和研究机构共享他们昂贵的四台计算机主机,采用 TCP/IP 协议,建立了名为 NSFNET 的广域网,由于美国国家科学基金会的资助,很多大学和研究机构纷纷把自己的局域网并入 NSFNET 中,并逐渐发展到全世界 193 个国家和地区。而后随着计算机网络的不断发展、并入,逐渐形成了世界各种网络的大集合,也就是我们今天所说的 Internet。

因特网是当今世界上最大的、最为开放的、连接计算机的电脑网络通信系统,是多个网络的集合,它通过超文本方式将以图、文、声、像以及视频等多媒体形式存在的超媒体信息组织起来而形成的一种交互式的网络。

网络信息资源是指以电子资源数据的形式将文字、图像、声音、动画等多种形式的信息存放于光、磁等非印刷介质中,并通过网络通信、计算机或终端等方式再现出来的信息资源的总和。

随着因特网的发展,一方面,相对于传统的信息获取方式,我们可以方便而快捷地找到我们所需要的信息,另一方面,因特网的发展大大扩展了我们拥有的信息资源世界,面对纷繁复杂的信息海洋,找到需要的有价值的信息并非易事,那么对网络信息资源、网络信息资源分布与规律、网络信息的检索与利用等加以研究则显得尤为重要。

9.1.2　网络信息资源的种类

由于网络信息资源是多媒体的形式与多技术手段融合的结果,我们可多方位、多角度地去认识它。按照不同的划分标准,网络信息资源有不同的表现形式。

9.1.2.1　按网络信息来源划分

按网络信息来源划分可分政府信息资源、公众信息资源和商用信息资源。

1. 政府信息资源

各国政府纷纷在网上发布有关该国家与政府的各种公开信息,进行国家与政府的形象展示。政府信息包括各种新闻、统计信息、政策法规文件、政府档案、政府部门介绍、政府取得的成就等。

2. 公众信息资源

公众信息资源,就是为社会公共服务的机构所拥有的信息资源,包括公共图书资源、科技信息资源、新闻出版资源、广播电视信息资源等。

3. 商用信息资源

商用信息资源,是商情咨询机构或商业性公司为生产经营者或消费者提供的有偿或无偿的商用信息,包括产品、商情、咨询等类型的信息。

9.1.2.2　按信息资源加工形式划分

按信息资源加工形式分,网络信息源主要有网络资源指南和搜索引擎、联机馆藏目录库、网络数据库,电子出版物(电子图书、电子期刊、电子报纸),电子参考工具,软件资源及动态信息等。

1. 网络资源指南和搜索引擎

二者都提供对网络资源的利用指导与帮助,不同的是资源指南只提供资源的向导,不提供对资源的检索功能,而搜索引擎是互联网上的检索工具,具有多种检索功能。

2. 联机馆藏目录

包括图书馆及信息服务机构提供的公共联机检索(OPAC)馆藏目录、地区或行业的联合目录。

3. 网络数据库

由原来的联机数据库系统发展而来,如 DIALOG、OCLC 都开设了与 INTERNET 的接口,另一类由专业信息服务商开发,如 UMI 的 PQDD,万方公司的数据库资源系统等等。

4. 电子出版物

国内外的许多出版商或信息服务中间商已发展成为网络出版商和服务商,网上的电子出版物包括电子图书、电子期刊和电子报纸等。

5. 电子参考工具

各种电子参考工具书已成立专门的网站或制成参考工具网络数据库的形式在网上供使用。

6. 软件资源

指各种共享和不共享的软件,以及关于软件的信息与资源。

7. 动态信息

指在网上动态发布的新闻、广告,通知以及基于交流组的实时交流信息等。

9.1.2.3　按网络传输协议划分

按不同的网络传输协议,网络信息资源可分为 WWW 信息资源、FTP 信息资源、Telnet 信息资源、用户通信或服务组信息资源、Gopher 信息资源。

1. WWW 信息资源

WWW(world wide web,中文名称为万维网,也称环球信息网)是 20 世纪 90 年代初期由位于瑞士的欧洲研究中心发明的,由于它能方便迅速地浏览和传递分布于网络各处的文字、图像、声音和多媒体超文本信息,并适用于因特网信息服务,因此在 20 世纪 90 年代中期得到迅速发展,因特网的 WWW 服务器以每年翻几番的速度增长,成为因特网信息资源的主流。

2. FTP 信息资源

FTP(file transfer protocol)称为文件传送协议,是因特网上历史最为悠久的网络工具。它允许人们通过协议连接到因特网的一个远程主机上读取所需文件并下载。它相当于在网络上的两个主机间拷贝文档。因特网刚开始流行时,网上文件大部分都是 FTP 站点上的,因而 FTP 在因特网的发展史中发挥着重要作用,至今 FTP 仍是发布、传递软件和长文件的主要方法,而且许多文件在 FTP 服务器上,并没有做 HTTP 的链接,值得人们重视。

3. Telnet 信息资源

Telnet 是因特网的远程登录协议,允许用户将自己的计算机作为某一个因特网主机的远程终端与该主机相连,从而使用该主机的硬件、软件和信息资源。

4. 用户通信或服务组信息资源

用户通信或服务组是因特网上颇受欢迎的信息交流形式。其中包括新闻组(usenet newsgroup)、电子邮件群(listserv)、邮件列表(mailing list),专题讨论组(discussion group)等。它们都是由一组对某一特定主题有共同兴趣的网络用户组成的电子论坛,是因特网上进行交流和讨论的主要工具。它们的工作原理与使用方法也非常相似,均用于网络用户间的信息交流但又各具特色和用途,锁定各自特定的用户。USENET 是因特网上的一种应用软件,用于提供新闻组服务,在这个服务体系中,有许多新闻服务器,用户可以在自己的主机上运行新闻组阅读器软件,申请加入某个新闻组,并从服务器中读取新闻组消息或将自己的意见发送到新闻组中,用户可查阅别人的意见并予以回复,由此反复,进行讨论。

5. Gopher 信息资源

Gopher 是一种基于菜单的网络服务,类似万维网的分布式客户机/服务器形式的信息资源体系。它是因特网的一种分布式信息查询工具,各个 Gopher 服务器之间彼此连接,全部操作都在一级级菜单的指引下,用户只需在菜单中选择和浏览相关内容,就完成了对因特网上远程联机信息系统的访问。

此外,Gopher 还可提供与前文所提及的其他多种信息系统的连接,如 WWW、FTP、Telnet 等。

9.1.3　网络信息资源的特点

网络信息资源的出现,使人类信息资源的开发利用进入了新的时代。作为新的信息资源形式,它在其丰富性和复杂性的前提下,体现出以下五大特点。

9.1.3.1　信息量大,来源广

Internet 已经成为继电视、广播和报纸之外的第四媒体,是信息资源存储和传播的主要媒介之一,是集各个部门、各个领域的各种信息资源为一体,供网上用户共享的信息资源网。任何人都可以十分容易地在网上发布信息、传播观点。因此信息资源数量十分巨大,有"海量"信息之称。并且信息来源十分广泛,信息发布者既有政府部门、大专院校、研究机构、学术团体、行业协会,更有大量的公司企业和个人。

9.1.3.2　信息内容丰富,结构复杂

因特网已成为全球最大的信息资源基地,在因特网上几乎可以获得任何领域的信息。它的信息资源主要以数据库为主体,还包括采用多媒体技术形成的集声音、图像、文字等为一体的包罗万象的综合性信息系统。其存储形式为文本、超文本、多媒体、超媒体,使信息组织方式也发生了巨大的变化,不仅以知识和信息为存储单元,而且同时展示这些单元之间的逻辑关系,为网络环境下不同形式的信息资源的管理和开发提供技术支持;由传统的顺序、线性排列,通过利用数字化存储技术,发展到超文本、超媒体技术,促使信息资源按照自身的逻辑关系组成相互联系的、非线性的网状结构。

9.1.3.3　信息传播速度快,变化频繁

在非网络信息中,信息传播速度快且变化最大的莫过于报纸,但是报纸一经出版,其信息便无法更改。而在 Internet 上,信息的更新非常及时,不少新闻站点、商业站点的信息每日更新;信息传播速度非常快,信息交流能瞬间完成。并且在因特网上,信息地址、信息链接、信息内容经常处于变动之中,信息资源的更换、消亡更是无法预测,为用户选择、利用网络信息资源带来了不便,同时也为信息的组织带来不便。

9.1.3.4　信息层次多,品种多样

Internet 上的信息资源层次多,有文本信息、图像信息、图形信息、表格信息、超文本信息等。同时还包括各种电子书刊、联机数据库、软件资源等,是多媒体、多语种、多类型信息的混合体。

9.1.3.5 信息分布缺乏组织,分散无序

Internet 信息资源的分散表现在没有一个中心点,也没有全面性的权限,甚至连本身的意义也显得模糊和多样。通过一种文献可以连接到更多相关或相类似的文献;同样,这份文献也可能从另一份文献链接而来,这种前所未有的自由度使 Internet 信息资源的共建和共享变得潜力无穷,然而也使 Internet 信息资源处于无序状态,而且"海量"的信息和快捷的传播加剧了网络信息的无序状态。许多信息资源缺乏加工和组织,其往往只是时间序列的信息堆积,缺乏系统性和组织性,而且其更新和消失往往无法预测,这无疑增加了对 Internet 信息资源的选择、收集、管理和维护的难度。

可见,随着数字化、网络化技术的飞速发展,网络信息资源呈现动态性、分布性、多元性和无序性等特点,使信息的查找和检索变得越来越困难。对于 21 世纪的信息用户和信息管理者来说,困扰他们的不是信息太少,而是信息过多。因此,如何对网络信息资源进行合理的描述、组织、序化和提高信息的利用率是当前研究的用重要课题。

9.1.4 网络信息资源的组织

根据 Internet 的技术特点、网络信息资源的特点与构成,以及对网络信息资源开发与利用的需求,网络信息资源的组织主要有以下的几种方式。

9.1.4.1 文件方式

以文件系统来管理和组织网络信息资源简单方便,是存储图形、图像、图表、音频、视频等非结构化信息的天然单位。组织网络信息资源可以利用计算机技术里的一整套文件处理的理论和技术,而且 Internet 也提供了一些协议来帮助用户利用那些以文件形式保存和组织的信息资源。但是文件方式对于结构化信息则难以实现有效控制和管理,并且随着网络信息资源的飞速增长,以这种方式传输信息会使网络负载越来越大。而且当信息结构较为复杂时,文件系统难以实现有效的控制和管理。因此,文件方式只能是组织网络信息资源的辅助方式。

9.1.4.2 超文本链接方式

这种方式是将网络上的相关文本的信息有机组织在一起,以接点为基本单位,接点间以链路相连,将信息组织为网状结构。它的特点是非线性编排,符合人们思维联想和跳跃的习惯。节点中的内容可多可少,结构可以任意伸缩,具有良好的包容性和可扩充性。这种方式可组织各类媒体的信息,方便描述和建立各媒体信息之间的语义联系。

9.1.4.3 搜索引擎方式

搜索引擎是互联网上一种常用而重要的信息组织方式。其工作原理是利用Robot(机器人)、Spider(蜘蛛)或 Worm(蠕虫)等自动代理软件,定期或不定期在因特网

上漫游,由于每个搜索引擎都配备有自动检索程序,随时都会顺着超文本之间的链接跟踪网上新加入的主页、节点。当发现新的网址、网页信息后,即对其进行自动抽取、标引、归并、排序,创建可按关键词查询的 Web 网页索引数据库,使用户能轻易地查找到所需要的信息。当用户输入检索词后,搜索引擎会自动将其与存储在网上的一次信息特征进行比较匹配,将符合用户要求的一次信息以超文本方式显示出来,检索结果可按相关性的大小顺序排列。这种方式的主要特点是非人工构建,自动化程度高,并可提供位置检索、概念检索、截词检索、嵌套检索等。搜索引擎方式的优点是所收录的信息量巨大,耗费人力资源较小,信息更新速度快,适合特性检索;缺点是检索结果较为庞大,检准率较低。

9.1.4.4　目录指南方式

目录指南也是互联网上常用的信息组织方式。它是利用人工或机器搜寻,但用人工分类并制作索引数据库。目录指南方式组织信息资源是将信息资源按某种事先确定的主题分门别类地加以组织,用户通过层层浏览,直到找到所需的信息线索,再链接到相应的页面。目录指南方式的优点是:专题性强,信息质量高,且能很好地满足检索的要求。用户按规定的分类体系,逐级查看,目的性强,查准率高。

目录指南方式屏蔽了网络信息资源系统相对于用户的复杂性,提供了一个基于浏览的简单易用的网络信息检索与利用界面,并且具有严格的系统性和良好的可扩充性。目录指南方式也存在一些不足。一方面,由于网络信息资源的海量,使得很难确定一个全面的范畴体系作为目录指南结构的基础,来涵盖所有的网络信息资源。另一方面,用户为了迅速地找到所需信息,还须对相应的体系有较为全面的了解,这就增加了用户的智力负担。再则,要保证目录结构的清晰性,每一类目下的条目也不宜过多,这就大大限制了所能容纳信息资源的数量。因此,目录指南结构不适合建立大型的网络信息资源系统。但在建立专业性或示范性的网络信息资源体系时,就显示出其结构清晰,使用方便的优点。

9.1.4.5　数据库方式

数据库是对大量的规范化数据进行管理的技术。利用数据库对网络信息资源管理可大大提高信息管理的效率。由于数据的最小存储单位是信息项(字段),可根据用户需求灵活地改变查询结果集的大小,从而大大降低了网络数据传输的负载。

9.1.4.6　主页方式

所谓主页(homepage),从表面上理解,就是某个单位、学校、企业,甚至政府、城市、国家在 Internet 上为自己建立起来的门面。人们从 Internet 访问这些地方的网站,首先都会接触到这个门面,并根据它的引导进一步查询网站上的有关内容,用户首先在键盘上输入一个 IP 地址,接着系统响应其访问请求,并通过网络将对方的主页信息传递到用户的计算机上,这时屏幕上出现的通常是经过精心设计的图形界面,就是通常所说的主页,按照微软公司的比喻,如果把 WWW 当作是 Internet 上的大型图书馆,则每个站点就是一本书,每个 Web 页面就书的一页,主页则是书的封面和目录,用户可以从主页开始,通过 Web 链接访问各类信息资源,在 WWW 世界中漫游。

9.2　网络信息检索工具

9.2.1　网络信息检索方法

要想在 Internet 上获得自己所需要的信息,就必须知道这些信息存储在哪里,也就是说要知道提供这些信息的服务器在 Internet 上的地址。然后通过该地址去访向服务器提供的信息。在 Internet 上,网络信息资源的一般查询方法有基于超文本的信息查询、基于目录的信息查询和基于搜索引擎的信息查询。

9.2.1.1　基于超文本的信息查询

通过超文本链接逐步遍历庞大的 Internet,从一个 WWW 服务器到另一个 WWW 服务器,从一个目录到另一个目录,从一篇文章到另一篇文章,浏览查找所需信息的方法称为浏览,也称基于超文本的信息查询方法。

基于超文本的浏览模式是一种有别于传统信息检索技术的新型检索方式。它已成为 Internet 上最基本的查询模式,利用浏览模式进行检索时,用户只需以一个节点作为入口。根据节点中文本的内容了解嵌入其中的热链指向的主题,然后选择自己感兴趣的节点进一步搜索。在搜索过程中,用户会发现许多相关的节点内容根本没被自己所想到。而是在浏览过程中不断蹦出来,提醒用户注意它。

随着 WWW 服务器的急剧增加,通过一步步浏览来查找所需信息已非常困难,为帮助用户快速方便地搜寻所需信息,各种 WWW 信息查询工具便应运而生,其中最有代表性的是基于目录和基于搜索引擎的信息查询工具,而利用这些工具来查找信息的方法就被称为基于目录和基于搜索引擎的信息查询方法。

9.2.1.2　基于目录的信息查询

为了帮助 Internet 上用户方便地查询到所需要的信息,人们按照图书馆管理书目的方法设置了目录,网上目录一般以主题方式来组织,大主题下又包括若干小主题,这样一层一层地查下去,直到比较具体的信息标题,目录存放在 WWW 服务器里,各个主题通过超文本的方式组织在一起,用户通过目录最终可得到所需信息的网址,即可到相应的地方查找信息,这种通过目录帮助的方法获得所需信息的网址继而查找信息的方法称为基于目录的信息查询方法。

有许多机构专门收集 Internet 上的信息地址,并编制成目录提供给网上用户。如搜狐搜索(http://dir.sogou.com/)就是一个非常著名的基于目录帮助的网址,其目录按照一般主题组织,分为娱乐休闲、电脑网络、卫生健康、工商经济、教育培训、生活报务、公司企业、艺术、社会文化、文学、新闻媒体、政法军事、科学技术、社会科学、国家地区等十六大类目录。每一大类又分成若干子类,层层细分。

9.2.1.3　基于搜索引擎的信息查询

搜索引擎又称 WWW 检索工具,是 WWW 上的一种信息检索软件,WWW 检索工具的工作原理与传统的信息检索系统类似,都是对信息集合和用户信息需求集合的匹配和选择。基于 WWW 搜索工具的检索方法接近于通常所熟悉的检索方式,即输入检索词以及各检索词之间的逻辑关系,然后检索软件根据输入信息在索引库中搜索,获得检索结果并输出给用户。

搜索引擎实际上是 Internet 上的服务站点,有免费为公众提供服务的,也有进行收费服务的。不同的检索服务可能有不同界面,不同的侧重内容,但有一点是共同的,其中收集了 Internet 上数百万装至数千方主页信息,包括该主项的果的依据,引擎已成为互联网信息检索最常用的工具。

9.2.2　搜索引擎简介

9.2.2.1　搜索引擎定义与任务

搜索引擎是利用网络自动搜索技术对互联网上各种资源进行标引,并为检索者提供检索服务的系统。具体来说,搜索引擎是互联网上专门提供查询服务的网站。这些网站通过复杂的网络搜索系统,将互联网上大量的网站的页面收集到一块,经过分析处理并保存起来,能够对用户的各种查询做出反应,提供用户所需的各种信息。

搜索引擎主要用于解决网络用户对有序信息的需求与网上大量信息的无序方式存在的矛盾。它完成的主要任务是:主动搜索 WEB 服务器信息并将其自动索引,其索引内容存储于可供查询的大型数据库中,利用各种检索方式将网络用户导向相关的信息资源。

9.2.2.2　搜索引擎的系统结构

这个系统通常包括信息收集,信息处理和信息查询三部分。

1. 信息收集子系统

信息收集子系统负责收集网络索引信息,填入数据库,这可以通过以下两种方式实现。人工登记。所谓人工登记,即由信息处理人员对因特网的信息进行筛选、组织和评价,编制主题目录,建立主题目录导航。用此方法建立的数据库内容非常准确,但数据库扩充比较缓慢。

自动数据收集。所谓自动数据收集,即由系统派出"网页搜索软件",如"蜘蛛"(Spider)或"机器人"(Robot)在各网页中爬行,访问网络中公开区域的每一个站点并记录其网址,将它们带回搜索引擎。

2. 信息处理子系统

信息处理子系统的功能是将"网页搜索软件"带回的信息进行整理、分析,建立搜索引擎数据库,并定时更新数据库的内容。它以主动的方式收集信息,这无疑加快了数据库建设的速度。在进行信息分类整理阶段,不同的搜索引擎会在搜索结果的质量和数量上产生明显的差别。有些搜索引擎记录网页全文,将收集到的网站上有的文章(网页)全部获取下来,并收录数据库中从而形成全文搜索引擎。而有些搜索引擎只记录网页的地址、篇名、题名、特定的段落和重要的词。所以有的搜索引擎数据库很大,而有的却很小。数据库规模的大小决定查询到的信息是否全面和查全率的高低。

3. 信息查询子系统

信息查询子系统向用户提供目录服务及关键词查询服务两种查询服务。

目录服务。目录服务是以资源结构为线索,将网上的信息资源按内容进行层次分类,使用户能依树状结构"顺藤摸瓜"检索信息。

关键词查询服务。关键词查询服务是利用建立的网络资源索引数据库向网上用户提供查询"引擎"。当用户利用搜索引擎,查找某个关键词时,搜索引擎并不是真的在网络上进行搜索,而是在数据库中查询指定的关键词,并按照关键词的匹配程度及关键词出现的次数由高到低排列出来提交给你。所以,你所给出的关键词越具体,找到你所需要的信息的可能性就越大。每个搜索引擎都能提供一个良好的界面,并具有帮助功能。用户只要把想要查找的关键词或短语输入查询栏中,并按"Search"按钮,搜索引擎就会根据用户输入的提问,在索引数据库中查找相应的词语,并进行必要的逻辑运算,最后给出查询的命中结果(均为超文本链接形式)。用户只需通过搜索引擎提供的链接,马上就可以访问到相关信息。由于搜索引擎的网络导航作用,它自然而然地成为通向因特网的必经之路。

9.2.2.3 搜索引擎的分类

随着搜索引擎的数量增加,搜索引擎的种类也越来越多。我们可以根据信息组织方式、语种、搜索范围的不同将搜索引擎进行分类。

1. 按信息组织方式划分

搜索引擎按信息组织方式划分可分为目录式搜索引擎和全文搜索引擎。

目录式搜索引擎。目录式搜索引擎提供了一份按类别编排的因特网网站目录,各类别之下,排列着属于这一类别的网站的站名和网址链接,这种排列方式与电话号码簿一样,不同的是有些搜索引擎还提供了各个网站的内容提要。目录式搜索引擎搜索到一个网站时,它并不像全文搜索引擎那样,将网站上的所有文章和信息都收录进去,而是首先将该网站划分到某个分类上,再记录一些摘要信息,对该网站进行概述性的简要介绍。目录式搜索引擎的优点是将信息系统地分门归类,用户可以清晰方便地查找某一大类信息,这符合传统的信息查找方式,尤其适合那些希望了解某一方面的信息,并不严格限于查询关键词的用户。分类目录查询对那些知道自己想查什么却又不能用词语确切表达出这种需求,并且检索经验相对较少的用户来说,显得更加方便友好。用户可从大处入手,层层深入,缩小范围、筛选、发现所需信息,在筛选过程中,进行分析、判断、掌握所感兴趣信息在网上的分布情况,从而组织自己所需信息的信息源。目录式搜索引擎的缺点是其搜索范围较全文搜索引擎要小许多,而且查询麻烦,需要层层递进。

全文搜索引擎。当全文搜索引擎搜索到一个网站时,会将该网站上所有的文章全部获取下来,并收录引擎的数据库中。只要用户输入查询的关键词在数据库中的某个主页中出现过,则这个主页就会作为匹配结果返回给用户,从这点上看,全文搜索引擎真正提供了用户对因特网上所有信息资源进行检索的手段,给用户以最全面、最广泛的搜索结果。全文搜索引擎的优点是查询全面而充分,查询方法简单,只要输入关键词就可得到相关的网页。对那些检索经验相对较丰富、对检索所花费的时间以及结果的准确要求相对较高的用户,全文搜索引擎是很好的选择。全文搜索引擎的缺点是提供的信息虽然多而全,但由于没有目录式搜索引擎那样清晰的层次结构,有时给人一种繁多而杂乱的感觉。全文搜索引擎具有的代表有“Goole”(http://www.goole.com)、“AltaVista”(http://www.altavista.com)、百度(http://www.baidu.com)、雅虎(http://www.yahoo.com)等。

2. 按语种分类

搜索引擎按语种可分为单语种搜索引擎和多语种搜索引擎。

单语种搜索引擎,是指搜索时只能用一种语言查询的搜索引擎,如英文“HotBot”,中文“搜狗搜索”。

多语种搜索引擎,是指那些可以用多种语言查询的搜索引擎,如“Goole”“AltaVista”,可用多种语言进行查询。

3. 按搜索范围分类

按搜索范围,搜索引擎可分为独立搜索引擎和多元搜索引擎。

独立搜索引擎。独立搜索引擎的 URL 只代表一个搜索引擎,检索只在本引擎的数据库内进行,由这个数据库反馈出相应的查询信息,或者是相链接的站点指向。

各个独立的搜索引擎都会有自己的查询特色,例如:目录查询、全文查询、简单查询、高级查询等。每个独立搜索引擎数据库所覆盖的领域、资源类型、规模等均不同,检索方式也各具特色,对同一个检索提问,不同的搜索引擎会产生不同的检索结果。

为了获得最全面的检索结果,用户不得不将同一个检索课题在多个搜索引擎上一次又一次地进行检索,因此要面对不同的检索界面,一次次地重复输入提问式,还要对反馈的检索结果进行筛选。正是为克服用户面对品牌繁多、五花八门的搜索引擎而产生的无所适从和疲于奔命,多元搜索引擎应运而生。

多元搜索引擎。多元搜索引擎又称集合式搜索引擎。它是将多个搜索引擎集成在一起,提供一个统一的检索界面,且将一个检索提问同时发送给多个搜索引擎,同时检索多个数据库,再经过聚合、去重后输出检索结果。这样,所得的信息源的范围就扩大了。检索的综合性,全面性也有所提高。较为著名的多元搜索引擎有 MetaCrawler、Mamaa、万纬中文搜索引擎等。

9.2.2.4 搜索引擎的一般检索技术

计算机常用检索技术已介绍,但在搜索引擎中的使用不尽相同,现简单介绍如下(使用时可参考不同搜索引擎的在线帮助)。

1. 邻接符

有些搜索引擎提供了邻接符操作(near)。它用于寻找在一定区域范围内同时出现的检索词的信息,但这些单词可能并不相邻,间隔越小的排列位置越靠前,其彼此间距控制是:"near/n","n"为数值,意为检索单词距最大不超过几个单词。如:检索式"computer near/10 game",则查找"computer"和"game"的间隔不大于 10 个单词的文档。

2. 通配符

通配符一般用星号(＊)表示,用于代替任意的字母组合。当" ＊ "置于一个词的右边,表示代替的字母组合,以实现部分匹配。如:检索式"comput ＊ ",则表示可以代表 computer、computing 等词。" ＊ "不能用在单词的开始或中间。

3. 逗号、括号、引号

逗号。逗号(,)的作用类似于"or",也是寻找那些至少包含一个指定关键词的信息,不同的是"越多越好"是它的原则,因此查询是找到的关键词越多的文档,其排列的位置越靠前。如:检索式"计算机,多媒体,Windows xp",则查询时同时包含"计算机""多媒体"和"Windows xp"的文档将出现在前面。

括号。括号( )的作用和数学中的括号相似,可以用来使括在其中的操作符先起作用。如:检索式"(网址 or 网站)and(搜索 or 查询)",则实际查询时,关键词就是"网址搜索""网址查询",或者是"网站搜索""网站查询"。

引号。当使用引号("")组合关键词时,搜索引擎即将关键词或关键词组合作为一个字符串在其数据库中进行搜索。

(4)字段限定

所谓字段限定,即限定词语在文献中出现的部位,如主题、站点、URL 搜索、链接等。大部分搜索引擎可以进行字段限定,但是字段限定的数目和表示方法略有不同。

主题搜索。使用"title"命令,可以实现主题搜索,也就是查找网页的主题包含所指定的字符的网页。如:检索式"title:The Street Journal",则检索与"The StreetJournal"匹配的网页。

站点搜索。使用"host"命令,可以查找所指定的网站。如:检索式"host:digital.com",则检索 WWW 服务器中主机名为"digital.com"的网页。一些搜索引擎使用"domain"和"site"来代替"host"。

URL 搜索。一些搜索引擎提供查询"URL"的功能,这和站点搜索功能非常相似。如:检索式"url:home.html",可以检索在网页地址中含有"home.html"的 URL。

链接搜索。链接搜索使用"link"命令,即查询与特定页面或主机有链接的所有页面。如:检索式"link:thoms.gov"可以检索与"thoms.gov"至少有一次链接的网页。

5. 范围限定

有的搜索引擎将信息源进行分类,限定检索类别范围;对检索时间范围进行限定;还可以限定在前次检索结果的范围内予以优化检索。常见的范围限定有信息源限定、时间限定、二次检索等。

6. 空格和大小写字母

搜索引擎对空格和字母大小写都有明确规定,在操作时应予以注意。

空格。"空格"是一种特殊操作符,其作用与逻辑"与"(AND)相同。因而,在输入汉字作关键词时,不要在汉字后追加不必要的空格,否则,就会发生检索错误。

大小写字母。很多搜索引擎对字母大小写不加区分,但也有些搜索引擎是区分的,因此,在使用搜索引擎前,首先要了解清楚,特别在查找人名、公司名称、产品名称或其他专用名词时,最好用大写字母进行查询。

9.2.2.5　常用中文搜索引擎介绍

1. 百度(http://www.baidu.com)

百度公司是 1999 年底,由两位北大校友、超链分析专利发明人、前 Infoseek 资深工程师李彦宏及徐勇于美国硅谷创立,2000 年回中国发展。2001 年 8 月发布 Baidu.com 搜索引擎 Beta 版(此前 Baidu 只为其他门户网站如搜狐、新浪等提供搜索引擎),2001 年 10 月 22 日正式发布 Baidu 搜索引擎,专注于中文搜索。

百度是目前全球最优秀的中文信息检索与传递技术供应商之一,其具有如下先进的技术特点:

(1)采用全球独有的超链分析技术。这种技术将传统情报学中的引文索引同 Web 中最基本的东西链接技术相结合,通过分析链接网站的多少来评价被链接的网站质量,这保证了用户在百度搜索时,越受用户欢迎的内容排名越靠前。

(2)百度在中文互联网拥有天然优势。百度是由中国人自主开发的一款搜索引擎,其服务器分布在中国各地。保证用户通过百度搜索引擎可以以最快的速度搜到世界上最新最全的中文信息。

(3)为中文用户度身定做。作为自己的搜索引擎,百度深刻理解中文用户的搜索习惯,开发出关键词自动提示功能:用户输入拼音,就能获得中文关键词正确提示;还开发出中文搜索自动纠错功能:如果用户误输入错别字,可以自动给出正确关键词提示。

(4)百度也提供了"相关检索""网页快照"和"类似网页"等功能。从检索内容看,百度可检索网页、新闻、图片等,百度还整合了 MP3 和 Flash 两个专项搜索。

百度提供关键词检索和高级检索。关键词检索只要在百度主页搜索框中输入相关主题词,点击"百度搜索"即可,百度会自动找出所有符合全部查询条件的网站或资料,并将最相关网站或资料排在前面。

百度有中文搜索自动纠错功能,当用户误输入错别字时,它将自动给出正确关键词提示;支持布尔逻辑检索技术外,用"+""-""|"分别表示;支持限制技术,可在一个网址前加"site:"表示搜索某个具体网站、网站频道或网页,在一个或几个关键词前加"",表示只检索网页标题中含有这些关键词的网页;不区分英文字母大小写,所有的字母均作小写处理。

高级检索除支持以上检索技术以外,还可以对检索结果、时间、地区、语言、搜索结果显示条数、文档格式、关键词位置进行限制。搜索结果可以进行包含以下全部的关键词、包含以下的完整关键词、包含以下任意一个关键词、不包括以下关键词的限制。时间可进行1天、1周、1月、1年限制。关键词位置可在网页的任何地方、仅在网页的标题中和在网页的URL中进行限制。文档格式有pdf、doc、ppt等等。

2. 中文Google(http://www.google.com.cn)

搜索引擎Google为1999年成立的google Inc.所有,由美国斯坦福大学的两位博士于1998年9月发明。面世至今,获得多项业界大奖。数据库容量可达20亿张网页,查询速度极快,能找到其他引擎找不到的网页。Google以检索功能强大、搜索信息的准确性而备受赞誉,平均1月更新1次,对部分网页每日更新。提供Google工具条、网页快照、图像搜索、新闻组及网页目录搜索。现在其索引量已达60多亿条,成为因特网上最大的搜索引擎。

Google采用了先进的网页级别(PageRank)技术。这种技术是指依据网络自身结构,根据互联网本身的链接结构对相关网站用自动方法进行分类,清理混沌信息,整合组织资源,使网络井然有序。Google提供了"手气不错""网页快照"和"类似网页"等全新的功能。Google和一家名为Realnames(简称RN)的网络关键词管理公司合作。当用户输入关键词与Google推荐的网站匹配时,试试"手气不错"就可以登录到最佳网站。"网页快照"是指Google为用户贮存的大量应急网页。它的作用是:当用户所要检索的网页在实际上可能已经过时或者不存在了,而由于搜索引擎数据库的更新需要一定的时间,无法跟得上那些更新速度快的网站(如新闻网站),或是有时碰到网页服务器的暂时中断而找不到服务器,这时快照内容便可暂缓燃眉之急。

Google提供简单查询和高级查询两种常用的搜索方式。简单查询只要在检索文本框中直接输入关键词,然后点击"Google搜索"按钮,就可得到与关键词匹配的检索结果,可以进行网页、图片、新闻、论坛等查询。Google还提供分类目录,以供按类查询。高级查询提供搜索结果、语言、文件格式、日期、字词位置、网域等字段限制。

2010年3月Google公司将中文搜索业务转移至香港。

3. 搜狗搜索(http://www.sogou.com/)

"搜狐"大型中文门户网站,于1998年正式问世。"搜狐"一经推出,即受到网上用户的广泛欢迎,"出门靠地图,上网找搜狐"成为1998年中国网络界的一句口头禅。搜狗搜索是搜狐 2004 年开发的优秀的中文信息查询工具。

搜狗提供关键词检索和高级检索。关键词检索只要在搜索框中输入相关主题词,点击"搜狗搜索"即可,搜狗会自动找出所有符合全部查询条件的网站或资料,并将最相关网站或资料排在前面。

高级检索可以对搜索结果排序方式、在指定站内搜索、文档格式、关键词位置等进行限制。搜索结果还可以进行不包括关键词的限制。

4. 天网搜索

天网搜索的前身是北大天网。北大天网由北京大学网络实验室研究开发,是国家重点科技攻关项目"中文编码和分布式中英文信息发现"的研究成果。北大天网于 1997 年10 月 29 日正式在 CERNET 上向广大互联网用户提供 Web 信息搜索及导航服务,是国内第一个基于网页索引搜索的搜索引擎。北大天网见证了中国互联网和中文搜索引擎发展的历史并参与其中,它是国内中文搜索领域的一面旗帜。

在"天网"主页上,用户在文本框中输入想要查询的关键词,并回车(Enter),或者点击"天网搜索"按钮即可。在天网查询时无须使用"&"与操作,只需要输入空格就可以了。天网搜索会在关键词之间自动添加"&"并提供符合全部查询条件的网页。如果想进一步缩小搜索范围和结果,只需输入更多的关键词或者在查询结果中输入关键词进一步查询。例如:搜索所有包含关键词"北京大学"的网页,只需在搜索框中输入"北京大学"。如果搜索所有包含关键词"北大"和"校庆"的网页,只需在搜索框中输入"北大校庆"即可。

5. 其他中文搜索引擎

QQ 搜搜、中搜、中文雅虎等。

9.2.2.6　英文搜索引擎介绍

1. Google(http://www.google.com)

Google 成立于 1997 年,目前是世界规模最大的搜索引擎,并向 AOL、Compuserve、Netscape 等门户和搜索引擎提供后台网页查询服务。Google 每天处理的搜索请求已达 3亿多次,而且这一数字还在不断增长。

Google 提供常规及高级搜索功能。在高级搜索中,用户可限制某一搜索必须包含或排除特定的关键词或短语。该引擎允许用户定制搜索结果页面所含信息条目数量,可从10 到 100 条任选。提供网站内部查询和横向相关查询。

Google 允许以多种语言进行搜索,在操作界面中提供多达 30 余种语言选择,包括英语、主要欧洲国家语言、日语、中文简繁体、韩语等。同时还可以在多达 40 多个国别专属引擎中进行选择。

以关键词搜索时,返回结果中包含全部及部分关键词;短语搜索时默认以精确匹配方式进行:不支持单词多形态(word stemming)和断词(word truncation)查询;字母无大小写之分,默认全部为小写。

搜索结果显示网页标题,链接(URL)及网页字节数,匹配的关键词以粗体显示。其他特色功能包括"网页快照"(Snap Shot),即直接从数据库缓存(Cache)中调出该页面的存档文件,而不实际链接到网页所在的网站,方便用户在预览网页内容后决定是否访问该网站,或者在网页被删除或暂时无法连接时,方便用户查看原网页的内容。

2. Alta Vista(http://www.altavista.com)

"Alta Vista"是一个功能强大的支持关键词查询的搜索引擎,其特点是使用新的搜索技术,信息查询速度快。"Alta Vista"自 1996 年 12 月开始服务以来,引起了世界各地网民的广泛注意,每天都要接受大量访问。相对其他搜索引擎而言,"Alta Vista"的搜索结果总是比其他任何站点的搜索结果内容更丰富。

"Alta Vista"收录范围为网址、网页、FTP 文件及 Usenet 用户小组。它的简单检索支持自然语言检索,高级检索兼容简单检索的全部功能,增加了字段限制、位置逻辑限制、布尔逻辑限制等多种检索功能,可使搜索精细化,能完成极复杂的搜索任务。"Alta Vista"还可提供全球索引,使您可以查到多种语言信息,并可以用多种语言进行检索;具有简单、标准和详细三种输出格式。如果你掌握了它的检索方法,就会很容易地去开发"Alta Vista"为你储备的巨大信息宝库。

"Alta Vista"提供简单查询和高级查询两种常用的搜索方式。进入"Alta Vista"之后,在该页面上会出现一个"search"框,简单检索便从这里开始。要进行有效的搜索,最好输入描述你所感兴趣主题的精确词组。提供的词组表达越精确,查准率越高。简单检索支持字符串检索、组配检索、截词检索。字符串检索,用""来指定字符串或短语检索。组配检索,检索词前带有"+",表示检出文献必须包含该词;"-"则表示检出文献中不包含该词。截词检索,进行简单检索时,可以在单词的末尾加个通配符来代替任意的字母。

高级检索中,"Alta Vist"提供了丰富的逻辑检索支持,支持常用的布尔运算符、嵌套、近似搜索等,接受四个连接词:AND、OR、NOT、NEAR。提供日期限定、字段限定等扩展功能,用户可在定制的搜索条件输入框中输入文字,以此为条件进行检索,可用自然语言查询。"Alta Vista"提供 Refine 工具,能够列出和搜索相关(有时也不相关)的关键词,使下一步搜索更有针对性,提高检索效率。"Alta Vista"提供按语言检索信息功能,共有中、俄、英、法、德等 26 种语言可供选择。

3. Excite(http://www.excite.com)

1993 年斯坦福大学的 6 个学生创建了一个名叫 Architext Software Corporation 的公司,力图开发一种能在大型数据库中进行快速概念检索的搜索引擎。这种努力的结果是 Excite Web Search 在 1995 年开始公开服务,公司名称改为 Excite。其网页索引是一个全文数据库,"Excite"既提供全文搜索引擎,又提供以类目形式组织起来的分类目录。查询界面由 Excite Search、Excitecitynet、Excitelive、Excitereference 组成。在 Excite Search 上进行主题词查询;Excitecity-net 帮助查看城市相关信息;Excitelive 提供各种消息,包括新闻、股市行情、天气情况等;Excitereference 提供电子邮件、地图、共享软件和字典服务等,从 1998 年 Excite 开始提供中文查询。

Excite 检索特色有:运用独特的"智能概念提取"技术进行检索,即查找提问式的概念和含义相关的文献,而不是简单的关键词匹配。与大多数检索引擎一样,它会将所有包含提问式中检索词的文献视为命中文献,但它还会利用检索词的相关要领进行更深一步的检索,以扩大检索范围。例如当提问式中的检索词为"elderpeople"时,Excite 不但使用该词而且还会用其他相关概念进行查询。

普通检索,当访问其主页时,将直接进入普通检索方式,在检索窗口中键入所要查询的信息。词与词之间不能空格,同时由于它的智能检索,应采用一个以上的比较专指的提问词进行检索,可检索到更多的相关文献。

Excite 提供对 WEB 站点、目录、新闻与图片搜索。新闻与图片搜索查询只需在输入框中输入相关主题词即可。其高级检索支持布尔逻辑查询。允许对搜索内容的时间、语言、结果数量、结果的排列顺序进行限定。类目查询时,专业中总类和大类在最左侧,越往右越专深细小。如果不知道所输入的关键词属于哪一类,Excite 自动提供一批相关的类目供用户选择。

高性能检索(PowerSearch),Excite 在主页的最下方提供了高性能检索入口。它的"高性能检索平台"将各项功能以选项的方式提供给用户,使其在不必构造检索式的情况下,快捷准确地搜索到相关的文献,方便用户使用。用户可以自己指定检索数据库,包括全球广域信息网、近期新闻、德国网页数据库、法国网页数据库、英国网页数据库,瑞典网页数据库和 Usenet 的新闻组;它还能控制检索结果的数量和显示方式。但是目前高性能检索尚不能支持智能概念提取。

4. Hotbot

Hotbot 曾是比较活跃的搜索引擎,数据更新速度比其他引擎都快。网页库容量为1.1 亿。以独特的搜索界面著称。Hotbot 提供有详细类目分类索引,网站收录丰富,搜索速度较快,并提供音乐、黄页、e-mail 地址、新闻标题、FTP 检索等专类检索服务。该引擎已被 Lycos 收购,成为 Terra Lycos Network 的一部分。

Hotbot 拥有强大的检索功能的多种检索技术支持。Hotbot 提供多种语言的搜索功能,对包括中文、英语、法语、日语等 36 种语言进行选择限定。

进行常规搜索时,用户可以通过选择下拉列表各项来定制搜索条件。在高级搜索中,HotBot 则提供更复杂的限制搜索条件。用户可指定以特定的域名后缀(如".com"".org"等),地理位置,时间范围,文件长度等项目进行搜索。还可专门查个人主页,并支持自动单词变形搜索(需点选对应的选择框)。此外,在高级搜索中还可查询包含 Java、Javascript、Acrobat、ActiveX、MP3、audio、video 或 image 等内容的网页。

Hotbot 支持通配符"?"和"*",但"?"号只能通配一个字母,而"*"号只能用在词根右侧。允许在列表中选择精确匹配或使用"?"号进行精确匹配查询。布尔逻辑搜索可通过在菜单中选择或在搜索中附加 AND、OR 或 NOT 命令实现。不管搜索结果中匹配的关键词是大写还是小写,只要与搜索条件相符就被列出。例如搜索"games",则返回任何包含"games""Games"和"GAMES"的网页。

5. 其他英文搜索引擎

Yahoo(http://www.yahoo.com)

Lycos(http://www.lycos.com)

Alltheweb(http://www.alltheweb.com)

9.2.2.7　搜索引擎的发展趋势

随着互联网技术的不断发展,搜索引擎以其强大的搜索功能对上亿网页进行信息的检索,而且搜索时间通常不过几秒,深受人们的喜欢。人们对搜索引擎功能的要求也越来越高,不同人群有不同的搜索需求,搜索引擎技术正成为计算机工业界和学术界争相研究、开发的对象。未来的搜索引擎呈现四大发展趋势:即多元化、智能化、专业化和多媒体化。

1. 搜索引擎的多元化

搜索引擎的发展趋势之一是多元化,即元搜索引擎。元搜索引擎:这类搜索引擎没有自己的数据,而是将用户的查询请求同时向多个搜索引擎递交,将返回的结果进行重复排除、重新排序等处理后,作为自己的结果返回给用户。现有不少单搜索引擎只能在本身所建立的数据库中查询所需要的信息资料,不能利用其他的搜索引擎查询信息资料。为此有些发达国家已开发出了10多种元搜索引擎,服务方式为面向网页的全文检索。这类搜索引擎的优点是返回结果的信息量更大、更全,缺点是不能充分使用所利用的搜索引擎的功能,用户需要做更多的筛选。这类搜索引擎的代表是 WebCrawler、InfoMarket、Digisearch、MetaCrawler、SavvySearch、Cyber411、Profusion、IQ99 等。这些元搜索引擎的功能优于单搜索引擎。它能有选择地调用多个单搜索引擎收集信息,并能集中处理检索结果,按其相似性进行匹配排序,返回用户,能将查到的信息按单搜索引擎归类,以说明所搜索的信息是哪个单搜索引擎查到的。

2. 搜索引擎的专业化

搜索引擎发展趋势之二是专业化,即专业搜索引擎。搜索引擎的专业化是为了专门收录某一行业、某一主题和某一地区的信息而建立,非常实用,如商务查询、企业查询、人名查询、电子邮件地址查询和招聘信息查询等。这种专业化的搜索引擎是将来的方向。目前多数搜索引擎是综合性的,如 Alta Vista、Yahoo、搜狐等。这类搜索引擎虽然在收集信息的全面性上有些优点,但难以收集全某专业的信息资料,对专业性信息资料缺乏深加工,查准率差,服务器的维护也困难。这就为专业化的搜索引擎的建立与发展开辟了广阔空间,于是国外有关农业、化工、医学、教育、园艺、摩托车、宠物、家庭、服装、投资等专业化的搜索引擎便应运而生。专业化的搜索引擎在搜索某专业领域信息的全面性与挖掘深度上都优于综合性搜索引擎。

如搜索有关化工 Chemindustry,搜索有关农业的 Agrisurf,有关医学的 Medline 等,国内有关专业搜索引擎甚少。

3. 搜索引擎的智能化

搜索引擎的发展趋向之三是智能化,即机器人搜索引擎。搜索引擎的智能化体现在两方面:一是对搜索请求的理解,二是对网页内容的分析。其中通过对用户的查询计划、意图、兴趣方向进行推理、预测并为用户提供有效的答案是这种系统的支柱技术。自然语言搜索能力也是智能化的一个体现,是目前相对易于开发的技术。智能化的搜索引擎的智能功能反映在两方面:首先是能进行自动词汇拆分。能对用户输入的中文或英文词组进行自动规范化处理,能进行自动词汇拆分,使用户对中、英文信息都能查找;其次是能进行自动搜索与标引。利用自动代理软件有 Robot、Spider、Worm 等,在网上 24 小时不停地漫游、遍历,通过访问网络中每一个公开区域的站点,自动地收集网上的信息资源,记录下新的网址。如通过 AltaVista 的 Spider 可以访问 1 亿个网站。而后利用索引软件对所搜索的信息进行自动标引,以建立按关键词查询的 WEB 页索引数据库,供用户查询。该类搜索引擎的优点是信息量大、更新及时、不需人工干预,缺点是返回信息过多,有很多无关信息,用户必须从结果中进行筛选。

4. 多媒体化

多媒体搜索引擎是随着宽带技术而发展,未来的互联网是多媒体数据的时代。开发出可查寻图像、声音、图片和电影的搜索引擎是未来一个新的方向。多媒体是综合性的信息资源,是文本、图形、声音、动画、视频等媒体元素的统称。多媒体搜索引擎是具有图像、音频、视频、动画等搜索功能的搜索引擎。这类搜索引擎的代表有 AllTheWeb、AltaVista、Ditto、Imagesgoole、MAusi-finder 等。

9.3　网络信息检索策略

9.3.1　影响网络信息检索的因素

影响 Internet 信息检索的因素有很多,如网络信息资源质量、检索软件、用户水平等。

9.3.1.1　网络信息资源质量对网络信息检索的影响

丰富的网络信息资源为 Internet 信息检索系统提供了庞大的信息来源,但由于其收集、加工、存储的非标准化,给信息检索带来一定困难。网络信息资源收集不完整、不系统、不科学,导致信息检索必须多次进行,造成人力、物力和时间上的浪费。

网络信息资源加工处理不规范,不标准,使信息检索的查全率、查准率下降。网络息资源分散、无序、更换、消亡无法预测,因此用户无法判断网上有多少信息同自己的需求有关,检索评价标准难以确定。网络信息资源由于版本和知识产权问题,也给信息检索带来麻烦。由于 Internet 是一个非控制网络,所有网上公用信息均可以自由使用,共同分享,网上电子形式的文件极易被复制使用,这样就容易引起知识产权,版权信息真伪等问题。目前 Internet 上 80%以上的信息是以英语形式发布,英语水平低和不懂英语的人很难利用 Internet 上庞大的信息资源,对中国用户来说,虽然网上中文信息剧增,但还是需要查询西方国家先进科技信息。由于缺乏汉化软件,自动翻译体系尚未成熟,因此,语言障碍也影响了广大用户对网上信息资源的开发与利用。

9.3.1.2 检索软件对网络信息检索的影响

Internet 将世界上大大小小,成千上万的计算机网络连在一起,成为一个没有统一管理的、分散的但可以相互交流的巨大信息系统,这意味着人们必须掌握各种网络信息检索工具,才能检索到自己所需要的网络信息资源,但是由于 Internet 信息组织的特殊性和目前检索工具自身存在的一些问题,给信息检索带来一些问题。Internet 上的信息存放地址会频繁转换和更名,根据检索工具检索的结果并不一定就能获得相应的内容。基于一个较广概念的检索项,往往会获得数以千万计的检索结果,而使用户难于选择真正所需要的信息。每种检索工具虽然仅收集各自范围内的信息资源,但也难免使各种检索工具的信息资源出现交叉重复现象。

9.3.1.3 用户水平对网络信息检索的影响

在 Internet 这个开放式的信息检索系统中,用户不仅要自己检索信息资源,同时还要进行信息资源的收集、整理、存储工作,因此,Internet 用户的信息获取与检索能力对信息检索有着直接的影响。用户对信息检索需求的理解和检索策略的制定关系到信息检索质量。用户的计算机操作能力及网络相关知识的掌握程度影响着信息检索的效率。用户对网络信息检索工具应用熟练程度影响着信息检索的效果。用户的外语水平影响着信息检索的广度与深度。

9.3.2 网络信息检索常用方法与技巧

9.3.2.1 利用搜索引擎检索

因特网上有许多检索工具,不同检索工具的索引规模、搜索范围及索引组织是不相同的。选择合适的检索工具是取得检索成功的关键一步。选择合适的网络检索工具主要从网络检索工具的类型、收录范围、检索问题的类型、检索具体要求等方面综合考虑。一般来说,如果希望浏览某方面的信息、专题或者某个具体的网站,分类目录会更合适。如果需要查找非常具体或者特殊的问题,用关键词搜索比较合适;当需要查找的是某些确定的信息,如 MP3、图片等,就最好使用专门的 MP3、图片等专业搜索引擎等。用不同的搜索引擎进行查询得到的结果常常有很大的差异,这是因为它们的设计目的和发展走向存在着许多不同,使用时要根据自己的需要选择合适的搜索引擎。

9.3.2.2 利用网上信息指南检索

通过学科资源导航系统来利用网上资源。这些系统是针对某一学科或与该学科有关的某一主题,对 Internet 上的相关学术资源进行收集、评价、分类、组织和有序化整理,并对其进行简要的内容揭示,建立分类目录式资源组织体系、动态链接、学科资源数据库和检索平台,发布于网上,为用户提供网络学科信息资源导引和检索线索的导航。它将某一学科的网络学术资源由分散变为集中,由无序变为有序,其建立将方便各学科读者查询本学科网络信息资源。此类指南专业性强,是检索科技信息十分有效的方法。如中国高等教育文献保障体系(CALIS 系统)中的一个子项目"重点学科导航库"就是进入"211 工程"的重点高校图书馆针对本校重点学科,对网络信息资源进行分工协作、组织整理的一个共建项目。目的是通过该导航群提供便捷的网络学术资源查询服务。国家图书馆、上海图书馆等大型图书馆一般都建有文献资源导航系统。进入这些站点,直接从主页找到自己关注的资源类目,进行选择。

9.3.2.3 检索网络文献数据库

就世界范围来说数据库发展的特点是:发展速度快、数据库日趋专业化;数据库已由科技文献型产品扩展到多品种体系;数据库服务范围从科技到经济、管理、市场、娱乐等。网络文献数据库包括综合性和专业性数据库、期刊数据库、专利数据库等信息资源。许多著名的国际联机数据检索系统,如 Dialog、OCLC 等都开设了与 Internet 的连接,用户可通过远程登录或 www 方式进行检索。另外,有许多信息服务机构开发了网络数据库,如 ISI 公司推出的 wofScience,其中有 SCI,SSCI,A8LHCI 三个引文数据库;美国工程信息公司开发的 Eivillage;英国的 INSPEC 数据库;EBSCO 公司的 BSP(BusinessSourcePremier 商业资数据库)、ASP(AcademicSearchPremier)学术资源数据库,UMI 公司的 PQDD(硕士、博士论文数据库)等。国内著名的数据库如《中国期刊全文数据库》《中国优秀博硕士论文全文数据库》《中国重要报纸全文数据库》《中国重要会议论文全文数据库》《万方数据资源系统》《维普中文科技期刊数据库》《中国专利数据库》等。这些数据库由专门的信息机构或公司专业制作和维护,信息质量高,是专业领域内常用数据库。网络文献数据库是网上信息资源的基础,对检索专业性文献信息的用户来说应首先选择。

9.3.2.4 查询网上图书馆

大多数图书馆都提供馆藏资源的网上检索。如中国国家图书馆、中国科学院文献信息中心、上海图书馆等国内图书馆都提供文献信息的查询。也可访问网上图书馆、网上书目查询或网上书店,如 CALIS 联机公共书目查询系统、超星数字图书馆等。

9.3.2.5 选择合适的搜索工具

在动手检索之前,要根据检索内容和目的选择合适的搜索工具。要对检索的课题进行分析,确定其主题、类型形成若干具有检索意义的概念,并考虑概念的专指度,分清主次,力求准确反映主题。同时确定检索目的,是泛泛浏览还是索取具体的文献;文献的类型是图书、期刊、论文,还是影像资料;确定语种、年代等等。确定好的检索工具可以节省大量时间。

9.3.2.6 正确使用检索工具的检索功能

无论你使用哪一种检索工具,只能使用你选择的工具所提供的检索功能对网络信息资源进行检索。因为每一种检索工具所提供的检索技术功能不同,同一种检索技术在不同的检索工具中的使用方法也不尽相同,这一点是不可忽视的。不过,多数的检索工具所提供的检索技术是相通的,我们要善于比较与利用。要灵活运用各种检索技术,除著者、刊名、机构等条件比较简单的检索外,尽量使用各检索工具提供的高级检索功能。

9.3.2.7 正确运用检索策略

合适的检索策略可以提高信息检索的查全率和查准率。传统检索理论非常重视检索策略的研究,强调检索策略的建立和修正,为提高网络检索效果有必要学习一些检索策略,掌握常用文献检索的途径、方法、技术和步骤。

【思考题】

1. 网络信息资源具备哪些特点?
2. 简述三种中文网络搜索引擎的特点。
3. 网络信息检索有哪些常用方法?

第10章 科技文献信息利用与科技论文写作

10.1 文献信息的收集、整理与分析

在科学研究和论文写作过程中,科技文献的利用是一项基础性工作,而科技文献利用的前提是通过检索等手段收集科技文献,然后将收集到的科技文献经过整理和分析,为科研课题的研究和科技论文的写作服务。

据美国科学基金会(National Science Foundation,NSF)统计,一个科学研究人员花费在查找和消化学术资料上的时间需占全部科研时间的51%,计划思考占8%,实验研究占32%,书面总结占9%。

10.1.1 科技文献的收集

科技文献的收集是每个科技工作者从事教学、科研、生产与管理必不可少的基础性工作。任何科研课题,从选题直至课题结束时的成果水平鉴定,每一个环节都要求系统地收集与课题相关的科技文献。因此,全面、准确、高效地收集科技文献对科研课题的顺利完成是十分重要的。

科研课题研究的4个阶段:

一般来说,科研课题的研究过程可以划分为前期阶段、初始阶段、中间阶段和总结阶段4个阶段。

(1)前期阶段

科研课题研究的前期阶段主要是选题和课题论证阶段。选题要考虑科学性、学术性、创造性、应用市场发展前景及前人研究成果的调研等,同时需要有足够的科学依据对科研课题进行可行性的有关论证。因此,需要查阅和收集大量国内外相关科技文献信息。

(2)初始阶段

科研课题研究的初始阶段主要是制订课题研究计划和选择科研课题研究方法。科研课题研究计划的制订必须遵循事物发展的客观规律,有组织、有计划、有步骤地按时完成科研课题的研究工作;科研课题的研究方法的好坏关系到科研课题研究的成败,为使科研课题能按计划顺利完成,必须设计和选择适合科研课题的研究方法和技术方案。而这些研究方法和技术方案的形成同样要依赖有关的科技文献信息。

（3）中间阶段

科研课题研究的中间阶段主要是科研课题的研究计划和科研课题的研究方法实施的过程。在整理、总结和综合分析科研课题进展情况的基础上，应参考和借鉴前人的经验，及时调整科研课题的研究方法和技术方案，以保证科研课题研究的创新和水平。因此，深入收集科技文献信息就变得尤为重要。

（4）总结阶段

科研课题研究的总结阶段主要是科研课题研究成果的总结、鉴定和科研课题论文的撰写阶段。科研课题研究成果是科研课题中间阶段的产物，对其要进行结果的讨论与分析，在前人研究的基础上提出独到的见解、结论及存在的问题，并接受有关主管部门的鉴定与验收。科技论文的撰写实际上就是对科研课题研究成果的总结归纳，按照科技论文的撰写方法，撰写出科研课题的研究论文。只有参考大量的科技文献资源，才能完成深入的总结、比较与评价。

总而言之，科研课题的每一个研究环节都离不开科技文献的检索、收集和利用。因此，科技文献是一种永不枯竭的资源，科技工作者应充分利用这种资源，不断地收集、积累和利用本专业各种最新的科技文献信息，随时掌握本专业国内外研究现状和发展趋势，避免科研的重复，减少人力、物力和财力的浪费，图 10-1 为科技文献综合利用的主要环节。科技文献的收集有利于选择新的科研起点和科研方向，站在本专业发展的最前沿，实现科技创新。

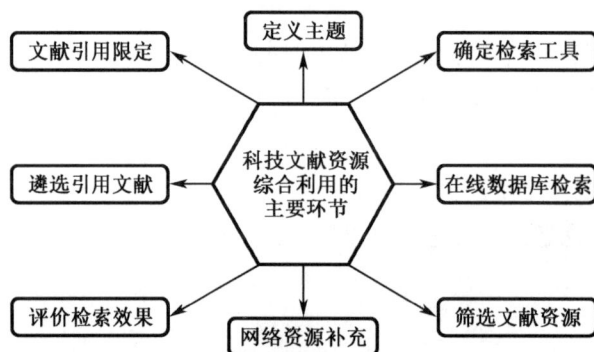

图 10-1　科技文献综合利用的主要环节

10.1.2　科技文献收集的途径

在现有科技文献保障体系下，科技工作者收集科技文献资源的主要途径有以下三个方面。

（1）通过 Google 学术搜索、Google 专利搜索、Baidu 学术搜索等公共网络搜索引擎检索到相关科技文献。但由于搜索引擎主题标注过于宽泛，不能真正揭示科技文献的系统性和脉络性,通过公共网络搜索引擎检索到的科技文献显得分散、杂乱。

（2）通过国家、省、市、县、区情报研究所提供的公共服务平台,检索及获取相关科技文献,因各级科技情报研究所主要服务对象为公众,科技文献的专一性和专指性比较弱,通过各级情报研究所提供的公共服务平台检索到的科技文献显得宽泛、片面。

（3）通过高校及科研院所购置的专业数据库检索及获取科技文献,因高校及科研院所承担着我国大部分科研项目的研制与开发,高校及科研院所会根据各自学科建设及研究领域的要求,购置国内外权威学术资源数据库,通过高校及科研院所提供的科技文献检索平台检索到的文献往往比较系统、全面。

10.1.3　科技文献的收集方法

科技文献一般的收集流程主要分为科研课题要求—检索线索汇集—三次文献（综述性文献）了解—二次文献（检索系统）检索—一次文献（原始文献）获取等若干个步骤。但根据课题研究性质的不同,又有不同的检索要求。

10.1.3.1　带技术攻关性质的课题

科技文献收集的重点通常是国内外的科技报告、专利、会议文献和期刊论文等。一般分成两步:（1）使用相应的专门检索工具、数据库或 Internet 搜索引擎查找一批相关的科技文献资源;（2）根据所查到的科技文献资源,找出核心的分类号、主题词、作者姓名、研究机构、主要学术期刊及国内外学术会议等信息,通过这些线索再使用专业数据库、专业期刊、会议录等复查,以找全主要的参考文献信息。

10.1.3.2　带仿制性质的课题

科技文献收集的重点通常是同类的产品说明书、专利说明书和标准资料、科技报告、科技期刊等。收集的步骤一般分两步:（1）通过各种手册、指南了解有关单位的名称和情况,进而利用检索工具、数据库或 Internet 搜索引擎普查相关的专利和标准,掌握专利占有和标准公布情况,摸清主要的相关单位情况;（2）通过各国的专利局网站免费获取专利说明书,通过国家质量监督检验检疫总局传递得到相关国际国内标准,通过公共网络资源及科技情报所获取产品样本、产品说明书等。

10.1.3.3　带综述性质的课题

科技文献收集的重点通常是近期发表的各种一次和三次文献,包括以期刊论文、会议文献、专著丛书、年鉴手册和科技报告等形式出版的综述、述评、进展报告、现状动态、专题论文等。收集的方法以使用专业数据库或检索工具为主,以直接查阅有关期刊、图书和手册等工具书为辅。另外还要注意最新发表的一次文献,以补充已有的三次文献的不足。

10.1.3.4　带成果水平鉴定性质的课题

科技文献收集的重点通常是专利文献,也包括相关的科技成果公报类期刊、专业期刊和会议文献等。收集的步骤一般分为手工检索和计算机检索两部分。手工检索部分用以摸清基本情况,计算机检索部分利用手工检索所得线索予以扩展和完善,以增加可靠性,这类课题对相关文献的查全率和查准率都有较高的要求,收集时应特别注意检索策略的优化和原文的获取与分析比较。

此外,科技文献的收集还要注意以下三点。

(1)根据课题的时间范围和地域范围确定收集文献信息的时间上限、下限及地区范围。

(2)在文种选择上,一般先查阅中文文献检索工具和中文专业期刊,这样不仅可以了解和掌握国内相关科技文献信息资源,还可以了解到国外相关科技文献信息资源。此后再查阅外文检索工具、外文期刊或外文专业数据库,以提高相关文献信息的查全率和查准率。

(3)对于已收集到的科技文献信息资源,不仅要阅读理解文献的内容,而且还要注意文章后的参考文献,以便从中补充课题所需的有关文献信息。

10.1.4　科技文献的整理

在科研课题分析的基础上,通过检索工具或数据库全面收集与科研课题相关或为科研课题服务的科技文献,接下来,就应对所有收集到的科技文献进行整理与应用。科技文献整理的方法主要包括科技文献的阅读与理解、科技文献的鉴别与剔除、科技文献的分类与排序、科技文献的分析与标注等。

10.1.4.1　科技文献的阅读与理解

科技文献阅读和理解的一般顺序如下。

(1)对于主题相同的中外文科技文献,先阅读中文文献,后阅读外文文献,这样既有助于理解科技文献的内容,又能加快科技文献的阅读速度。

(2)对于同一篇科技文献既有文摘又有原文,则应先阅读文摘,后阅读原文,根据文摘提供的信息,决定是否读取原文,以节省精力和时间。

(3)对于同一类文献既有综述性文献,又有专题性文献时,则应先阅读综述性文献,后阅读专题性文献,这样有助于在全面了解课题的基础上对专题性文献做出选择。

(4)对于同一主题文献在发表时间上有先后之分的,则先阅读近期发表的文献,后阅读早期发表的文献,这样有助于了解和掌握最新水平与发展前景。

科技文献阅读和理解一般步骤为粗读→通读→精读→记录。

(1)粗读用以确定科技文献和科研课题的相关度。粗读时,短文可全读,长文可只读摘要、引言和结论,以求其梗概。在粗读过程中,要注意对科技文献述及的内容进行初步分类。

（2）通读用以了解科技文献研究的主要内容。通读时,先选择综述和述评文献,后选择针对性文献。在通读过程中,注意及时对专业知识进行补充,对科技文献中提及的研究方法、工艺流程、重要论点、核心数据等内容应有清晰认识。

（3）精读用以理解重点科技文献的具体研究方法及工艺流程。精读时,先选择中文文献,后选择外文文献,先选择内容摘要,后选择相关章节。在精读过程中,注意对科技文献中述及的研究方法、工艺流程及主要论断进行专业性分析。

（4）记录用以掌握科技文献的主要论点或论断。记录时,除记录文章作者的观点、结果外,还应就科技文献研究的内容加注自己的评论,并对相关度较高的科技文献进行分析比较。例如,如果是一本书,应首先阅读内容提要、前言,其次浏览目次表,若发现其中确有需要仔细阅读的章节,应进一步精选。如果是一篇论文,应首先读标题、目录、文摘、前言和总结,其次浏览图表,若发现有价值的章节,应进行仔细阅读。如果是外文文献信息,则须摘译或全译,以求准确理解。

10.1.4.2　科技文献的鉴别与剔除

在科技文献精读的基础上,对准备应用于课题研究的科技文献,还应进行鉴别。鉴别的主要方法为来源鉴别、作者鉴别、研究内容鉴别。

1. 来源鉴别

对所收集的文献信息,应做来源国家、学术机构、研究机构的对比鉴定。看是否出自发达国家的著名学术机构或研究机构;是否刊登在同领域的著名核心期刊;文献被引用频次多寡,来源是否准确,是公开发表还是内部交流。对那些故弄玄虚、东拼西凑、伪造数据和无实际价值的文献信息,应注意予以剔除。

2. 作者鉴别

对所收集的科技文献的作者应做必要的考证,主要考证内容:①作者是否为本领域的知名专家或者权威学者;②作者是否是课题研究机构或学术机构的科研人员;③作者是否是课题研究领域具有真才实学的学者。

3. 研究内容鉴别

对所收集科技文献的研究内容进行鉴定。主要对科技文献中提出的假设、论据、方法、实验和结论进行鉴别。在研究内容鉴定过程中,应首先审定假定的依据、论据的可信程度;其次审定研究方法及实验的可行性,实验数据、调查数据是否真实、可靠,研究结论是否是推理的必然结果。对那些立论荒谬、依据虚构、方法混淆、逻辑杂乱、结论错误的科技文献应予以剔除。

10.1.4.3　科技文献的分类与排序

当所有的科技文献鉴别完成后,则可按类或主题为标识进行排序,以方便利用。对于涉及课题研究不同阶段的科技文献,应按科技文献涉及的研究内容分别建档、排序,对分类完成后的科技文献,还需要按照文献的质量和权威程度进行再次筛选,剔除或淘汰科技文献研究内容重复或参考价值较小的相关文献,根据研究课题的需要,进行进一步排序,以便课题研究的利用。

10.1.4.4 科技文献的分析与标注

在收集文献信息的过程中,必须学会使用卡片或即时贴标注科技文献涉及课题研究相关内容,或科技文献拟应用于课题研究的具体范围及阶段,以备课题研究过程中的有效利用。科技文献分析与标注的方法主要有以下四种。

(1)题录式标注。指在卡片或即时贴上著录文献篇名、作者、文献出处、日期、卷期号,用于一般文献的笔录。

(2)文摘式标注。凡通过检索工具或数据库查得的文摘,可照抄到卡片或者即时贴上。如果为原文做文摘,则应通读原文,分析出文章内容的要点,在卡片或即时贴上著录文献篇名、作者、作者单位、书刊名称、卷期号、出版时间及内容提要。

(3)提纲式标注。在卡片或即时贴上记录文献的篇名和章节标题,用以了解作者的逻辑思维和文章的基本内容。

(4)原文语句式标注。适用于拟在研究过程中进行参照或对比,或者在科技论文写作过程中准备作为参考文献,在卡片或即时贴上应按照参考文献的具体格式要求进行著录,并在其后附上原文中精华的、重要的语句及段落。

10.1.5 科技文献的分析

科技文献的分析是指对获取的科技文献进行分析与综合的过程。它是根据特定的需要对科技文献进行定向选择和科学抽象的一种活动。科技文献分析的目的是从相关的文献信息中提取共性、方向性或特征性的内容,为进一步的研究或决策提供佐证和依据。经过科技文献分析,由检索、收集和整理而得的科技文献形成了某一个专题的精华文献。因此,科技文献的分析过程是一个由粗到精、由低级到高级的文献信息提炼过程。

科技文献分析一般包括六个步骤:(1)选择研究课题;(2)收集与研究课题相关的科技文献;(3)鉴别和筛选科技文献的可靠性、先进性和适用性,剔除不可靠或不需要的科技文献;(4)分类整理,对筛选后的科技文献进行形式和内容上的整理;(5)分析与标注,利用各种科技文献分析方法对获取的科技文献进行全面的分析、综合及标注;(6)成果表达,即根据课题要求和研究深度,撰写综述、述评报告等。

科技文献分析的方法有很多,归纳起来主要有定性分析和定量分析两类。

第一类:科技文献的定性分析方法。科技文献的定性分析方法是指运用分析与综合、相关与比较、归纳与演绎等逻辑学手段进行科技文献研究的方法。常用的科技文献定性分析方法有比较法、相关关系法、综合法。

（1）比较法

比较法可以分为纵向比较法和横向比较法。纵向比较法是通过对同一事物在不同时期的状况（如数量、质量、性能、参数、速度、效益等特征）进行对比，认识事物的过去和现在，从而分析其发展趋势。由于这是同一事物在时间上的对比，所以又称动态对比。

横向比较法是对不同区域（如不同国家、地区或部门）的同类事物进行对比，又称静态对比，属于同类事物在空间上的对比。横向比较法可以指出区域间、部门间或同类事物间的差距，判明优劣。通过比较方法获得的科技文献分析结果可以使用数字、表格、图形或文字予以表达。

（2）相关关系法

事物之间或事物内部各个组成部分之间经常存在某种关系，如现象与本质、原因与结果、目标与途径、事物与条件等关系，这些关系可以称为相关关系。通过分析这些关系，可以从一种或几种已知的事物来判断或推知未知的事物，这就是相关关系法。

（3）综合法

综合法把与研究对象有关的情况、数据、素材进行归纳与综合，把事物的各个部分、各个方面和各种因素联系起来考虑，从错综复杂的现象中，探索它们之间的相互关系，从整体的角度通观事物发展的全貌和全过程，以达到获得新认识、新方法、新理论的目的。例如，把某一个课题当前的发展情况包括理论、方法、技术及优缺点集中起来，加以归纳整理，就构成了一份不同学派、不同技术的综合材料。

第二类：科技文献的定量分析方法。科技文献的定量分析方法是指运用数学方法对研究对象的本质、特征进行量化描述与分析的方法。因为量化描述主要是通过数学模型来实现，所以定量分析也可以说是利用数学模型进行科技文献分析的方法。

定量分析的核心技术是数学模型的建立与求解及模型解的评价判定。数学模型的建立过程包括明确建模目标、确定模型变量、建立数学模型的近似理论公式、确定参数和模型求解、评价模型的性能。

概率统计法是一种常用的科技文献定量分析方法。概率统计方法也称拟合模型法，这种方法的实质是利用已有的数据情报拟合推演出数学模型。其关键是采集加工的数据情报要能够反映研究对象的特性和运动的机制，数据分析要准确，拟合方法要合理。这种方法适用于非突变性随机问题。

10.2　科技论文的分类及基本格式

10.2.1　科技论文的种类

根据完成论文需要的素材，科技论文可以分为综述和科研论文。综述是对已有文献的分析,发现已有文献存在的问题,并且提出下一步的研究方案,属于三次文献。科技论文主要以自己的研究结果为素材,属于一次文献。

根据论文的用途,科技论文可以分为科研论文和学位论文。科研论文主要是报道最新的知识,获得优先发表权。学位论文是为了申请学位而撰写提供的评审和答辩的学术论文。学位按照申请学位的种类分为学士论文、硕士论文和博士论文。

科研论文主要介绍自己的研究材料、研究方法和研究结果,并对自己的研究结果进行解释,再与他人的研究进行对比,并提出新的研究方向。根据论文产生的方式,科研论文可以分为教学研究论文和实验研究论文。虽然科技论文的分类不同,但写作的要求基本相同。下面先介绍科研论文的格式。

10.2.2　科研论文的格式

科研论文一般有固定的格式,具体包括下列内容。

10.2.2.1　标题

标题一般不宜过长,20字左右。要求简明而确切地揭示论文主要内容。

10.2.2.2　著者

著者就是科研论文的署名。署名的条件是:参与了酝酿课题、研究设计、具体操作以获得数据、对所获得的数据进行分析和理论解释;撰写论文或对论文重要内容做出关键性修改;参与最后定稿,并决定最终稿的发表。

多作者之间顺序的确定一般是按其贡献大小来排列的,贡献大的排在前面。但在某些情况下,科学工作者的劳动并不容易准确地衡量,此时署名及其顺序在很大程度上常常要靠科学工作者之间的互谅互让和配合默契的协商。

对于那些在科学研究与论文写作的某些工作上做出了贡献,但又不符合上述署名条件者,如对论文的选题、构思,数据的统计处理或某些结果的解释提供了帮助的人员;协助进行了某种样品检测,或在实验仪器、试剂等方面给予了方便条件的人员;提供资金资助的人员与机构;帮助打印稿件、绘制图表、拍摄照片的人员等,可在文末"致谢"中说明其贡献。

通讯作者(corresponding author)或责任作者(responsible author)需要以星号(*)、信封等标识标注,并注明联系方式(如 e-mail)等信息。

该作者是享有该文知识产权的标志,并负责与该文稿相关的联系事宜,包括与编辑部的联系、读者咨询、索取或订阅抽印本或单行本,以及提供文稿复印件等。

10.2.2.3　摘要

摘要以150~300字概括文章的主要内容,使读者可以通过阅读摘要就可了解该文的基本内容,决定是否要通读全文。摘要是一篇文献的浓缩替代品,一定要精练、完整、易懂。

10.2.2.4　关键词

关键词一般是从论文的摘要、标题中抽取出来的,是最能表达文章主要内容的实词。关键词之间一般用分号相隔,有的用空格或逗号分隔。

10.2.2.5　中图分类号

在关键词的下一行,有的还增加了中图分类号。中图分类号是按照《中国图书馆分类法》对科技文献进行主题分析,并依照文献内容的学科属性和特征,分门别类地组织文献,所获取的分类代号。

当论文的标题确定以后,就可以通过《中国图书馆分类法》查找对应的中图分类号。

10.2.2.6　导言

导言是一篇论文正文的开头部分。导言主要介绍研究的背景知识,联系有关文献,说明为什么要做这个研究,通过什么方法去解决所提出的问题。

10.2.2.7　材料与方法

材料与方法是介绍所使用的实验材料和完成实验所使用的试剂、仪器、方法等内容,它是一篇论文可重复性的重要体现。

10.2.2.8　结果

结果一般用文字、表格、图片来表达,是论文的核心部分,它是将观察到的现象、经过统计分析后的结果以文字、数据、统计图、表格等形式报告出来。结果的写作应只写自己的实验和调查结果,不夹杂前人的工作,不引用参考文献,不加主观分析、推理。要用确切的文字,不能含糊不清。与预期结果一致的要写,矛盾的也要写。能用文字清晰表达的内容,就应少用或不用图表来表示;图表中已一目了然的内容,就不要用文字复述,最多只需对那些重要的内容做必要的强调。

10.2.2.9　讨论

讨论是对实验结果的综合分析和理论说明、实验现象的解释及说明尚未解决的问题。

10.2.2.10　结论

结论是作者基于研究结果,并结合以往相关结果,对研究问题所做出的论断。结论必须证据确凿,不能有推断性。

10.2.2.11　参考文献

参考文献是科技论文必不可少的组成部分,一般在文章的结尾。参考文献的著录主要依据《信息与文献 参考文献著录规则》(GB/T 7714—2015)的格式进行著录。一般采用顺序编码制和著者–出版年制两种形式。不同刊物又有不同的要求。

10.3　综述性论文的特点及写作技巧

综述是科技论文的一种,它常围绕某一问题,在大量引证他人论著的基础上,系统回顾某一领域、某一专题的进展,或展示现状、发掘问题及预测趋势。撰写综述也是积累知识、锻炼能力、提升科学素养的一种基本治学方法与途径。此外,写综述也是为了发表,让别人看到。论文不发表,他人无从知晓,对于科学发展的贡献就是零,确确实实没有意义。

10.3.1　综述的格式

综述从形式上具体包括下列内容。

10.3.1.1　标题

要求简明而确切地揭示综述的主要内容。

10.3.1.2　著者

参与综述写作的全部人员。排名顺序的确定一般是按其贡献大小来排列,贡献多的人排在前面,贡献少的人排在后面。

10.3.1.3　摘要

要求以150~300字概括文章的主要内容,使读者可以通过阅读摘要就了解该文的基本内容,决定是否要通读全文。

10.3.1.4　关键词

关键词是从综述的摘要、标题中抽取出来,最能表达综述主要内容的实词关键词之间一般用分号相隔,有的用空格或逗号分隔。

10.3.1.5　导言

导言主要介绍综述的背景材料,联系有关文献,说明为什么要写这篇文献综述。

10.3.1.6　正文部分

按照逻辑关系,叙述他人的材料。层与层、段与段之间连贯显得特别重要,否则文章就有剪贴的痕迹。

10.3.1.7　参考文献

参考文献是科技论文必不可少的组成部分。一般在文章的结尾。参考文献的著录主要依据《信息与文献　参考文献著录规则》(GB/T 7714—2015)的格式进行著录。一般采用顺序编码制和著者-出版年制两种形式。不同刊物又有不同的要求。

综述的形式虽然按前后顺序分为 7 部分,实际写作的顺序一般并不按这 7 部分进行。文献综述的写作按照选题、收集资料、理解资料、构建框架、语句修改、段落连贯和格式修改等步骤进行,而标题、著者、摘要、关键词往往最后才撰写和确定。写东西是要给别人看的,牢记这一点,所以在综述写作的时候要格外用心思考,至少要考虑他人是否能够读懂并理解作者想要阐述的观点。

10.3.2　综述的写作

10.3.2.1　选题

选题的过程对综述来说就是生命线。选题不好,写出来的综述几乎没有发表的可能性。如何选择一个题目呢? 选题有三原则:有新意、宜小不宜大、近 5 年来密切相关的英文文献在 20 篇左右。

1. 有新意

有新意的意思就是你的选题近几年来别人没有写过。只有这样的选题,写出来的综述才有吸引力。有时候,有的选题,几年前别人已经写过,但近几年来有大的进展,也可以作为选题的方向。

新意从哪儿来? 新意来自善于思考的大脑和大量知识的储备。在进行一篇文章写作前,往往并不知道这篇文章的内容。只有在产生想法并完成写作后,才知道它的思路是从哪儿来。

2. 宜小不宜大

这个原则是不要选择一个有上千篇文章的课题,这样的课题资料太多,没有时间将它们看完。题目大,资料往往很多,有的甚至上万篇。检索到太多资料,后续的阅读同样令人头脑发麻。只有小的题目才可以保证恰好有合适数量的英文文献。

3. 近 5 年来密切相关的英文文献在 20 篇左右

这样数目的英文文献可以有时间进行阅读。再加上中文文献,数量恰好符合一篇综述的要求。选定好题目后,就可以确定关键词,找到关键词对应的英文,到英文数据库中收集资料。

10.3.2.2 收集资料

由于种种原因,英文文献的信息量一般相对较多。我们必须在收集中文文献的同时收集英文文献。收集资料的过程在 EndNoteX6 软件的帮助下,中文文献一般利用 CNKI 数据库进行收集,英文一般利用 Web ot Science 数据库进行收集。采用 EndNoteX6 软件收集资料,保存在电脑上,然后进行阅读。

10.3.2.3 理解资料

理解资料就是阅读、消化、吸收资料的过程,这个过程需要集中注意力,耗费很大的精力才能取得效果,特别是阅读英文文献,对本科生来说更是困难重重,但没有理由惧怕,因为目前已经有一些在线的翻译软件进行辅助翻译,如 Googl 翻译。Googl 翻译可以将英文文献自动翻译成中文。

由于 Google 翻译提供的翻译结果是直译,有时句子并不通顺,翻译出来的中文句子不好理解。为了使翻译准确,还需要将翻译的内容拷贝出来,与原文对照逐句阅读,使中文翻译能够符合中国人的思维习惯。对收集的资料全部阅读完毕,而且翻译出来后,就进入构建综述框架的阶段。

10.3.2.4 构建综述框架

文章写出来是为了发表。论文发表的根本目的是进行同行间的交流,让同行能读懂是根本目的。让同行能够读懂的文章,逻辑思路一定要清晰。为了使逻辑思路清晰,就不能将所有的资料随意堆放在一起,要进行分类和排序。

综述的写作与一般中学作文的不同之处在于:在写作之前是没有框架的模型,不知道这篇综述的第一部分写什么,第二部分写什么,只有在理解所有的文献资料之后,才可以形成论文的框架。构建形成论文框架的过程也就是分类的过程,那么如何来分类?分类的原则是同类的研究放到一起,然后给这些同类的研究命名。通过这样的分类,将所有的资料全部放在一个合适的标题下。

按照逻辑关系进行排序,应该先说哪一个标题的内容,后说哪一个标题。当将全部文献分类完成之后,就基本完成整个综述正文框架的构建。此时如同建造一个有几个房间的房子,每一个房间放入不同的东西,在卧室放置与睡觉有关的家具,在书房放置与学习有关的家具。

在综述的框架构建好之后,就进入了综述语句修改的阶段。

10.3.2.5 语句的修改

语句修改的重要性,无法用言语来形容。"论文是改出来的"应该是写作的座右铭。一气呵成就能够发表的文章太少,每一篇文章都是在不断地修改中,不断地完善,才能达到发表的水平。综述的框架构建后,修改的关键在语句,让每一段话能够被读者理解,没有歧义就是写作最基本的要求。

现在的写作一般是在电脑上进行的,写完后可以在电脑上修改。也可以打印出来,逐字逐句阅读,进行修改。从节省资源的角度来说,写作和修改都可以在电脑上进行。但在投稿前的最后一稿,尽量打印出来读一遍,可以找出很多在电脑上发现不了的问题。

10.3.2.6　段落连贯和格式修改

当正文部分全部写完以后,就可以开始统筹段与段之间的连贯性,使段落之间的转换不突然,符合逻辑关系。然后添加中英文摘要、关键词等细节。全部完成之后,排版参考文献,随后,就可以投稿。

想写一篇好的综述,需要专业知识和经验的积累,也需要在语言修养和写作技巧等方面下功夫。在著名学术期刊上发表一篇综述性文献的难度不亚于发表一篇科研论文,一篇优秀综述的影响也绝不比原始文献逊色,其被引用次数往往高于原始文献。所以学习综述的写作是十分有必要的。

10.4　研究报告及学术论文的写作技巧

社会科学领域的研究成果主要呈现方式为研究报告、论文和专著。在我们参与导师的课题结题的时候需提交结题报告,在完成一门课程的时候我们需要提交案例分析、课程小论文或者调查报告,为完成学位申请和答辩要求,我们还需要发表专业领域的学术论文。所以,掌握一些论文的写作发表常识非常有必要,这部分主要讲述研究报告和学术论文的撰写。

一般而言,研究报告多用于描述研究过程、报告研究成果,它比较注重于告知。它可以是仅供内部参考的参考资料,又可以公开发表。学术论文是各学科领域中专业人员对自己所从事的领域进行科学研究而撰写的论文,它可以在学术期刊上刊发,也可以在学术会议上宣读、交流;学术论文比较简洁精炼,它仅仅突出表达一项研究工作中最主要、最精彩和具有创造性的内容。研究报告则可以将整个研究工作的重要过程、方法和环节都写进去。学术论文创新性更强,研究报告相对来说资料性更强,学术论文是"点",研究报告更像是"面"。学位论文尤其是硕士学位论文本质上说也是一种研究报告,而将博士学位论文创新点提炼精简也可以形成学术论文刊发。

10.4.1　如何撰写研究报告

10.4.1.1　研究报告主要类型

研究报告是在大量文献信息基础上,结合项目、课题的研究目标与需求,对有关信息数据进行系统整理、分析、归纳综合叙述,并提出分析结论或建议。它有理论,有实践情况的描述,多是报告者研究活动的总结。

研究报告根据研究的目标和使用的对象不同可以分为档案与文案型、调查报告型、观察描述型、实验研究型、研究简报型、研究快报型六种类型;根据报告最终成果的内容特点,研究报告分为综述型、述评型、预测型、数据汇总型四大类;根据研究的性质可以分为探索性研究报告、描述性研究报告、解释性研究报告;研究报告根据应用场景不同,可以分为学术类、企业类和咨询类研究报告。

不同学科,研究报告侧重类型也不同,在社会科学领域中,我们最常用的研究报告有三类:课题研究报告、调查研究报告、可行性研究报告。

课题研究报告是一种专门用于科研结题、验收,并将其研究成果公之于世的实用报告,学术性较其他类型研究报告高。它是研究者在课题研究结束后对科研课题研究过程和成果进行客观、全面、实事求是的描述,是课题研究所有材料中最主要的材料。课题研究报告中按照科学研究周期来分,有在课题申请阶段作为申请材料的开题报告;有个案研究、观察研究、调查研究、实验研究后撰写的各类相应报告;也有课题研究中间的阶段性研究报告;有课题结束后对整个研究过程总结的结题报告。

调查研究报告是人们有计划、有目的地对各类社会问题或者事件采用科学手段进行调查研究之后,将所得的材料和结论加以整理、分析,写成报告,进而来阐明问题本质及发展规律。调查研究报告可以分为应用性调查研究报告和学术性调查研究报告两大类。应用性调查研究报告主要包括基本情况的调查研究报告、典型经验的调查研究报告、专题性调查研究报告、对比性调查研究报告、揭露问题的调查研究报告五种。学术性调查研究报告着重研究各种社会现象之间的相互关系和因果关系,通过对实地调查资料的分析和归纳,达到检验理论的正确性或提出新的理论观点。在写作方法上,调研材料的收集要全面、系统、完整,事物发展过程和历史事实要清晰,理论论证要以事实为依据,要有严密的逻辑性,研究结论要鲜明,要有新的见解和意见。

可行性研究报告是根据可行性研究结果而编写的书面论证性报告,是对可行性研究的对象的可能性、有效性、技术方案及技术政策进行具体、深入、细致的技术论证和经济评价,以求确定一个在技术上合理、经济上合算的最优方案和最佳时机而写的书面报告。可行性研究报告具有预见性和论证性的特点,可行性研究报告又分为经济、技术政策的可行性研究报告、建设项目的可行性研究报告,以及为新产品、新技术、新工艺、新型管理方法开发、应用、开辟和拓展新市场的可行性进行研究而编写的专题可行性研究报告。

10.4.1.2 研究报告基本结构

研究报告类型不同,结构也有适当不同,但基本上要包括下面七部分内容。

(1)标题。研究标题必须反映报告的主要内容,要做到确切、中肯、鲜明、简练、醒目。标题的字数不宜过多,为了便于更充分地表现主要内容,可以采用加上副标题的办法。

(2)署名。研究报告必须签署作者姓名及其工作单位,署名的目的是表示对研究报告负责。署名先后的问题,则采用以贡献大小为先后次序的标准。

(3)前言。前言是对研究的目的、意义、研究内容、目标的简述。前言要简明扼要、直截了当。例如,调查报告的导言部分,应说明调查的目的、任务、时间、地点、对象,简单交代调查的过程、结果及其意义。经验总结报告的情况概述部分则应简要论述总结工作的时间、背景,取得了哪些成绩,有什么效果。实验报告的前言部分,必须交代实验的目的,实验对象、时间和方法,该实验得到什么结果。

(4)正文。正文部分是研究报告的主体,正文体现了研究报告的质量和水平的高低。正文必须对研究内容进行全面的阐述和论证,包括整个研究过程中观察、测试、调查、分析的材料及由材料形成的观点和理论。调查报告的正文着重叙述所调查问题的现状和实质,产生问题的原因及其发展趋势。经验总结报告则要指出所总结的具体经验是什么,并对经验进行分析、归纳、论证,指出经验的意义。实验报告的正文部分应包括实验对象、实验经过、实验结果、结果分析和论证等。

(5)结论。结论部分是按照研究项目的内容、目标,经过信息归纳、分析综合概述,提出定性或定量的分析结论。其结论应与正文的叙述或评论紧密呼应,有时还要包括预测性建议。结论必须指出哪些问题已经解决了,还有什么问题尚待研究。有的研究报告可以不写结论,但应做简单的总结或对研究结果展开一番讨论;有的报告可以提出若干建议;有的报告还专门写一段结论性的文字,而把论点分散到整个报告的各个部分。

(6)附录。附录是将研究报告所引用的各条信息按主题或分类的原则编制成题录或文摘,可作为报告的附录,以供需要时参考。

(7)引文注释和参考文献。撰写研究报告引用别人的材料、数据、论点、文章时要注明出处,遵守学术引用规范。

10.4.1.3　课题研究报告写作

课题研究报告是课题研究的最后一道程序,是科研课题结题时必备的材料。报告的内容既要具有可操作性和可测量性,又要具有创新性或可行性。一篇合格规范的课题研究报告,需要回答三个问题:"为什么选择这个课题进行研究""这个课题是怎么研究的"和"该课题研究取得什么成果",具体来说课题研究报告需要写好下面 6 个步骤。

1.课题的提出和界定

课题的提出和界定需要写清楚课题提出的背景、课题研究的内涵及该课题研究的目的和意义,对应回答"为什么选择这个课题进行研究"这个问题。课题提出的背景要讲清楚选择这个课题的原因和理由,点出研究主题,论述课题研究的理论意义和现实意义,以及该课题研究试图解决什么问题,预期效果什么样,想得到什么规律、方法。这部分内容可参考课题申请书中相关内容。

2.课题研究的目标与内容

课题研究的目标陈述不要过于空泛,要紧扣课题题目,和研究报告的研究成果相对应。课题验收时,判断其是否合格,很重要的就是其取得的研究成果是否达到了预期研究目标。课题研究的内容需要陈述研究的范畴、研究的着力点,研究内容撰写需要紧扣研究目标,同时课题研究内容必须在研究成果中体现。

3. 课题研究的方法

在这一部分主要写明自己课题研究所选用的科研方法。社会科学领域常常使用问卷法、调查法、统计法、文献计量分析等研究方法。例如,一个社会学研究课题,需要讲述研究对象的取样方法、数量、条件;对研究的变量提出明确、具体的测量方法和统计检验方法;对课题研究的无关变量提出控制方法。

4. 课题研究的步骤与主要过程

课题研究一般分为筹备阶段、实施研究和总结三个阶段,也可以根据研究实际情况来确定步骤,在每个阶段中简要陈述研究所做的工作。而对于研究的主要过程,需要详细陈述,可以通过回顾、归纳、提炼将课题研究阶段的主要工作采取的研究策略和措施表达清楚。

5. 课题研究取得的成果

研究成果是课题研究报告的主要部分。课题研究成果要全面准确地反映课题研究基本状况、说明研究成果的价值。课题研究成果一般有理论成果和实践成果。理论成果侧重于讲述通过研究得到的新观点、新认识、新策略或者新的模式等,而实践成果则指以上新观点、新认识、新策略、新模式在实践中的应用验证。

6. 课题研究反思

这一部分要指出研究中有待进一步解决的问题,但所找的问题要准确、中肯。对课题研究也要进行今后的设想,即主要论述如何开展后续研究或者如何开展推广性研究等。

10.4.2 如何撰写学术论文

10.4.2.1 学术论文主要类型

学术论文是某一学术课题在实验性、理论性或观测性上具有新的科学研究成果或创新见解和知识的科学记录;或是某种已知原理应用于实际中取得新进展的科学总结,用于学术会议上宣读、交流或讨论,或在学术刊物上发表,或做其他用途的书面文件。

社会科学类学术论文是衡量社会科学研究者学术水平的重要考核标准。与自然科学学术论文相比,社会科学学术论文有着突出的社会特点,其研究范围十分宽广,研究对象涉及众多学科、领域。根据研究角度、研究方式和学术论文写作方法上的差异,社会科学学术论文又可细分为考证型学术论文、论证型学术论文、调研型学术论文、诠释型学术论文等类型。

1. 考证型学术论文

考证型学术论文是针对文科某一专业的某一问题,运用考证的方法,研究、判断事物的真伪,考定事实的异同。课题包括对重大历史事件、历史人物的结论和评价,对某一著作、文章及著者、年代的考辨;对事件细节、文中典故、一字一词的深考细证等。

2. 论证型学术论文

论证型学术论文是对社会科学领域的基本理论问题或某些社会现象和问题进行探讨、分析、论证,揭示其本质和规律,表达自己的观点、主张、见解的论说性学术论文。它是对社会科学领域中有关哲学、经济学、教育学等重大理论问题进行研究,以求新的认识、突破、发展。

3. 调研型学术论文

调研型学术论文就是作者在对现实生活现象、问题进行调查研究后,介绍分析事实、揭示事物本质、提出对策和建议的论文形式,是调查研究结果的书面表达形式。与一般性调查报告相比,调研型学术论文更突出专业性、学术性。在经济、法律、历史、教育、文秘、新闻、管理、档案等专业上,调研型学术论文运用得相当广泛。

4. 诠释型学术论文

诠释型学术论文就是针对某学科、专业的概念、理论、原理、定律和事物的属性、特征、形态、功用,以及史实、事实、事件的面貌、发生发展等做解释、说明的论文形式。

10.4.2.2 学术论文基本结构

学术论文一般包括三个部分,即前置部分、主体部分和附录部分。前置部分包括题名、作者、摘要、关键词、分类号;主体部分包括引言、正文、结论、致谢、参考文献列表;附录部分不是学术论文必备的。社会科学学术论文通常需要包括下面九个部分。

(1)标题。标题又称题目、题名、篇名,是以最恰当、最简明的词语反映论文中最重要特定内容的逻辑组合,是学术论文的必要组成部分。标题要准确表达文章的主要内容,恰当反映所研究的范围和深度;语言要准确、精练,避免含糊不清的概念;尽量避免使用不常见的缩略词、首字母缩写字、字符、代号和公式等;一般中文标题不宜超过 20 个字,外文标题不宜超过 10 个实词。

(2)作者。作者又称署名。凡参加过论文撰写或相关研究工作的人员,均应在论文中署名,署名顺序按其贡献大小依次排列。对于给予研究工作某些支持和帮助者,一般不署名,可在文末致谢中说明。署名的作用是肯定成果的归属,表示作者对作品负责。

(3)摘要。摘要是对论文的内容不加注释和评论的简短陈述,是不需阅读论文全文即能获得必要的信息。摘要的内容包括要解决的问题、采用的研究手段、实验结果和得到的结论等,读者看过之后对文章的主要论点有基本的了解。摘要是文章内容的高度浓缩,要求简练、准确、完整,字数不宜超过正文的 3%—5%。

(4)关键词。关键词是用以表示全文主题内容信息的单词或术语,关键词从论文中抽取,一般 3—8 个。关键词灵活、简单、易用,但是它未经规范化处理,检索时容易漏检,为了用词规范化,尽量选用《汉语主题词表》提供的规范词。

(5)分类号。分类号是以论文主题涉及的学科门类为依据,使用《中国图书馆分类法》选择确定,同时应尽可能注明《国际十进分类法》类号,以便于信息处理和交流。

(6)引言。引言又称前言、绪论或序。引言可以简要说明研究工作的目的和范围,相关领域内前人的工作、水平、问题和知识空白,理论基础和分析,研究设想,研究方法和实验设计,预期结果和意义等。引言应言简意赅,不要与摘要雷同,不要成为摘要的注释。

(7)正文。正文是论文的主体及核心部分。论文的正文可包括调查对象、实验和观测方法、仪器设备、材料原料、实验和观测结果、计算方法和编程原理、数据资料、经过加工整理的图表、形成的论点和导出的结论等。正文要求客观真切、论点明确、重点突出、论据充分、层次清楚、逻辑严密。

(8)结论。结论是整个研究最终的结论,不是正文中各段小结的简单重复。结论一定要准确、完整、明确和精练。结论的内容要求包括简述研究的最后结果;说明结论适用的范围、研究成果的意义;指出对前人的有关看法做了哪些修正、补充、发展、证实或否定,对该项研究工作发展的展望。对主要成果的归纳,结论要突出创新点,以简练的文字对所做的主要工作进行评价,一般不超过 500 个汉字。

(9)参考文献。作者在论文写作过程中参考引用过的学术著作、重要论文等文献信息资源需要在文中出现地方标明,并在文末参考文献中列出。参考文献的著录规范请参看《文后参考文献著录规则》(GB/T 7714—2015)。

10.4.2.3 学术论文撰写步骤

在社会科学和人文科学领域,学术论文的写作通常与研究过程具有相对同步性,即研究者往往是在写作过程中推进研究逐步深入,并最终获得研究发现或发明,形成研究结论。学术论文撰写过程一般包括确定选题、文献资料的收集与处理、拟定题目、拟写大纲、撰写初稿、修改定稿 6 个步骤。

1.确定选题

所谓选题,就是选择所要研究解决的问题。爱因斯坦曾说:"提出问题往往比解决问题更重要。"选题是论文写作的起点,选题得当与否,直接关系到论文写作的成败。只有选题有价值,形成的学术论文才有意义。选题来源建立在平日资料的积累上,在研读学术类文献资料过程中,我们会发现前人研究成果中完全没有研究、部分没有研究或虽有研究但未解决的问题;我们也可以从实践经历中提出问题。

选题时应遵循下列原则:(1)创新性,选题的创新性主要体现为前人完全没有研究过的,因而对该问题的研究本身就是尝试填补空白的一项科研活动;前人对这一问题做了研究,但完全没有解决,抑或尚有未解决或未关注到的方面,本选题试图有所突破,在一定程度上发展或补充前人的研究;对这一问题前人已经做了较为全面的研究,但自己在研读这些研究成果过程中发现,这些研究中的某些结论可能是错误的,因而尝试用新的材料或新的方法来验证这些结论,或得出不同的结论。(2)可行性,选题必须考虑到完成的现实可能性,即必须从研究者的主、客观条件出发,选有利于展开的课题。选题时要扬长避短,选择那些能发挥自己专业特长并具备条件的课题。(3)合理性,选题要有真实可靠的事实依据和理论依据,即选题要符合事物发展的客观规律,如"永动机"这类违反科学规律、不客观的研究内容就属于不合理的范畴。

2. 文献资料的收集与处理

要想写出高质量的学术论文,就必须"博览广度,兼收并蓄"地收集与课题相关文献资料,然后对收集来的资料进行比较、鉴别、整理、归类,要善于独立思考,深入分析研究,舍弃那些非本质的、虚假的、无用的资料,保留那些本质的、真实的、有用的资料。要紧密结合论文写作的需要,对材料按性质和用途分别归类,有次序地加以排列,以备写作时使用。

3. 拟定题目

一般来说,研究者在查阅学术论文或编辑部在审读来稿时,首先看的是论文题目。论文题目直接起到吸引读者的作用,因而题目拟定必须认真对待。论文题目必须准确、全面地反映论文主要内容,既不能过于宽泛和空洞,又不能过于繁杂和琐碎,亦不能似是而非和模棱两可。论文题目要简洁,要做到惜字如金,用最少的文字精确概括出论文的主要内容。论文题目要清晰地反映出论文的主要内容,让人一看就理解,尽量避免用艰涩的词汇、不常用的公式和专业术语等。

4. 拟写大纲

提纲是作者对文章内容和结构作的初步轮廓安排,拟定提纲时要考虑论文各部分之间的逻辑关系和内在联系,说明中心论点,要条理清晰、层次分明。提纲分为简单提纲和详细提纲。简单提纲往往比较简略,只涉及论文要点,对于每个要点具体应如何展开则不加描述,因而经常只有一级提纲。如果作者已经深思熟虑,就应采用详细提纲。详细提纲是将论文的要点和每个要点如何展开都详细列出,因而往往会形成三级提纲。

一般来说,社会科学类学术论文的内在逻辑结构主要有三种:并列、递进、综合。并列结构指论文的各个部分之间是并列关系,不存在主从之分或逐层展开的关系。论文各部分之间可以调换位置而不影响逻辑的自洽性。递进结构指论文的各个部分之间存在逐层深入、逐步展开的内在逻辑关系,即由第一部分自然地引出第二部分,由第二部分自然地引出第三部分,各个部分之间的位置不可随意调整,否则就会造成逻辑混乱。综合结构是指在学术论文中交叉采用并列结构和递进结构的安排方式。

5. 撰写初稿

初稿要紧紧围绕主题,按提纲的编排撰写,尽可能一气呵成,以保持思维的连贯性。起草时要充分应用论证方法:逻辑的方法、辩证的方法、历史的方法、数学的方法。要斟酌开头和结尾,注意上下文之间的衔接、转换,论文前后彼此照应,力求层次清楚、重点突出、语句通顺、用词准确。

6. 修改定稿

论文经过多次修改,最后方能定稿。从内容的思想性、科学性,结构的逻辑性到文字技巧等方面都属修改的范围。具体地说,修改工作包括主题修改、结构修改、篇幅压缩、段落修改、句子修改、文字和标点符号修改、图表修改,以及引文、参考文献、疏误核实等。

10.4.2.4　学术论文写作技巧

1. 增强创意性

现今大多学术期刊每年所能录用的论文非常少,每种期刊都希望刊出的文章具有独特性。写一篇有新意的文章,需要注意以下几点:(1)大量阅读专业相关文献,广泛地去阅读自己领域相关文献,尤其是相关期刊论文,既能明了近几年来大家都在做哪些题目,也可以了解在自己的领域里,有哪些题目尚未有人研究,又有哪些研究可以再做一些补充和延伸。(2)善于跨领域地思考问题,从一个学科角度切入探讨另一个学科的相关研究,提出一些新的想法与观点,这就构成了所谓的创意,当今时代跨学科研究越来越普及也是这个原因。如果接触新的领域时,不要放弃旧有知识,要善于培养跨领域思维。(3)研究方法的创新。改善研究方法也可以增加创意。例如,以前做这个研究课题,大部分可能都用问卷的方式,若改用访谈或测验的方式,也是一种创意,但这个方法必须是比以前更前瞻的方式,才能得到更多、更精细的结果。(4)结果诠释的方法创新。在资料分析结果的诠释上发挥创意,放一些新的想法在里面,或者采取不同的角度。例如,在研究性别差异时,如果多数研究者从社会学、文化等角度来着手,那尝试用生物学的观点来诠释,便是呈现了异于他人的创意。

2. 善用图表

人文社会科学领域许多论文是倾向文字性的,如果文字水平不是很优秀,可以用图表展现作者的想法,即使作者的写作能力不佳,审稿人或读者通过图表可以了解作者的发现、想法和理论架构。

3. 拟定清楚、吸引人的论文标题和摘要

文字是最高层次的表达,拟定一个清楚且吸引人的论文标题,不仅能引起读者的好奇,还能由题目得知论文的核心。再复杂的研究都可以只用两三百字的摘要表达出其中最重要的想法。有时候,要把文章写得精简,往往比写出长篇大论更加困难。摘要分为报道性摘要和提示性摘要。报道性摘要主要介绍论文的研究目的、研究方法、基本观点或研究结论,相对更为全面。提示性摘要只介绍论文的基本观点或研究结论,不提研究目的和研究方法,相对更为简洁。一般来说,在中文论文中,多数采用提示性摘要;在英文论文中,往往采用报道性摘要。

4. 适当铺陈研究背景(引言)

通常研究的相关背景是写在论文的前言中,一定要写"相关"的背景,不要把所有的资料都囊括进来,目的是让读者对这个研究议题有一个基本的了解。引言通常包括介绍研究背景、阐明研究问题、明晰基本概念等内容。

研究背景通常包括本论文的实践由来和研究概况。实践由来侧重围绕本研究在实践界是何时提出的、近期又被如何强调和提出什么新要求等方面展开,从而凸显本论文的实践价值。研究概况需简要介绍本论文关注的主题在学术界已经做了哪些研究,研究到何种程度,这些研究存在哪些不足或忽视了什么问题,从而体现出本论文的理论价值。

引言中作者对本论文研究问题的初步阐释可以使读者对这个问题形成准确、全面的理解。对基本概念的界定在引言中并非必不可少,如果本论文涉及的基本概念是学术界尚存争议或比较新颖的,就有必要花费一定笔墨对概念做出厘定。这样做的好处是,既便于读者理解,又利于始终围绕本论文界定好的概念之含义展开研究。

引言的写作技巧有下面四点。

第一,每一个段落只能陈述一个主要概念,或者两个段落叙述一个概念。以中文的逻辑,就清楚度而言,如果能在每一个段落把要阐述的主要概念清楚明白地呈现,那么一个段落只表达一个概念是比较好的写法与逻辑。

第二,沙漏型写作,即从大的架构写到小的概念。如果论文一开始就讨论一个非常细的点,这会使人看不太懂作者到底要说什么。一篇文章要引人入胜、吸引读者继续往下读,就要从最大的概念收敛到作者要强调的那个点,让读者明白该研究是根据一个大的理论架构所衍生出来的东西。

第三,要对文献进行适当的批判。例如,过去的研究最缺乏什么,或是哪一个比较好、哪一个比较不好,如果过去的研究都一样好,之后也很难自圆其说。一个研究要采用哪一个理论观点,这都关系到后面的分析及讨论架构,所以一定要加入一些批判在里面,引出自己研究的重要性。

第四,尽量避免使用转引。例如,我们看了 A 写的某篇文章,里面引用了 B 作者的某个论点,我们不能根据 A 作者对该文献的诠释,径自引用 B 作者的论点或是研究成果。我们需要去看看 B 作者所写的原始文献,因为 A 作者的诠释未必是适当确切的。

5. 阐明解决问题的研究方法

正文是学术论文的主体部分。正文的写作过程是在提纲的基础上,进一步推敲和明晰论点,并选取恰当而充分的材料加以论证的过程。在写作时,提纲不是一成不变和必须严格遵循的,而应根据写作时获得的新认识进行灵活的调整。

很多文章被期刊拒绝,有一半以上是因为研究方法本身有问题,也可能是在研究方法的呈现方式上有问题,没有把最重要的资料、过程拿出来说明。所以,这一部分务必要详尽说明,并将资料呈现出来。研究方法必须能回答研究问题。

研究方法的重要性在于"承先启后",要承继前面的研究问题,且要向后铺排研究结果。基本上,看完一篇文章的研究方法后,就能知道研究者可能会怎样分析资料,以及如何呈现研究结果。同理,写完研究结果后,若发现所讨论的某些变量在前面没有交代清楚,就应该于研究方法之处补足。

写作过程中,要紧紧围绕怎样运用专业的语言提炼出新的论点,怎样运用新的材料或新的方法对自己提出的新观点做出准确、深入、客观的论证。在撰写正文时,尤其要注意论点与论据的统一性、论据与论证方法的契合性。论点和论据相统一,即正文中使用的论据包括理论论据和事实论据,这些论据既要真实可靠,又要与论点紧密结合、浑然一体,从而增强论点的说服力。论据与论证方法相契合就是论据必须借助合适的论证方法,才能起到证明论点的作用。

6. 清楚呈现研究结果

研究结果最能彰显研究的意义与价值，一篇文章若没有研究结果，就算有多好的研究方法、研究背景也是枉然。研究结果要叙述得清晰、连贯并且符合逻辑性，讨论自己研究最有新意的地方。

7. 摒除线性写作习惯

所谓线性的写法即为"顺叙"的方式，如果用很线性的方式写文章，很容易会被框死。一般来讲虽然说论文初稿最好一气呵成，但我们很少有一大段时间来写论文。此外，文章写作时总会有瓶颈，如果用线性的方式写作，可能就会一直因为瓶颈而停顿、逃避，如果不跳过那一段先写别的部分，最后很可能会一直写不出来。

我们应该提倡非线性的写法，想到什么就塞进去，或许过了一段时间，一篇论文就差不多完成了。但是这种写法在论文写完后必须从头到尾多读几遍，因为论文是在不同的时间写的，有些内容可能会重复，用词不一致，甚至观点互相冲突。

8. 内容呈现顺序可打乱

在写文献探讨、研究方法或是结论时，不一定要按照时间发生的顺序来安排。如果完全依照研究的时间顺序去写作，一来未必能符合一般读者的逻辑结构，二来可能会因此模糊了研究者原本要强调的重点。例如，某个研究先做访谈，再做问卷调查，如果我们觉得先讲实验测验会比较清楚，是可以先解释实验测验的内容，再谈访谈的。

10.4.2.5 学术论文投稿与发表

1. 刊物选择的六个原则

（1）选择正式出版物。正式出版的期刊具有 ISSN 代码与 CN 代码，投稿时一定要选择正规的合法刊物。

（2）选择对口的期刊投稿。选择对口的期刊投稿指文章涉及的内容与所投刊物要求的内容相一致，不同专业期刊有不同的办刊方针、栏目特色，甚至同一种期刊在不同时期其报道的重点也会不同。要做到"投其所好"，作者应从"期刊简介"、期刊中的"征稿启事"或者期刊的栏目设置中去了解期刊所刊登学术论文的大致内容范围，也可以直接通过与期刊的编辑部门联系了解。

（3）文章的格式符合所投刊物的要求。这是一篇论文能够通过初审的因素之一。一般刊物在投稿须知中都对格式有明确的说明，多数有格式模板，按照所投期刊的模板写作就行，也可以下载拟投刊物的原文，参照已发表论文的格式写作。

（4）文章的水平应与刊物的级别一致。目前，不少高校把学术论文是否在核心期刊上发表作为评价论文水平的一个标准，作者在投稿时要充分考虑自己论文水平的高低，既不要"低稿高投"，也不要"高稿低投"。核心期刊已经形成体系，社会科学领域投稿前可以参看《中文核心期刊要目总览》、南京大学中国社会科学研究评价中心的《中文社会科学引文索引来源期刊》、中国社会科学院文献计量与科学评价研究中心的《中国人文社会科学核心期刊要览》及科睿唯安（原汤森路透知识产权与科技事业部）集团的《社会科学引文索引》等。

（5）不要一稿多投。投稿时要遵循相关学术道德规范，不能一稿两投或者一稿多投。按照我国的《中华人民共和国著作权法》及各报刊的一般约定，如果投出的文章 3 个月内没有收到采用消息，作者可以再投稿。如果方便，可以向投稿的编辑部询问一下文章的处理结果，以免产生误会和纠纷。

（6）避免涉密及合作纠纷。如果你的论文是重大项目研究成果及有其他合作者参与，投稿前需要取得主管部门的书面同意，有时须附有单位的保密审查同意书，有时也需要征求指导老师或学位授予单位的同意和授权。如果论文有多个作者，第一作者应征得其他作者的书面同意，共同对论文负责。

2. 投稿对象选择

现在可供选择的投稿对象有很多，如学术期刊、会议文集、网络媒体在线出版，或者给政府部门及决策机构提供研究报告等。作者可以根据自己需求选择投稿渠道：学术期刊是论文研究成果得到社会认同、产生社会影响的重要途径。选择学术会议发表论文，是一个很好的传播自己学术思想的机会，也是与同行直接或间接进行最新研究成果交流的有效渠道。作者也可以通过开放获取来表述自己的学术观点，开放获取期刊出版周期短，但作者要支付的出版费用相对较高。

3. 论文要反复修改、推敲

在学术论文初稿写完后，不要急于投出去，要反复推敲，不断修改。最终论文的形成是一个重新思考的过程，要尽可能完美。当收到稿件的评审意见时，一定要按照审稿人提出的要求认真修正改写，逐条回答审稿人的问题，并且在编辑制定的修回截止日期前寄回修改稿。

4. 敢于尝试，不怕被拒

写完一篇论文，不要把它闲置在个人电脑里，勇敢地将它投出去，论文可能就会被某期刊或者会议接收。当然论文也很可能被拒，一些影响力较大的期刊的拒稿率很高，所以不要气馁甚而否定自己。大部分期刊对于拒绝的文章，也会给投稿者一些建议与理由，这时我们可以认识到自己论文的不足之处，尝试做一些改变、增加分析或者提升自己的研究方法，在"拒绝"中成长。

10.5　学位论文的构成及写作

学位论文是标明作者从事科学研究、取得创新性研究成果、以此为内容撰写而成的论文，并用它申请相应学位。按申请学位级别的不同，学位论文分为学士论文、硕士论文和博士论文。

10.5.1 学位论文的结构

学位论文由 4 部分组成:前置部分、主体部分、附录部分和结尾部分。

10.5.1.1 前置部分

前置部分含封面、序、目次页、摘要、关键词、插图和附表清单等内容。

(1)封面。封面是论文的外表面,提供应有的信息,并起保护作用。学位论文封面有统一的格式。一般封面的左上角注明分类号,右上角为本单位编号。

如果论文保密,就需要按国家保密条款在右上角标明密级。

论文的题名一般不宜超过 20 字。题名和副题名或分册题名用大号字标注于明显位置。作者姓名、学位论文的导师、评阅人、答辩委员会主席,以及学位授予单位等应出现在封面上,申请学位级别应按规定的名称进行标注。专业名称是指学位论文作者主修专业的名称,完成日期包括报告、论文提交日期,学位论文的答辩日期,学位的授予日期。

(2)序或前言。研究生的论文可以有序。序一般由作者或他人对本篇的基本特征作一简介。例如,说明研究工作缘由、背景、宗旨、目的、意义及资助、支持、协作经过等,也可以评述或对相关问题进行阐述,这些内容也可以在正文引言中说明。序的内容也可包括作者简介,以使论文评审人、答辩委员、学位评审委员等对学位申请者的简历、个人情况、科研成果等有所了解。

(3)目次页。目次页由论文的篇、章、附录、题录等的序号、名称和页码组成,另页排在序之后。

(4)摘要。摘要是对报告、论文的内容不加注释和评论的简短陈述。还应附有英文摘要。

摘要应具有独立性和自含性,即不阅读论文的全文,就能获得必要的信息,摘要的内容应包含与论文同等量的主要信息,供读者确定有无必要阅读全文,也供文摘等二次文献采用。摘要一般应说明研究工作目的、实验方法、结果和最终结论等,而重点是结果和结论。学位论文为了评审或参加学术会议,可按要求写出变异式的摘要,不受字数规定的限制,一般为 2 500~3 000 字。

(5)关键词。关键词是为了文献标引工作从论文中选取出来用来表示全文主题内容信息的单词或术语。一般学位论文选取 3—8 个关键词。为了国际交流,应标注与中文对应的英文关键词。

(6)插图和附表清单等内容。论文中如图表过多,可以分别列出清单置于目次页之后,图的清单应有序号、图题和页码。表的清单应有序号、表题和页码。

10.5.1.2 主体部分

学位论文的引言与一般科技论文有所不同,它需要对课题选择的原因作较为详细的说明,对论文主题有关的文献进行综述,这是一项重要的、必不可少的内容,因为它能反映研究工作的范围和质量,反映作者对文献的分析、综合和判断能力。学位论文的这段内容要比学术论文篇幅长。

学位论文的正文、致谢及参考文献的写作要求和一般科技论文相应的写作要求是一致的,对于硕士论文和博士论文来说,如果论文中某些部分内容已经在学术期刊上发表,那么可将已经发表的论文单行本嵌入到学位论文中。

10.5.1.3 附录部分

附录部分是正文的补充。学位论文有严格的篇幅限制,因此下列材料可以作为附录:比正文更为详尽的信息;研究方法和技术更深入的叙述;建议可阅读的参考文献题录;对了解正文内容有用的补充信息等;不便于编入正文的罕见珍贵资料;对一般读者并非必要阅读,但对本专业同行有参考价值的资料;某些重要的原始数据等。

10.5.1.4 结尾部分

可以编排分录索引、著者索引、关键词索引等。

10.5.2 学位论文的写作

绝大部分科技文献是以一种程式化的面目出现在读者面前。学位论文也是如此,只需按照步骤将每一部分的内容填入相应的框架即可,综述放到综述的位置,实验材料和实验方法放到相应的位置,参考文献放到文献部分。

在写作学位论文的研究结果部分时,应收集在实验过程中获得的资料、图片和数据作为写作的素材,写出来放到对应的章节,然后进行分析。

学位论文的讨论部分一般是自己的研究结果与前人的结果的对比和解释,只有在完成实验后,才可以进行写作。中英文摘要和标题一般在正文写作完成后才撰写。学位论文也是修改出来的,在写作的过程要不断地修改,使之错误减少、语句通顺,然后才可以定稿。

【思考题】

1. 简述收集与整理文献信息的基本方法。
2. 科技论文写作的方法与基本格式都有哪些?
3. 简述科技论文的写作类型。
4. 科技论文的组成一般包括哪几个部分?

附录A 中国图书馆分类法简表

	A 马克思主义、列宁主义、毛泽东思想、邓小平理论
A1	马克思、恩格斯著作
A2	列宁著作
A3	斯大林著作
A4	毛泽东著作
A5	邓小平著作
A6	马克思、恩格斯、列宁、斯大林、毛泽东、邓小平著作汇编
A7	马克思、恩格斯、列宁、斯大林、毛泽东、邓小平生平和传记
A8	马克思主义、列宁主义、毛泽东思想、邓小平理论的学习和研究
	B 哲学
B0	哲学理论
B1	世界哲学
B2	中国哲学
B3	亚洲哲学
B4	非洲哲学
B5	欧洲哲学
B6	大洋洲哲学
B7	美洲哲学
B80	思维哲学
B81	逻辑学(理论学)
B82	伦理学(道德哲学)
B83	美学
B84	心理学
B9	宗教
	C 社会科学总论
C0	社会科学理论与方法论
C1	社会科学现状与发展
C2	社会科学机构、团体、会议
C3	社会科学研究方法

（续1）

C4	社会科学教育与普及
C5	社会科学丛书、文集、连续性出版物
C6	社会科学参考工具书
C7	社会科学文献检索工具书
C8	统计学
C91	社会学
C92	人口学
C93	管理学
C94	系统科学
C95	民族学
C96	人才学
C97	劳动科学
D 政治、法律	
D0	政治理论
D1	国际共产主义运动
D2	中国共产党
D33/37	各国共产党
D4	工人、农民、青年、妇女运动与组织
D5	世界政治
D6	中国政治
D73/77	各国政治
D8	外交、国际关系
D9	法律
E 军事	
E0	军事理论
E1	世界军事
E2	中国军事
E3/7	各国军事
E8	战略学、战役学战术学
E9	军事技术
E99	军事地形学、军事地理学
F 经济	
F0	经济学
F1	世界各国经济概况、经济史、经济地理

（续2）

F2	经济计划与管理
F3	农业经济
F4	工业经济
F49	信息产业经济（总论）
F5	交通运输经济
F59	旅游经济
F6	邮电经济
F7	贸易经济
F8	财政、金融

G 文化、科学、教育、体育

G0	文化理论
G1	世界各国文化与文化事业
G2	信息与知识传播
G3	科学、科学研究
G4	教育
G8	体育

H 语言、文字

H0	语言学
H1	汉语
H2	中国少数民族语言
H3	常用外国语
H4	汉藏语系
H5	阿尔泰语系（突厥—蒙古—通古斯语系）
H61	南亚语系（澳斯特罗—亚细亚语系）
H62	南印语系（达罗毗荼语系、德拉维达语系）
H63	南岛语系（马来亚—波利尼西亚语系）
H64	东北亚诸语言
H65	高加索语系（伊比利亚—高加索语系）
H66	乌拉尔语系（芬兰—乌戈尔语系）
H67	闪—含语系（阿非罗—亚细亚语系）
H7	印欧语系
H81	非洲诸语言
H83	美洲诸语言
H84	大洋洲诸语言

（续 3）

H9	国际辅助语

I 文学

I0	文学理论
I1	世界文学
I2	中国文学
I3/7	各国文学

J 艺术

J0	艺术理论
J1	世界各国艺术概况
J2	绘画
J29	书法、篆刻
J3	雕塑
J4	摄影艺术
J5	工艺美术
J59	建筑艺术
J6	音乐
J7	舞蹈
J8	戏剧艺术
J9	电影、电视艺术

K 历史、地理

K0	史学理论
K1	世界史
K2	中国史
K3	亚洲史
K4	非洲史
K5	欧洲史
K6	大洋洲史
K7	美洲史
K81	传记
K85	文物考古
K89	风俗习惯
K9	地理

N 自然科学总论

N0	自然科学理论与方法

（续4）

N1	自然科学现状与发展
N2	自然科学机构、团体、会议
N3	自然科学研究方法
N4	自然科学教育与普及
N5	自然科学丛书、文集、连续性出版物
N6	自然科学参考工具书
N7	自然科学文献检索工具
N8	自然科学调查、考察
N91	自然研究、自然历史
N93	非线性科学
N94	系统科学
N99	情报学、情报工具

O 数理科学和化学

O1	数学
O3	力学
O4	物理学
O6	化学
O7	晶体学

P 天文学、地球科学

P1	天文学
P2	测绘学
P3	地球物理学
P4	大气科学(气象学)
P5	地质学
P7	海洋学
P9	自然地理学

Q 生物科学

Q1	普通生物学
Q2	细胞生物学
Q3	遗传学
Q4	生理学
Q5	生物化学
Q6	生物物理学
Q7	分子生物学

（续 5）

Q81	生物工程学（生物技术）
Q89	环境生物学
Q91	古生物学
Q93	微生物学
Q94	植物学
Q95	动物学
Q96	昆虫学
Q98	人类学

R 医药、卫生

R1	预防医学、卫生学
R2	中国医学
R3	基础医学
R4	临床医学
R5	内科学
R6	外科学
R71	妇产科学
R72	儿科学
R73	肿瘤学
R74	神经病学与精神病学
R75	皮肤病学与性病学
R76	耳鼻咽喉学
R77	眼科学
R78	口腔科学
R79	外国民族医学
R8	特种医学
R9	药学

S 农业科学

S1	农业基础科学
S2	农业工程
S3	农学（农艺学）
S4	植物保护
S5	农作物
S6	园艺
S7	林业

（续6）

S8	畜牧、动物医学、狩猎、蚕、蜂
S9	水产、渔业

T 工业技术	
TB	一般工业技术
TD	矿业工程
TE	石油、天然气工业
TF	冶金工业
TG	金属学与金属工艺
TH	机械、仪表工业
TJ	武器工业
TK	能源与动力工程
TL	原子能技术
TM	电工技术
TN	无线电电子学、电信技术
TP	自动化技术、计算机技术
TQ	化学工业
TS	轻工业及手工业
TU	建筑科学
TV	水利工程

U 交通运输	
U1	综合运输
U2	铁路运输
U4	公路运输
U6	水路运输
U8	航空运输

V 航空、航天	
V1	航空、航天技术的研究与探索
V2	航空
V4	航天（宇宙航行）
V7	航空、航天医学

X 环境科学、安全科学	
X1	环境科学基础理论
X2	社会与环境
X3	环境保护管理

（续 7）

X4	灾害及其防治
X5	环境污染及其防治
X7	废物处理与综合利用
X8	环境质量评价与环境监测
X9	安全科学

Z 综合性图书

Z1	丛书
Z2	百科全书、类书
Z3	辞典
Z4	论文集、全集、选集、杂著
Z5	年鉴、年刊
Z6	期刊、连续性出版物
Z8	图书目录、文摘、索引

附录 B 国际专利分类法(IPC)简表

	A 人类生活需要(human necessities)
A01	农业;林业;畜牧业;打猎;诱捕;捕鱼
A21	面包糕点制造
A22	屠宰;肉类加工
A23	饮食品;饲料;及其加工
A24	烟草;雪茄烟;纸烟;吸烟者用品
A41	服装
A42	帽类制品
A43	鞋类
A44	服装;珍珠饰品等
A45	手携物品或旅行品
A46	刷类制品
A47	家具;家用器具
A61	医疗卫生及药剂;兽医
A62	救护;消防
A63	体育;娱乐(用品等)
	B 作业;运输(performing operations;Transporting)
B01	物理;化学工艺和设备种类(如电化学、三废处理)
B02	破碎;磨细处理及制备
B03	湿法和气力分离;磁法和静电分离
B04	离心设备
B05	喷雾;涂布
B06	机械振动的发生和传递
B07	分离;分选
B08	清洁(方法和设备)
B09	固体废物处理
B21	金属加工;冲压、滚轧、拉拔
B22	铸造;粉末冶金
B23	机床焊接与熔割

(续 1)

B24	磨削,抛光
B25	手持工具;轻便动力工具;机械手加工
B26	手持刀具;通用切割机具
B27	木材加工和防腐
B28	水泥、黏土和石料加工
B29	塑料、橡胶和塑态材料的加工
B30	压机
B31	纸品加工
B32	层制品
B41	印刷;打字机;印戳机
B42	装订;簿册;档案;特种印刷品
B43	书写和绘图工具;其他文具
B44	装饰艺术
B60	运输工具总类
B61	铁路
B62	陆地运输工具(非轨行)
B63	船舶;港口设备
B64	航空;宇宙飞行
B65	输送;包装;贮存
B66	起重
B67	液体输配
B68	马具;室内装潢

C 化学和冶金(chemistry and metallurgy)

C01	无机化学(金属、非金属化合物)
C02	水和污水处理
C03	玻璃;矿棉
C04	水泥,陶瓷等;隔声和隔热材料
C05	化肥生产
C06	爆炸物;火柴
C07	有机化学(杂环、非杂环等)
C08	高分子化合物
C09	染料;涂料;擦亮剂;天然树脂;胶黏剂
C10	石油、天然气和焦炭工业;燃料;润滑剂;沥青
C11	动物油脂和蜡;洗涤剂

（续2）

C12	发酵工业;酒;醋;醇母
C13	糖和淀粉工业
C14	皮革处理
C21	钢铁冶金
C22	有色冶金;合金;金属处理
C23	金属表面处理
C25	电解、电泳工艺和设备
C30	晶体生长

D 纺织和造纸（textiles and paper）	
D01	天然和人造纤维;纺纱
D02	纱线机械整理;整经
D03	织造
D04	编织;针织;无纺织物
D05	缝纫;刺绣;植绒
D06	染整;洗涤;漂白
D07	非电用绳缆
D21	造纸;纤维素生产

E 固定构造（fixed constructions）	
E01	道路、铁路和桥梁工程
E02	水利工程;土方和基础
E03	给排水
E04	房屋建筑及构件;工具
E05	锁;门窗配件;保险柜
E06	门窗;帘;梯
E21	挖掘;采矿

F 机械工程;热工;照明;军工;爆破（mechanicalngincering;lighting ;heating）	
F01	机器和发动机总类;蒸汽机
F02	燃气发动机,喷气发动机
F03	水力,风力和其他动力机械
F04	各种泵类
F15	液体压力驱动装置
F16	机械元件(轴、离合器、弹簧、活塞、缸、阀门等)
F17	气体和液体储运
F21	照明

（续 3）

F22	蒸汽发生;锅炉
F23	燃烧装置
F24	家用炉灶;供暖;空调
F25	冷冻;气体液化和固化
F26	干燥
F27	炉;窑;甄
F28	一般热交换
F41	武器
F42	弹药;爆破

G 物理技术（physics）	
G01	测量,实验(体积、质量、振动、光、温度、静力学、电和磁)
G02	光学
G03	照相方法和材料;电影
G04	钟表
G05	控制;计数
G06	计算机;计数
G07	核算安置
G08	信号
G09	教学;密码术;广告
G10	乐器;声学
G11	信息存储
G12	仪器零部件
G21	核工程

H 电技术（electricity）	
H01	电气元件;电池、开关、导体
H02	电力;电机;整流器
H03	基本电子电路;脉冲
H04	电信;电报、电话、电视、广播
H05	其他;电热;X 射线技术;等离子体技术和粒子加速器;电子元件制造等

参考文献

[1] 郭倩玲. 科学论文写作[M]. 2 版. 北京:化学工业出版社,2021.

[2] 吴建华. 信息素养修炼教程[M]. 北京:科学出版社,2020.

[3] 王丹中. 信息素养通识[M]. 北京:高等教育出版社,2020.

[4] 刘于辉,罗瑜. 信息素养[M]. 北京:北京理工大学出版社,2020.

[5] 罗源. 大学生信息素养教程[M]. 北京:光明日报出版社,2019.

[6] 潘燕桃,肖鹏. 信息素养通识教程[M]. 北京:高等教育出版社,2019.

[7] 王宁. 信息素养[M]. 昆明:云南大学出版社,2019.

[8] 熊璋,李锋. 信息时代·信息素养[M]. 北京:人民教育出版社,2019.

[9] 邓要武,励燕飞,康延兴. 科技文献检索实用教程:本科分册[M]. 北京:科学出版社,2018.

[10] 秦洪英,王明蓉,李彬. 大学信息素养与应用基础[M]. 北京:科学出版社,2018.

[11] 钟新春,张丰智,唐兵. 科技文献检索实用教程:专业硕士社会科学类分册[M]. 北京:科学出版社,2018.

[12] 刘泰洪. 文献检索与综述实训教程[M]. 北京:中国人民大学出版社,2018.

[13] 王红军. 文献检索与科技论文写作入门[M]. 北京:机械工业出版社,2018.

[14] 李彭元,何晓阳,耿鹏. 医学文献检索[M]. 2 版. 北京:科学出版社,2017.

[15] 曹可生,王绪绪. 科技文献检索与应用简明教程[M]. 北京:科学出版社,2017.

[16] 郝建华,韩晓磊. 科技文献检索与论文写作[M]. 南京:南京大学出版社,2016.

[17] 韩立民,朱卫东. 医学信息检索与实践[M]. 北京:科学出版社,2016.

[18] 杜辉华,喻心麟. 文献信息检索实用教程[M]. 2 版. 大连:大连理工大学出版社,2014.

[19] 刘克思,张蕴薇,周群. 基于课程问题靶向性解决的教学及实践:以科技文献检索与论文写作课程为例[J]. 高教学刊,2022,8(30):134-137.

[20] 张月,曹继鹏,许兰杰,等.《科技文献检索与论文写作》教学模式改革探索[J]. 辽宁丝绸,2022(4):66.

[21] 张梅. 科技文献检索课程的教学改革及课程思政探索[J]. 教育教学论坛,2022(26):121-124.

[22] 付敦,冯松宝,桂和荣. 科技文献检索课程教学现状及教改举措[J]. 科技视界,2022(11):148-150.

[23] 杨晓颖,吕蕾,何金兴. 基于教学相长理念的大学课堂教学设计与实践:以"科技文

献检索"课程为例[J].教育教学论坛,2022(15):125-128.

[24] 熊回香,叶佳鑫.面向科技文献检索的关键词层次结构构建[J].情报理论与实践,2022,49(9):157-163.

[25] 许文松.科研工作中科技文献检索的重要作用[J].吉林工程技术师范学院学报,2022,38(1):55-57.

[26] 龙学磊,田萌,徐英,等.网络爬虫在科技文献检索中的应用[J].现代信息科技,2021,5(24):150-152.

[27] 岳金鑫.论科技文献检索课程对本科生的必要性[J].文化产业,2021(28):105-107.

[28] 于启红.科技文献检索"课程思政"教学实践探索:以软件工程专业教学为例[J].高教学刊,2021,7(21):70-73.

[29] 李晓爽.科技文献检索课程教学中存在的问题及改革建议[J].现代农村科技,2021(6):90-92.

[30] 董光."科技文献检索"课程开展课程思政教学的探索[J].就业与保障,2021(4):147-148.

[31] 王小龙.科技文献检索与写作课程问题导向式教学模式研究[J].大学教育,2020(6):4-6.

[32] 韩玲.科技文献检索在科研选题中的重要作用[J].江苏科技信息,2019,36(33):11-13.

后 记

当今社会,信息无处不在。随着互联网技术的不断发展,信息也保持着迅猛发展的势头。信息化的发展给教育、科技等各领域带来了便利,利用有效信息促进各领域的科学发展,是我们信息管理工作者面临的重要课题。另外,如何熟练选择恰当的工具和系统,准确获取自己所需要的信息,是现代人才的必备技能,更是获取最新信息和进行自我知识更新的重要前提。

本书从全面培养读者的信息素质出发,深入浅出地介绍了科技文献信息检索的基本知识和最新方法。因充分考虑到信息资源的广泛性,本书阐述了传统信息检索的理论和检索工具,同时也紧密结合数字化网络化信息环境的特点和实际检索的需要,全面介绍了各类型科技信息资源、检索系统、检索技术和利用方法等。

在撰写过程中,在保证科学性、系统性、适用性的基础上,本书充分体现了高等教育的特色,遵循理论与实践相结合的原则,注重以实用为主。全书内容丰富、图文并茂,读者在基本了解并掌握科技文献信息检索的同时,能够比较全面地掌握当前网络环境下所形成的学术信息交流方法与模式,从而提升读者在社会实践与教学科研过程中对各类信息的获取能力。

本书在撰写的过程中,参考了相关著作、论文,在此对其作者表示衷心的感谢!最后,由于信息资源、检索技术的日益丰富和不断更新,加之著者学识、水平有限,书中难免存在疏漏之处,敬请读者批评指正。

著 者

2023 年 7 月